农业知识产权手册

NONGYE ZHISHI CHANQUAN SHOUCE

主　编⊙刘雪梅　副主编⊙陈莉　顾方愉

知识产权出版社
全国百佳图书出版单位
—北京—

图书在版编目（CIP）数据

农业知识产权手册 / 刘雪梅主编 . —北京：知识产权出版社，2020.9
ISBN 978-7-5130-7120-8

Ⅰ. ①农… Ⅱ. ①刘… Ⅲ. ①农业—知识产权—中国—手册 Ⅳ. ①D923.4-62

中国版本图书馆 CIP 数据核字（2020）第 155411 号

责任编辑： 彭小华　　**责任校对：** 潘凤越
封面设计： 刘　伟　　**责任印制：** 孙婷婷

农业知识产权手册

主　编　刘雪梅

副主编　陈　莉　顾方愉

出版发行： 知识产权出版社有限责任公司　　**网　　址：** http://www.ipph.cn
社　　址： 北京市海淀区气象路 50 号院　　**邮　　编：** 100081
责编电话： 010-82000860 转 8115　　**责编邮箱：** huapxh@sina.com
发行电话： 010-82000860 转 8101/8102　　**发行传真：** 010-82000893/82005070/82000270
印　　刷： 北京九州迅驰传媒文化有限公司　　**经　　销：** 各大网上书店、新华书店及相关专业书店
开　　本： 720mm×1000mm　1/16　　**印　　张：** 13.5
版　　次： 2020 年 9 月第 1 版　　**印　　次：** 2020 年 9 月第 1 次印刷
字　　数： 273 千字　　**定　　价：** 60.00 元

ISBN 978-7-5130-7120-8

编委简介

刘雪梅，华南农业大学人文与法学学院副教授，四川大学博士。华南农业大学知识产权研究中心主任，广东宏安信律师事务所兼职律师。

钟继军，华南农业大学人文与法学学院副教授，武汉大学博士。华南农业大学知识产权研究中心副主任，华南农业大学法律援助中心执行主任，中国法学会法治文化研究会理事，广东省海外知识产权保护专家委员会专家。

陈莉，华南农业大学人文与法学学院副教授，西南政法大学硕士。华南农业大学知识产权研究中心高级研究员，华南农业大学地方法制研究中心副主任，广东省惠州市仲裁委员会仲裁员。

顾方愉，华南农业大学人文与法学学院讲师，美国埃默里大学 J. D. 。华南农业大学知识产权研究中心秘书、研究员，华南农业大学法律援助中心办公室主任。

张艳琼，华南农业大学人文与法学学院讲师，西南政法大学博士。华南农业大学知识产权研究中心研究员。

杨波，华南农业大学人文与法学学院讲师，吉林大学硕士。华南农业大学知识产权研究中心研究员。

前　　言

本书由华南农业大学知识产权研究中心部分成员共同编写，共收录农业知识产权术语324个，相关国际条约、法律法规、司法解释66件，法院案例23件。具体编写分工如下（以撰写章节先后为序）：

刘雪梅　第一章、统稿；

杨　波　第二章；

陈　莉　第三章、第七章、第九章；

顾方愉　第四章、第五章、第六章；

钟继军　第八章；

张艳琼　第十章。

华南农业大学知识产权研究中心研究助理蔺欣雨、王红波、蔡燮夏负责资料搜集整理、制图、初校等工作。

对于本书编写，尽管我们尽力做到更新、更完整，但由于能力、资料有限，不足之处在所难免，尚祈广大读者不吝指正。

编　　者

2020年6月

国际条约、法律法规司法解释简称

序号	全称	简称
一、国际条约		
1	《保护工业产权巴黎公约》	《巴黎公约》
2	《世界知识产权组织公约》	《WIPO 公约》
3	《商标国际注册马德里协定》	《商标马德里协定》
4	《保护唱片制作者防止唱片被擅自复制日内瓦公约》	《录音制品公约》
5	《保护文学艺术作品伯尔尼公约》	《伯尔尼公约》
6	《专利合作条约》	PCT
7	《发展中国家商标、商号和不正当竞争行为示范法》	《发展中国家示范法》
8	《国际专利分类斯特拉斯堡协定》	《斯特拉斯堡协定》
9	《欧洲专利公约》	EPC
10	《生物多样性公约关于获取遗传资源和公正公平地分享其利用所产生惠益的名古屋议定书》	《名古屋议定书》
11	《反假冒贸易协定》	ACTA
12	《国际植物新品种保护公约》	《UPOV 公约》
13	《保护原产地名称及其国际注册的里斯本协定》	《里斯本协定》
14	《制止商品产地虚假或欺骗性标记的马德里协定》	《产地马德里协定》

续表

序号	全称	简称
15	《国际承认用于专利程序的微生物保存布达佩斯条约》	《布达佩斯条约》
16	《生物多样性公约》	《CBD 公约》
17	《与贸易有关的知识产权协定》	TRIPS 协定
18	《粮食和农业植物遗传资源国际条约》	《国际条约》
19	《商标注册用商品与服务国际分类尼斯协定》	《尼斯协定》
20	《商标国际注册马德里协定》	《商标马德里协定》
21	《工业品外观设计国际注册海牙协定》	《海牙协定》
22	《建立工业品外观设计国际分类洛迦诺协定》	《洛迦诺协定》
二、法律法规		
23	《中华人民共和国宪法》	《宪法》
24	《中华人民共和国民法典》	《民法典》
25	《中华人民共和国民法通则》	《民法通则》
26	《中华人民共和国刑法》	《刑法》
27	《中华人民共和国民事诉讼法》	《民事诉讼法》
28	《中华人民共和国商标法》	《商标法》
29	《中华人民共和国专利法》	《专利法》
30	《中华人民共和国消费者权益保护法》	《消费者权益保护法》
31	《中华人民共和国反不正当竞争法》	《反不正当竞争法》
32	《中华人民共和国农产品质量安全法》	《农产品质量安全法》
33	《中华人民共和国反垄断法》	《反垄断法》
34	《中华人民共和国著作权法》	《著作权法》
35	《中华人民共和国产品质量法》	《产品质量法》

续表

序号	全称	简称
36	《中华人民共和国种子法》	《种子法》
37	《中华人民共和国农业法》	《农业法》
38	《中华人民共和国合同法》	《合同法》
39	《中华人民共和国侵权责任法》	《侵权责任法》
40	《中华人民共和国公司法》	《公司法》
41	《中华人民共和国海关法》	《海关法》
42	《中华人民共和国知识产权海关保护条例》	《海关保护条例》
43	《中华人民共和国对外贸易法》	《对外贸易法》
44	《中华人民共和国集成电路布图设计保护条例》	《集成电路布图设计保护条例》
45	《中华人民共和国计算机软件保护条例》	《计算机软件保护条例》
46	《中华人民共和国专利法实施细则》	《专利法实施细则》
47	《中华人民共和国商标法实施条例》	《商标法实施条例》
48	《中华人民共和国著作权法实施条例》	《著作权法实施条例》
49	《中华人民共和国计算机软件保护条例》	《计算机软件保护条例》
50	《中华人民共和国植物新品种保护条例》	《品种条例》
51	《中华人民共和国植物新品种保护条例实施细则》	《品种条例实施细则》
三、司法解释		
52	《最高人民法院关于审理商标民事纠纷案件适用法律若干问题的解释》	《商标纠纷解释》
53	《最高人民法院关于审理涉及驰名商标保护的民事纠纷案件应用法律若干问题的解释》	《驰名商标解释》
54	《最高人民法院关于审理植物新品种纠纷案件若干问题的解释》（2001）	《植物新品种解释》

续表

序号	全称	简称
55	《最高人民法院关于审理著作权民事纠纷案件适用法律若干问题的解释》	《著作权纠纷解释》
56	《最高人民法院关于审理侵犯植物新品种权纠纷案件具体应用法律问题的若干规定》	《植物新品种若干规定》
57	《最高人民法院关于审理侵害信息网络传播权民事纠纷案件适用法律若干问题的规定》	《信息网络传播权规定》
58	《最高人民法院关于审理专利纠纷案件适用法律问题的若干规定》	《专利纠纷规定》
59	《最高人民法院关于审理侵犯专利权纠纷案件应用法律若干问题的解释》	《专利侵权解释》
60	《最高人民法院关于审理侵犯专利权纠纷案件应用法律若干问题的解释（二）》	《专利侵权解释（二）》
61	《最高人民法院关于适用〈中华人民共和国民事诉讼法〉若干问题的解释》	《民事诉讼法解释》
62	《最高人民法院关于审查知识产权纠纷行为保全案件适用法律若干问题的规定》	《知识产权纠纷保全规定》
63	《最高人民法院关于对诉前停止侵犯专利权行为适用法律问题的若干规定》	《专利纠纷规定》
64	《最高人民法院关于审理商标民事纠纷案件适用法律若干问题的解释》	《商标纠纷解释》
65	《最高人民法院关于审理著作权民事纠纷案件适用法律若干问题的解释》	《著作权纠纷解释》
66	《最高人民法院关于审理不正当竞争民事案件应用法律若干问题的解释》	《不正当竞争解释》

目录

CONTENTS

1　知识产权基础

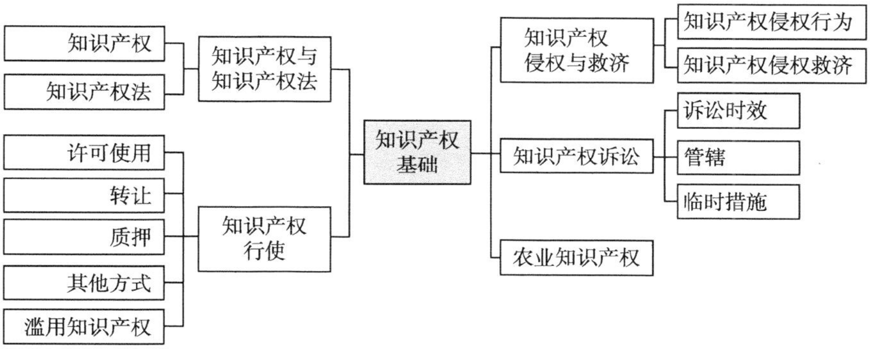

图 1－1　知识产权基础内容导读

1.1　知识产权与知识产权法

1.1.1　知识产权

【词源】有学者考证，该词最早于 17 世纪中叶由法国学者卡普佐夫提出，后为比利时著名法学家皮卡第所发展，皮卡第将之定义为“一切来自知识活动的权利”。直到 1967 年《WIPO 公约》签订以后，该词才逐渐为国际社会所普遍使用。

【定义】知识产权，是民事主体对创造性成果和识别性标记依法享有的专有支配权利的统称。

【客体】智力成果是指人们通过脑力劳动创造的无形财产。根据国际保护工业产权协会 1992 年东京大会报告，发明专利、著作、集成电路布图设计、植物新品种、工业品外观设计、技术秘密属于创造性成果；商标、商号、其他与制止不正当竞争有关的标记属于识别性标记。需要注意的是，智力成果不同于智力成果的载体，例如，光盘承载的无形智力成果不同于光盘这一有体物。

➢饭店拆毁壁画案

晴川饭店工程指挥部委托湖北省美术院为新建的饭店创作壁画，美术院的蔡迪安等四位画家完成了长17米、高3米的《赤壁之战》大型壁画，并安装在饭店宴会厅的墙壁上。十余年后，在饭店翻修过程中，该壁画被拆毁。四位画家认为饭店实施了“其他侵犯著作权益的行为”。

法院认为：美术作品原件所有权的转移，不视为作品著作权的转移。由于画家与饭店没有就壁画《赤壁之战》之著作权的归属作出约定，该壁画的著作权属于画家，饭店则取得了壁画原件的所有权及展览该原件的权利。饭店如何行使或是否行使上述两项权利既无合同约定，也无相关的法律规定，饭店作为美术作品原件的所有人，在法律规定范围内全面行使支配美术作品原件的权利时，可排除他人干涉。反之，在作品原件所有权转移后，著作权人对作品原件的利用受到作品原件所有权的限制。饭店在委托美术院创作《赤壁之战》时，双方并未就将来拆卸该画时是否要履行告知的义务进行约定，《著作权法》也未对美术作品的拆毁、更换等问题作出特殊保护规定，同时也无其他相关法律对此义务加以特殊规定。因此，饭店拆毁作为自己的财产的美术作品原件，是对自己合法拥有的财产行使处分权，该行为不属于侵犯著作权的行为。（湖北省高级人民法院民事判决书［2003］鄂民三终字第18号）

裁判要点如下：作品原件所有权转移后，所有权人并没有获得著作权（除了可展览美术作品原件），著作权人也失去了原件所有权，不能干涉所有权人行使所有权。需要指出的是，有些对著作权保护水平较高的国家对于特定艺术品的所有权人拆毁艺术作品作出了特别规定，如《美国版权法》将出于故意或重大过失毁损具有较高水准艺术品的行为定性为侵犯保护作品完整权的行为，并规定，对于被纳入建筑物的艺术品，在对建筑物进行修改和维修时，如果要移除艺术品，则应向作者发出通知或尽力联系，如无法联系作者或作者在收到通知后90天内未自行移除，则所有权人可以移除。

【性质】根据我国《民法典》的规定，知识产权属于民事权利，其兼有财产权与人格权的内容，但主要是财产权。

【特征】与物权相同，知识产权具有法定性，是支配权、绝对权（对世权），具有专有性或称独占性、排他性。知识产权的专有性主要表现在：（1）知识产权由权利人独占享有，在权利的有效期内，未经知识产权人许可，在规定的地域内，任何人不得利用此项权利；（2）对于同一项智力成果，国家所授予的某一类型知识产权应是唯一的，不能再对同一智力成果授予他人同一类型的知识产权。但与物权，尤其是物权中的所有权相比，知识产权具有以下特征：（1）客体的非物质性。知识产权的客体不是有形的物质，而是智力成果这一无形物。知识产权与所有权相比，最为突出的区别在于客体不同。（2）效力的地域性。由于各国对知识产权保护范围、权利内容等的规定不同，知识产权的效力只限于本国境内，除非有国际条约、双边或多边协定的特别规定。这一点与物权，尤其是所有权形成了鲜明的对比。随着国际经济一体化程度的加深，国际条约在一定程度上削弱了知识产权的地域性，但并没有完全取消地域性。（3）保护的期限性。为了不妨碍公众根据前人的智力成果进行新的创作和发明创造、实现创新活动的可持续性，多数知识产权的保护期是有限的，一旦超过法律规定的保护期限就不受保护了，该特征与所有权的“永续性”形成鲜明对照。

【范围】知识产权的范围一直随技术的发展而不断改变。如今的知识产权，早已超越了著作权、专利权与商标权的传统范围，也超越了工业的范围，成为多种智力成果权利的统称。广义的知识产权包括著作权、邻接权、专利权、商标权、商号权、商业秘密权、地理标记权、植物新品种权、集成电路布图设计权等各种权利。《民法典》第五章“民事权利”第123条规定，知识产权包括：（1）著作权；（2）专利权；（3）商标权；（4）地理标志权；（5）商业秘密权；（6）集成电路布图设计权；（7）植物新品种权；（8）其他知识产权。该规定基本与TRIPS协定关于知识产权的范围相同，大抵与1883年《巴黎公约》，专利权和商标权被合称为工业产权及1886年《伯尔尼公约》总括的类别相当；而《WIPO公约》所规定的知识产权范围较为宽泛，包括了科技奖励制度中的发明权和发现权。刘春田等学者认为，科学发现不宜作为知识产权的保护对象，世界上绝大多数国家的法律及国际公约都没有对科学发现授予私权性质的财产权利。吴汉东等学者认为，科技奖励范围的发明权、发现权以及其他科技成果权并非是专有使用权，而是一种取得荣誉及获取奖励的权利，该项制度应归入科技法。此外，《民法典》对商号权设有明确规定，只规定了法人、非法人组织的名称权。

1.1.2 知识产权法

【定义】知识产权法是调整因智力成果而产生的各种社会关系的法律规范的总和，它是国际上通行的确认、保护和利用著作权、工业产权以及其他智力成果专有权利的一种专门法律制度。

【简史】知识产权法是经济和科技发展的产物，知识产权法律制度产生的时间不长。早在公元前500年，希腊的锡巴里斯城邦就允许公民对奢侈品的改进申请1年的专利。但直到17、18世纪，西方国家开始在生产领域广泛利用科学技术成果，才在市场交易中产生出台保障知识产品利益的法律需要。英国于1624年制定世界上第一部专利法（《垄断法规》），1709年制定世界上第一部著作权法（《为鼓励知识创作而授予作者及购买者就其已印刷成册的图书在一定时期内之权利法》，即《安娜法令》），法国于1857年制定世界上第一部商标法（《制造标记和商标的法律》)。1893 年，欧洲部分国家为了统一对各国知识产品的界定和保护，成立了保护知识产权联合国际局（以下简称 BIRP），旨在联合《巴黎公约》和《伯尔尼公约》成立的两个国际局。自此，各国开始普遍使用知识产权概念。尽管知识产权法的兴起至今只有二三百年的时间，但它对于推动现代科学技术进步和国民经济发展的作用却是不可忽视的，知识产权法已经成为各国法律体系中的重要组成部分，如图 1－2 所示。

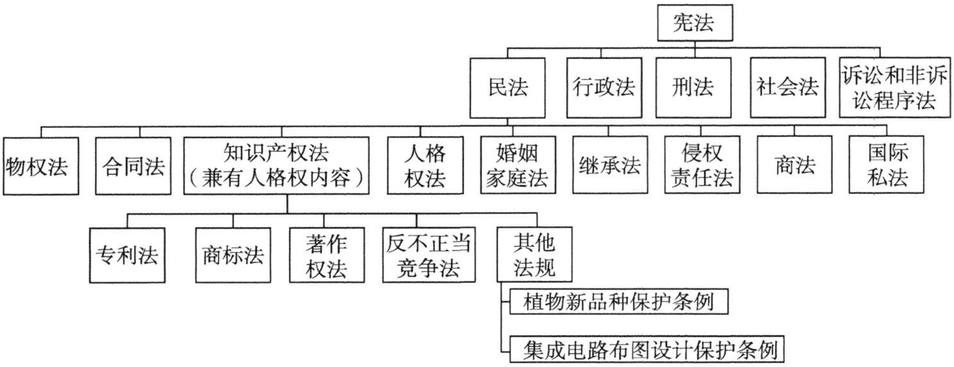

图 1－2　法律体系中的知识产权法

我国的知识产权立法始于清朝末年，北洋政府与国民党政府也颁布过有关知识产权的法律，但这些法律在当时的社会条件下并未起到应有的作用。中华人民共和国成立后，由于种种原因，知识产权法制建设被长期搁置。改革开放四十年来，随着国家工作重心的转移，我国加入了相关国际公约，颁布了一系列知识产权法律、法规，迅速建立起知识产权法律体系。1980 年 3 月 3 日，我国加入《WIPO 公约》；1982 年 8 月 23 日，全国人民代表大会（以下简称人大）常务委员会（以下简称常委会）审议通过了《商标法》（1993 年修订、2001 年修订、2013 年修订）；1984 年 3 月 12 日，全国人大常委会审议通过了《专利法》（1992 年修订、2000 年修订，2008 年修订）；1984 年 12 月 19 日，我国加入了《巴黎公约》；1986 年的《民法通则》，在我国立法中确立了知识产权概念；1989 年 7 月 4 日，我国加入《商标马德里协定》；1990 年 9 月 7 日，全国人大常委会审议通过了《著作权法》（2001 年修订、2010 年修订）；1992 年 7 月 10 日，我国加入《伯尔尼公约》；1992 年 7 月 30 日，我国加入《世界版权公约》；1993 年 1 月 5 日，我国加入《录音制品公约》；1993 年 9 月 2 日，全国人大常委会审议通过了《反不正当竞争法》；1993 年 10 月 1 日，我国加入 PCT；2001 年 3 月 28 日，国务院发布了《集成电路布图设计保护条例》；2001 年 12 月 11 日，我国正式加入世界贸易组织，并成为 TRIPS 协定的缔约方；等等。

【基本原则】作为民法的一部分，《民法典》所确立的平等、自愿、公平、诚信、公序良俗、生态环境保护原则都是知识产权法的基本原则。不过，由于知识产权法调整对象的特殊性，公权力的调整和干预相对民法其他领域要多一些，如强制许可制度。

1.2 知识产权行使

1.2.1 许可使用

【定义】知识产权许可使用，是指知识产权人在保留其知识产权人（许可人）身份的前提下，允许他人（被许可人）以一定的方式，在一定的期限和一定的地域范围内行使其知识产权。知识产权许可使用合同属于不要式合同，但从合同安全与避免纠纷的角度讲，以尽量签订书面合同为宜。有关知识产权行政主管机关还要求当事人签订知识产权许可使用合同后应向主管机关备案。例如，国家知识产权局要求当事人应当自专利许可使用合同生效之日起 3 个月内办理备案手续，国家知识产权局要求许可人应当在商标使用许可合同签订之日起 3 个月内将许可合同副本报送商标局备案。许可使用分为独占许可、排他许可、普通许可和交叉许可。

【独占许可】指知识产权人授权使用者在一定期限和一定的地域范围内以特定的方式独占使用其知识产权对象，除被许可使用人之外，包括知识产权人本人在内的其他任何人均不能以该方式在约定的期限和地域范围内使用该知识产权对象。当被许可使用的权利受到第三人不法侵害时，专有被许可人可以不通过知识产权人而以自己的名义独立提起诉讼，以保护自己的权利。

【排他许可】指知识产权人授权使用者在一定期限和地域范围内以特定方式使用作品；同时，知识产权人本人可以同样的方式在一定期限和地域范围内使用，但不得再许可他人进行同样的使用。当被许可使用的权利受到第三人不法侵害时，排他许可的被许可人可与知识产权人共同提起诉讼；在知识产权人不提起诉讼的情况下，排他许可的被许可人可以自己的名义独立提起诉讼，以保护自己的权利。

【普通许可】指知识产权人授权使用者在一定期限和地域范围内以特定方式非独占地使用其知识产权对象；同时，知识产权人本人可以同样的方式在一定期限和地域范围内使用，也可以再许可他人进行同样的使用。当被许可使用的权利受到第三人不法侵害时，普通许可的被许可人可与知识产权人共同提起诉讼；若得到知识产权人的书面授权，普通许可的被许可人也可以单独提起诉讼；若无知识产权人的书面授权，普通许可的被许可人不能单独提起诉讼。（4）分许可。对专有许可权人而言，其若能得到知识产权人的同意，则可许可第三人行使同一权利。被许可人经知识产权人同意，在自己所获许可范围内许可第三人行使同一权利的行为称为知识产权分许可。

【交叉许可】指通过两个相互依存、互为条件的许可合同实现的知识产权授权，一个合同的许可方即另一个合同的被许可方，被许可方即另一个合同的许可方。

1.2.2 转让

【定义】知识产权转让，是指知识产权人（转让人或转让方）将其知识产权全部或部分转移给他人（受让人或受让方）的法律行为。转让一经实现，转让人即丧失所转让的知识产权，受让人则取得所转让的知识产权而成为新的知识产权人。对于其中的财产权利，可以全部转让，且依其性质只能全部转让；其中的人身权利则不能全部转让，但与行使被转让的财产权相关的人身权，一般认为应由被许可人代为行使。法律规定知识产权转让合同应当采用书面形式。有关知识产权行政主管机关还要求当事人签订知识产权许可使用合同后，应当进行登记和公告，知识产权的转让自登记或公告之日起生效。

1.2.3 质押

【定义】知识产权质押，是指为担保债务的履行，债务人或第三人将其知识产权出质给债权人，债务人不履行到期债务或者发生当事人约定的实现质权的情形时，债权人有权以该项知识产权折价或者以拍卖、变卖该项知识产权的价款优先受偿。知识产权质押属于权利质押的范畴，能够出质的知识产权仅限于知识产权的财产权。提供质押的知识产权人可以是债务人本人，也可以是第三人，但必须能对该知识产权中的财产权利享有完整的权利并能对其进行自由处分。如果知识产权为两人以上共有，出质人应为全体知识产权人。知识产权质押合同须采用书面形式。当事人签订书面知识产权质押合同后，还应到相关知识产权主管部门办理登记，知识产权质权自知识产权主管部门办理出质登记时设立。为了保护债权人的利益，知识产权中的财产权出质后，出质人不得转让或者许可他人使用，但经出质人与质权人协商同意的，可以转让或者许可他人使用。出质人所得的转让费或者许可使用费应当向质权人提前清偿所担保的债权或者提存。

1.2.4 其他方式

【定义】知识产权行使的其他行使方式，是指知识产权经货币评估，可用于出资、赠与、信托、互换等。

1.2.5 滥用知识产权

【定义】滥用知识产权，是指权利人的知识产权行使受到民法基本原则和具体规定的限制，违反则构成滥用知识产权，将承担相应的法律后果。包括：(1) 停止或排除侵害。如果知识产权人滥用知识产权的行为对他人的生产、生活造成了妨碍，相对人有权请求知识产权滥用者停止或排除知识产权滥用行为。(2) 赔偿损失。(3) 强制许可。(4) 罚款等。《反垄断法》第55条规定，经营者滥用知识产权，排除、限制竞争的行为，适用本法，将被追究相应的法律责任。

1.3 知识产权侵权与救济

1.3.1 知识产权侵权行为

【定义】知识产权侵权行为，是指其他民事主体侵害知识产权人的知识产权，依法应承担民事责任的违法行为。

【特征】(1) 侵害形式的特殊性。首先，侵害一般财产所有权的行为，主要表现为侵占、妨害和毁损，而侵害知识产权的行为主要表现为剽窃、篡改和仿冒。其次，侵害一般财产所有权的行为往往直接作用于客体物的本身（如将他人的财物毁坏、强占他人的财物等），与客体物之间的联系是直接的、紧密的，而侵害知识产权的行为施加影响的对象是智力成果创造者的思想内容或思想表现形式，与知识产品的物化载体无关。最后，与对有形财产的侵权行为不同，对知识财产的侵权行为在形式上似乎并不影响知识产权所有人的权利行使。例如，他人对作品的非法占有，并不意味着权利人同时失去这种占有；对作品的非法使用，也不影响权利人对其作品继续使用。这种行为之所以构成侵权，在于它是对权利人“专有”“专用权”的侵犯，是对知识产权绝对性、排他性的违反。(2) 侵害行为的技术性。随着科学技术的不断发展，侵害知识产权行为一般要凭借相应的技术手段，因而较之一般财产权侵害行为更具有隐蔽性和欺骗性，并由此在侵权行为的预防、侵权责任的认定、侵害后果的避免等方面带来相当大的困难。(3) 侵害范围的广泛性。由于知识产品的非物质性和公开性特征，合法使用与侵权使用通常在同一时空条件下产生。在使用知识产品极为便利的条件下，使用行为极有可能成为侵权行为，且受侵害的对象往往不是某一单项权利。普遍存在的侵害行为有两个重要表现：一是个体侵权行为“普及化”，例如，静电复印技术与电子录制技术的推广与运用，使得非法复制行为日趋盛行。二是高科技侵权行为“国际化”，例如，在国际互联网络空间里，知识产品可以极快极方便地在全球范围内传播，为不同国家的不同主体所接受和利用（包括合法使用和违法使用），跨国侵权行为成为一件容易的事情。（4）侵害类型的多样性。侵害知识产权有直接侵权行为与间接侵权行为之分，法律对此规定有不同的过错条件及处罚标准。所谓间接侵权，有两种含义：一是指行为人的行为本身并不构成侵权，但其行为帮助和导致了直接侵权的发生，因而对知识产权所有人造成了损害，亦称“二次侵权”，例如，故意出售、出租、进口侵权复制品的行为。二是指“行为人”并没有从事任何侵权行为，但由于特定社会关系的存在，依法须对他人的侵权行为承担一定的责任，例如，雇主对雇员因完成本职工作而实施的侵权行为。上述间接侵权人与直接侵权行为人应承担共同侵权责任。可见，在侵权损害方面，知识产权法较之一般财产权法的规定更为严格。

需要注意的是，为了防止创作者、创造者的专有权成为公众获取知识和整个社会发展科学文化事业的障碍，知识产权法允许权利人以外的其他人在一定条件下使用受保护的智力成果，该类行为并不构成侵权。

1.3.2 知识产权侵权救济

【定义】知识产权侵权救济，是指知识产权人因知识产权受到侵害而获得的救济。知识产权侵权救济分为民事救济、刑事救济和行政救济。

【民事救济】民事救济具有维护权利状态或对权利人所受损害给予补偿的作用。知识产权的民事救济，主要采取请求停止侵害和请求赔偿损失的方法。由于客体的无形性特征，在物权之诉中，知识产权主体并不能援用请求恢复原状、返还原物之传统民事救济方法。（1）请求停止侵害是一种物权之诉，既包括请求除去已经发生之侵害，也包括除去可能出现之侵害。由于智力成果的特性所致，停止侵害是排除对专有权利之“妨碍”，而不可能是制止对权利客体即智力成果之“侵害”。（2）请求赔偿损失则是一种债权之诉，其填补损害的方式是金钱赔偿，包括违约责任和侵权责任。请求行为人承担侵权责任应满足一般侵权责任的四个构成要件，即侵权行为、主观过错、损害后果和因果关系。对损害赔偿额的计算可适用以下四种方法之一：一是权利人在被侵权期间因被侵权所受到的损失。不过，该方法在实践中往往难以计算，甚至无法计算，因此较少采用。二是侵权人在侵权期间因侵权行为所得之利润。三是参照许可使用费。如《专利法》第 65 条第 1 款规定，权利人的损失或者侵权人获得的利益难以确定的，参照专利许可使用费的倍数合理确定。按照最高人民法院《专利侵权解释》，为许可使用费的 1—3 倍，具体应当根据专利权的类别、侵权的性质、情节、范围、时间等因素，公平合理地确定。四是法定赔偿额。因权利人侵权所受损失和侵权人因侵权所获利益的难以确定以及法定赔偿在操作上的简便，实践中绝大多数知识产权赔偿案件以法定赔偿方式确定赔偿额。《专利法》第 65 条第 2 款规定，权利人的损失、侵权人获得的利益和专利许可使用费均难以确定的，人民法院可以根据专利权的类型、侵权行为的性质和情节等因素，确定给予 1 万元以上 100 万元以下的赔偿。此外，侵权人的赔偿数额还应当包括权利人为制止侵犯知识产权的行为而支付的合理开支包括权利人对侵权行为进行调查取证所支付的公证费或其他取证费、诉讼材料印制费、翻译费用、合理的律师费用等。需注意的是，以上四种计算赂偿额的方法并非可由当事人随意选择适用，而有一定的适用次序。如《专利法》第 65 条规定，实际损失难以确定的，可以按照侵权人因侵权所获得的利益确定；权利人的损失或者侵权人获得的利益难以确定的，参照该专利许可使用费的倍数合理确定；权利人的损失、侵权人获得的利益和专利许可使用费均难以确定的，适用法定赔偿额。

【刑事救济】《刑法》在第二编第三章第七节“侵犯知识产权罪”、第八节“扰乱市场秩序罪”中，规定了侵犯商标权罪、侵犯专利权罪、侵犯商业秘密权罪、侵犯商誉权罪等各种犯罪行为，其罪名涉及侵犯知识产权的主要领域。同时，对上述各罪，规定了有期徒刑、拘役、管制、罚金等各种刑事处罚。

【行政救济】TRIPS 协定要求各缔约方加强司法机关的权力，以建立一种对侵权行为的有效威慑。其内容包括：在不给任何补偿的情况下，有权命令对侵权的商品进行处理，禁止其进入商业渠道，或者将上述侵权商品予以销毁；有权命令将主要用于制作商品的材料和工具进行处理，禁止其进入商业渠道，以尽可能地减少进一步侵权的危险；当受害人发现有侵权制品经由海关进口或出口，则可向有关行政或司法机关提供书面申请和担保，由海关扣押侵权复制品，中止该类商品的放行。如果海关查实被扣商品系侵权复制品，则予以没收；如果扣押错误则申请人应赔偿被申请人的合理损失。我国相关立法所采取的行政救济措施与 TRIPS 协定规定相当，具体说来，有训诫（警告）、责令停止制作和发行侵权复制品、没收非法所得、没收侵权复制品和侵权设备以及罚款等措施。

1.4　知识产权诉讼

1.4.1　诉讼时效

【定义】知识产权诉讼时效，是指权利人经过法定期限不行使自己的权利，依法律规定其胜诉权归于消灭的制度。

【计算】按照《民法典》第 188 条的规定，向人民法院请求保护民事权利的诉讼时效期间为 3 年，从知道或者应当知道权利被侵害时起计算。这一原则性规定当然适用于知识产权诉讼，但是，许多侵犯知识产权的行为是持续性的，如出售侵权制品，只要销售行为一直在继续，就构成对知识产权的持续侵犯。为了加强对知识产权的保护，同时维护公共利益，最高人民法院在相关司法解释中对知识产权侵权诉讼的时效作出了特别规定：侵犯知识产权行为的诉讼时效为 3 年，自权利人知道或应当知道侵权行为之日起计算，如果权利人超过 3 年起诉的，只要著作权、专利权和商标权仍在保护期内，法院应当判决责令停止侵权行为，但侵权损害赔偿数额只从权利人向法院起诉之日向前推算 3 年计算。此外，许多看似持续性的侵权行为实际上是分次实施的侵权行为。对某次侵权行为的诉讼时效，应当从其发生之时起算，而不是从第一次侵权时起算。

1.4.2 管辖

【地域管辖】《民事诉讼法》第 28 条确定的有关地域管辖的一般原则是：因侵权行为提起的诉讼，由侵权行为地或者被告住所地人民法院管辖。根据《民事诉讼法解释》第 24 条规定，“侵权行为地”包括侵权行为实施地、侵权结果发生地。而最高人民法院在相关知识产权的司法解释中，又进一步规定：对于涉及不同侵权行为实施地的多个被告提起共同诉讼的，原告可以选择其中一个被告的侵权行为实施地人民法院管瞎；仅对其中某一被告提起诉讼的，该被告侵权行为实施地的人民法院有管辖权。对于专利权民事纠纷，如果以制造者与销售者为共同被告起诉的，销售地人民法院有管辖权。此外，最高人民法院在《信息网络传播权规定》中，又针对网络著作权侵权的特殊情况，将“侵权行为地”解释为包括实施被侵权行为的网络服务器、计算机终端等设备所在地；侵权行为地和被告住所地均难以确定或者在境外的，原告发现侵权内容的计算机终端等设备所在地可以视为侵权行为地。

需要指出的是，虽然最高人民法院《民事诉讼法解释》第 20 条规定：“以信息网络方式订立的买卖合同，通过信息网络交付标的的，以买受人住所地为合同履行地；通过其他方式交付标的的，收货地为合同履行地”，但最高人民法院民事裁定书（［2016］最高法民辖终 107 号）中明确指出：上述《民事诉讼法解释》是对民事诉讼法关于合同履行地的补充规定。“由于合同案件与侵犯知识产权及不正当竞争案件存在较大的不同，合同案件一般发生在合同当事人之间，且其影响基本仅限于特定的行为和特定的当事人，而在侵犯知识产权和不正当竞争案件中，当事人通过网络购物方式取得被诉侵权产品，虽形式上与‘以信息网络方式订立买卖合同’并无区别，但其所提出的侵权主张并非仅针对这一特定的产品，而是包含了特定权利的所有产品；其主张也并非仅针对合同的另一方主体，而可能是与此产品相关的、根据法律规定可能构成侵权的其他各方主体。考虑到上述区别，并考虑到侵犯知识产权案件和不正当竞争案件中对侵权行为地的确定有专门的规定，在此类案件中，如果原告通过网络购物方式购买被诉侵权产品，不宜适用《民事诉讼法解释》第20条的规定来确定案件的地域管辖。”

上述《民事诉讼法解释》第25条还规定：“信息网络侵权行为实施地包括实施被诉侵权行为的计算机等信息设备所在地，侵权结果发生地包括被侵权人住所地。”也有观点认为，对于侵犯著作权人之信息网络传播权的侵权行为（如擅自将小说上传至网站中传播），著作权人住所地的法院有管辖权。王迁教授对此持不同观点，他认为对于侵犯信息网络传播权的行为而言，侵权行为（未经许可上传作品至向公众开放的服务器）和侵权结果（作品在服务器上处于可为公众所获得的状态，无论是否有人实际获得作品）均在涉案服务器上发生，难以分离。只有在服务器所在地和被告住所地均难以确定的情况下，才能将被侵权人（著作权人）住所地视为侵权结果发生地。换言之，对于侵犯信息网络传播权的诉讼，仍然应当适用上文提及的有关侵犯信息网络传播权的司法解释。

【级别管辖】在级别管辖方面，最高人民法院在《民事诉讼法解释》规定，专利权民事纠纷一审案件应当由省、自治区、直辖市人民政府所在地的中级人民法院和最高人民法院指定的中级人民法院管辖。最高人民法院根据实际情况，可以指定基层人民法院管辖第一审专利纠纷案件。2014年，北京、上海和广州成立了知识产权法院，知识产权法院的级别为中级人民法院，管辖所在市辖区内的下列案件：专利、植物新品种、集成电路布图设计、技术秘密、计算机软件民事和行政案件；对国务院部门或者县级以上地方人民政府所做的涉及著作权、商标、不正当竞争等的行政行为提起诉讼的行政案件；涉及驰名商标认定的民事案件。同时，广州知识产权法院对广东省内上述第一项和第三项案件实行跨区域管辖。可见，在这三家知识产权法院的辖区内，上述案件的级别管辖有特殊之处：无论这些纠纷的一审案件的标的额大还是小，都统一由知识产权法院进行管辖。

2018年，全国人大常委会通过了《关于专利等知识产权案件诉讼程序若干问题的决定》，对专业技术性较强的知识产权案件的上诉审理机制作出了重大调整。当事人对发明专利、实用新型专利、植物新品种、集成电路布图设计、技术秘密、计算机软件、垄断等专业技术性较强的知识产权民事案件第一审判决、裁定不服，提起上诉的，以及当事人对专利（包括发明专利、实用新型专利和外观设计专利）、植物新品种、集成电路布图设计、技术秘密、计算机软件、垄断等专业技术性较强的知识产权行政案件第一审判决、裁定不服，提起上诉的，由新设立的最高人民法院知识产权审判庭审理，上文所述的行政案件，包括不服北京知识产权法院关于专利、植物新品种、集成电路布图设计等三类授权确权行政案件而提起的上诉案件，以及不服高级人民法院、有关中级人民法院、知识产权法院关于专利、植物新品种、集成电路布图设计、技术秘密、计算机软件、垄断等其他行政诉讼案件而提起的上诉案件。

1.4.3 临时措施

【定义】临时措施，是指法院在紧急情况下，在对案件作出判决前，先行采取的保护当事人利益的措施。这种措施在许多情况下对于制止正在或即将实施的侵权行为、保存重要证据、防止损害后果进一步扩大和导致无法弥补的损失是至关重要的。TRIPS 协定第 50 条规定：司法机关有权责令采取迅速和有效的临时措施以便防止侵犯知识产权的货物进入商业渠道，以及保存关于被指控侵权的有关证据。我国《专利法》等在 2001 年进行修订时，以 TRIPS 协定第 50 条为依据，同时借鉴了英美法系“临时禁令”制度，规定了行为保全（责令停止侵权）、证据保全和财产保全三类临时措施（诉前临时措施）。同时，《民事诉讼法》不仅规定了利害关系人在提起诉讼或申请仲裁前可以申请临时措施（诉前保全措施），还规定了在起诉之后，判决、裁定或仲裁生效之前，当事人可以申请保全措施（诉中保全措施）。

【行为保全】《民事诉讼法》第 101 条规定：“利害关系人因情况紧急，不立即申请保全将会使其合法权益受到难以弥补的损害的，可以在提起诉讼或者申请仲裁前向被保全财产所在地、被申请人住所地或者对案件有管辖权的人民法院申请采取保全措施。”其中有关诉前责令被申请人作出一定行为或者禁止其作出一定行为的临时措施，被称为诉前行为保全。“利害关系人”包括知识产权许可使用合同的被许可人和知识产权财产权利的合法继承人。在知识产权许可使用合同的被许可人中，除非另有约定，独占使用许可合同的被许可人可以单独向法院提出申请；排他使用许可合同的被许可人在知识产权人不申请的情况下，可以提出申请；普通使用许可合同的被许可人则不能单独向法院提出申请，只能在权利人明确授权以自己的名义起诉时，单独提出申请。最高人民法院《知识产权纠纷保全规定》第 6 条规定，在申请诉前和诉中行为保全时，有下列情形之一，不立即采取行为保全措施足以损害申请人利益的，属于“情况紧急”：（1）申请人的商业秘密即将被非法披露；（2）申请人的发表权、隐私权等人身权利即将受到侵害；（3）诉争的知识产权即将被非法处分；（4）申请人的知识产权在展销会等时效性较强的场合正在或者即将受到侵害；（5）时效性较强的热播节目正在或者即将受到侵害；（6）其他需要立即采取行为保全措施的情况。其第 10 条规定，在申请诉前行为保全时，“难以弥补的损害”包含以下情形：（1）被申请人的行为将会侵害申请人享有的商誉或者发表权、隐私权等人身性质的权利且造成无法挽回的损害；（2）被申请人的行为将会导致侵权行为难以控制且显著增加申请人的损害；（3）被申请人的侵害行为将会导致申请人的相关市场份额明显减少；（4）对申请人造成其他难以弥补的损害。

此外，《民事诉讼法》第 100 条规定：“人民法院对于可能因当事人一方的行为或者其他原因，使判决难以执行或者造成当事人其他损害的案件，根据对方当事人的申请，可以裁定对其财产进行保全、责令其作出一定行为或者禁止其作出一定行为。”其中有关在诉讼中责令被申请人作出一定行为或者禁止其作出一定行为的临时措施，被称为诉中行为保全。向法院申请行为保全时，应当递交申请书和相应证据，包括：（1）申请书，其中应说明申请人与被申请人的身份、送达地址、联系方式，申请采取行为保全措施的内容和期限，申请所依据的事实、理由——包括被申请人的行为将会使申请人的合法权益受到难以弥补的损害或者造成案件裁决难以执行等损害的具体说明，为行为保全提供担保的财产信息或资信证明，或者不需要提供担保的理由。（2）有关享有知识产权的证明。（3）证明被申请人正在实施或者即将实施侵犯知识产权的行为的证据。（4）相应的担保。如未能提供担保，法院将驳回申请。申请人提供的担保数额，应当相当于被申请人可能因执行行为保全措施所遭受的损失，包括责令停止侵权行为所涉产品的销售收益、保管费用等合理损失，在执行行为保全措施过程中，被申请人可能因此遭受的损失超过申请人担保数额的，法院可以责令申请人追加相应的担保，申请人拒不追加的法院可以裁定解除或者部分解除保全措施。

根据上述最高人民法院《知识产权纠纷保全规定》第 8 条和第 9 条之规定，法院在审查行为保全申请时，应当综合考量一系列因素：第一，申请人的诉求是否具有事实基础和法律依据，特别是请求保护的知识产权效力是否稳定。第二，不采取行为保全措施是否会使申请人的合法权益受到难以弥补的损害或者造成案件裁决难以执行等损害。第三，不采取行为保全措施对申请人造成的损害是否超过采取行为保全措施对被申请人造成的损害。第四，采取行为保全措施是否损害社会公共利益。第五，其他可能导致所涉权利效力不稳定的因素。

对于申请人提出的责令停止侵权行为的申请，法院经审查后符合法定条件的，应在 48 小时内作出书面裁定，责令被申请人停止侵权行为，而且应当立即开始执行：并在至迟不超过 5 日的时间内及时通知被申请人。当事人对行为保全的裁定不服的，可以在收到裁定之日内申请复议一次，复议期间不停止裁定的执行。同时，在法院采取行为保全措施后，申请人应当在 30 日内对被申请人提起诉讼或者申请仲裁，否则，法院应当裁定解除行为保全。同时，如其请求保护的知识产权被宣告无效等，导致行为保全措施成为无源之水、无本之木，从而自始不当。或被诉侵权行为最终被生效裁判认定不构成侵权，则此前采取的行为保全措施显属错误。对于由此给被申请人造成的损失，申请人应予以赔偿。被申请人可以向法院起诉，请求申请人赔偿，也可以在申请人提起的侵权诉讼中提出损害赔偿请求，如法院认定申请错误导致被申请人遭受损失，申请人应予以赔偿。

【证据保全】《专利法》第 67 条规定：为了制止专利侵权行为，在证据可能灭失或者以后难以取得的情况下，专利权人或者利害关系人可以在起诉前向人民法院申请保全证据。《民事诉讼法》第 81 条第 2 款也规定：因情况紧急，在证据可能灭失或者以后难以取得的情况下，利害关系人可以在提起诉讼前向证据所在地、被申请人住所地或者对案件有管辖权的人民法院申请保全证据。根据相关司法解释，当事人申请证据保全措施以及法院作出规定的程序、条件与申请行为保全措施基本相同，其特殊之处在于：首先，申请人应当说明申请证据保全的理由，包括证据可能灭失或者以后难以取得。而且当事人及其诉讼代理人因客观原因不能自行收集的具体说明。其次，如果申请人申请证据保全可能让被申请人遭受财产损失的，法院可以责令申请人提供相应的担保。

需要注意的是，证据保全的目的之一是避免被申请人转移或销毁证据，因此，一般只有在不事先为被申请人所知晓的情况下，由法院实施才能达到保全证据的效果。虽然法律和司法解释都没有对这一点作出规定，但 TRIPS 协定第 50 条第 2 款明确规定：在存在证据被销毁的显而易见的风险时，司法机关有权采取不作预先通知的临时措施。因此，法院应当有权在不事先通知被申请人的情况下采取证据保全措施。

【财产保全】《民事诉讼法》规定的诉前和诉中的财产保全措施可以适用于知识产权民事诉讼。有关诉前和诉中财产保全措施的法律规则与有关诉前和诉中行为保全的规则基本上是一致的，需要注意的不同之处在于：对于行为保全的措施，除非申请人同意，否则，一般不因被申请人提供担保而解除，而对于财产保全的措施，被申请人提供担保的，法院应当解除，这是因为这两种临时措施所要达到的目的不同：前者是为了阻止被申请人实施侵权行为，避免造成申请人的损失或进一步扩大损失。在法院对案件进行全面审理并对侵权行为造成的损失作出认定之前，无法确认被申请人的担保是否足以弥补申请人的损失；而且一些侵权行为涉及对著作人人身权的侵犯，是必须加以制止的。后者则是为了防止被申请人转移、隐匿财产或因其他原因丧失清偿能力。如果被申请人提供了与被保全财产相当的担保，财产保全措施的目的就已经达到，就无须继续对被申请人的财产进行保全了。

1.5 农业知识产权

【定义】农业知识产权又称涉农知识产权，是指自然人、法人、非法人组织对其在农业领域创造的智力成果依法享有的专有权利的统称。

【简史】1833 年罗马教皇发布了在技术和农业领域给予所有权并保护的声明。19 世纪是西方农业发展的鼎盛时期，随着机械化生产程度逐步提高、化肥工业建立和不断发展，农业成为世界经济的重要组成部分，伴随着农业的不断发展，人们对于种子质量的要求也越来越高。1930 年美国《植物专利法》颁布实施，将无性繁殖的植物品种（块茎除外）列入专利保护范围，这是世界上第一部保护植物新品种的国家法律，其后来还通过了 1970 年《植物新品种保护法》。20 世纪 60 年代以后，随着农业生物技术的发展，农业成为世界经济发展的重要促进因素，农业知识产权的国际保护越来越受重视，农业知识产权方面的条约、规定相继出台。1961 年 12 月，比利时、法国、德国、意大利、荷兰 5 个国家在巴黎签订了《UPOV 公约》，并成立了政府间国际组织“国际植物新品种保护联盟”（UPOV），对植物新品种的发明人给予保护，以补偿他们在培育植物新品种过程中的人力、物力、财力投入。《UPOV 公约》历经三次修订，形成 1972 年文本、1978 年文本和 1991 年文本，是国际上保护育种者权利的重要法律文件。大多数国家是《UPOV 公约》1991 年最新版本的缔约国，但巴西、加拿大、中国和南非是 1978 年版公约的缔约国。

世界知识产权组织以 1967 年 WIPO 公约为基础性文件，制定了一系列与农业知识产权保护有关的条约，主要包括 1977 年《布达佩斯条约》、1979 年修正的《斯特拉斯堡协定》等。1994 年 TRIPS 协定第二部分第五节第 27 条第 3 款在农业知识产权方面有详细规定。根据相关规定，各国越来越重视农业知识产权的保护，许多国家相继出台了保护植物新品种的法律、法规，植物新品种的保护进入全球化时代。由此形成了对植物新品种进行保护的专利保护、专门保护、专利保护和专门保护相结合的法律保护模式。同时，该协定对农产品的地理标志保护也有专门的规定，以保护特定地域内与自然资源密切相关的农业产品。《国际条约》是由联合国粮农组织制定并通过的有关粮食和农业植物遗传资源保护与可持续利用的国际法律文件，于 2001 年 4 月获得通过，并自 2004 年 6 月 29 日第四十个国家签署加入之日起生效。尽管 1973 年签署的《欧洲专利公约》不对动植物品种和主要利用生物方式繁殖的动植物进行专利保护，但《UPOV 公约》、1963 年《斯特拉斯堡协定》等都对生物专利予以认可。

我国是一个发展中国家，又是农业大国，农业在国民经济中占有十分重要的地位。20 世纪末以来，我国在农业知识产权保护方面的意识有了明显增强，组织建设和实际保护工作也取得了明显进展：1997 年 3 月 20 日，我国颁布了《品种条例》，2013 年、2014 年修订；1999 年 4 月 23 日，我国正式加入国际植物新品种保护联盟（UPOV）和《UPOV 公约》1978 年文本；1999 年 6 月 16 日颁布了《品种条例实施细则》农业部分（2007 年、2011 年、2014 年修订）和林业部分（1999 年 8 月 10 日发布）；2000 年 7 月 8 日通过了《种子法》（2015 年修订）；最高人民法院于 2001 年 2 月 5 日发布《植物新品种解释》；2007 年 1 月 12 日，最高人民法院发布《植物新品种若干规定》；2014 年 8 月 1 日，国家林业局发布了《林业植物新品种保护行政执法办法》（2015 年修改）；2015 年 2 月 27 日，国家林业局发布了《林业植物新品种测试管理规定》。为提升农业知识产权创造、运用、保护和管理能力，强化对农业发展的技术支撑，保障国家粮食安全，促进农业持续健康发展，2010 年农业部颁布了《农业知识产权战略纲要（2010—2020 年）》。

【特征】首先，农业知识产权是知识产权的重要组成部分，具有知识产权的法定性、支配性、对世性、排他性、地域性、期限性等特点，属于民事权利。其次，农业知识产权的保护对象是涉农智力成果和具有商业价值的非物质信息。其中，农产品所标示的地理标记，如“烟台苹果”等，其价值来源于当地的自然环境和地理优势，与人的创造无关。最后，农业知识产权的权利人既可以是涉农智力成果的创造者，又可以是继受取得农业知识产权的权利人。

【范围】农业知识产权的内容随着科技的发展而不断充实和完善，目前主要包括植物品种权、农产品地理标志权、农业专利权、农业商标权、农业著作权、其他涉农知识产权等。

【主要问题】由于我国知识产权保护制度起步晚，有关知识产权保护体系还不够健全，目前农业知识产权保护中还存在着许多问题，其中最突出的问题是植物新品种、农产品地理标志等立法的位阶较低，动物品种保护未纳入立法范围，缺乏生物技术知识产权保护的专门法律，与其他知识产权在效力等级、保护内容和强度等方面，尚存在较大差距。其他问题还包括农业知识产权申请量相对于其他知识产权而言较少，知识产权法律保护意识薄弱；农业经济组织和科研单位管理制度不健全；农业知识产权中介组织不发达等。

2 植物新品种权

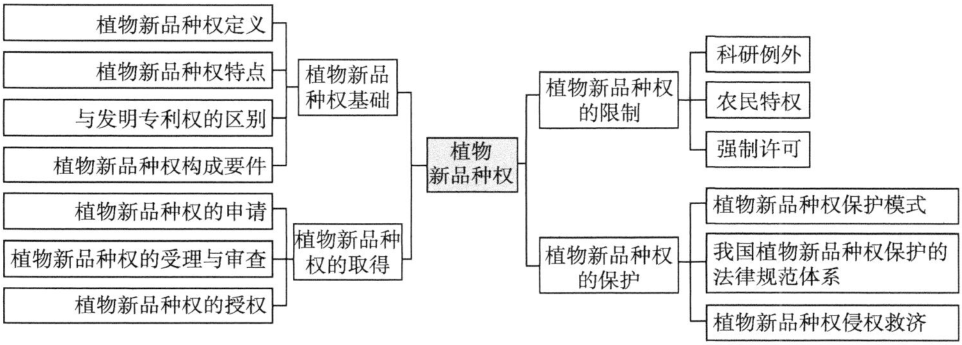

图 2－1　植物新品种权内容导读

2.1　植物新品种权基础

2.1.1　植物新品种权定义

植物新品种权又称品种权。广义的植物新品种权，是指育种者对植物新品种的生产方法及植物新品种所享有的独占性的权利。狭义的植物新品种权，是指育种者对其培育或开发的植物新品种依法享有的专有权。

《UPOV 公约》1978 年文本未对“品种”及“植物新品种”的概念作出明确规定，但其第 6 条明确规定了获得植物新品种权应满足的五个条件：特异性、新颖性、一致性、稳定性及适当命名。《UPOV 公约》1991 年文本第 1 条对“品种”作出明确定义：“品种”系指已知植物最低分类单元中单一的植物群，不论授予育种者的权利的条件是否充分满足，该植物群可以是以某一特定基因型或基因型组合表达的特征来确定；至少表现出上述的一种特性，以区别于任何其他植物群，并且作为一个分类单元其适用性经过繁殖不发生变化。对于获得植物新品种权应满足的条件作出了与《UPOV 公约》1978 年文本相同的规定。

《种子法》第 92 条对品种的定义是："经过人工选育或者发现并经过改良，形态特征和生物学特性一致，遗传性状相对稳定的植物群体。"《品种条例》第 2 条规定："本条例所称植物新品种，是指经过人工培育的或者对发现的野生植物加以开发，具备新颖性、特异性、一致性和稳定性并有适当命名的植物品种。"

2.1.2 植物新品种权特点

【专有性】根据《品种条例》第 6 条规定，品种权人对其授权品种，享有排他的独占权。除条例另有规定外，任何单位或者个人未经其许可，不得为商业目的生产或者销售该授权品种的繁殖材料，不得为商业目的将该授权品种的繁殖材料重复使用于生产另一品种的繁殖材料。其第 8 条规定："一个植物新品种只能授予一项品种权。两个以上的申请人分别就同一个植物新品种申请品种权的，品种权授予最先申请的人；同时申请的，品种权授予最先完成该植物新品种育种的人。"

【地域性】《品种条例》第 20 条规定："外国人、外国企业或者外国其他组织在中国申请品种权的，应当按其所属国和中华人民共和国签订的协议或者共同参加的国际条约办理，或者根据互惠原则，依照本条例办理。"

【期限性】《品种条例》第 34 条规定："品种权的保护期限，自授权之日起，藤本植物、林木、果树和观赏树木为 20 年，其他植物为 15 年。"品种权保护期限届满，品种权即丧失效力并进入公共领域。

2.1.3 与发明专利权的区别

【客体】根据《专利法》的规定，发明，是指对产品、方法或者其改进所提出的新的技术方案，包括产品专利和方法专利。发明专利权的客体是构成发明创造的技术方案，并非产品本身；植物新品种权的客体不是技术方案，而是经过人工培育的或者对发现的野生植物加以开发得到的植物品种。《专利法》第 25 条明确规定，对植物品种不授予专利权，而对植物品种的生产方法（即育种方法）可以依法授予专利权。

【条件】（1）植物新品种的新颖性与发明专利的新颖性不同。根据《专利法》的规定，授予专利权的发明应当具备新颖性。根据《品种条例》规定，获得授权的植物新品种，也应当具备新颖性。二者虽然都有新颖性要求，但对新颖性的衡量标准并不相同。发明专利的新颖性，是指该发明不属于现有技术；也没有任何单位或者个人就同样的发明在申请日以前向国务院专利行政部门提出过申请，并记载在申请日以后公布的专利申请文件或者公告的专利文件中。授予品种权的植物新品种的新颖性是指该品种繁殖材料用于商业销售的时间限制——在申请日前该品种繁殖材料未被销售，或者经育种者许可，在中国境内销售该品种繁殖材料未超过1年；在中国境外销售藤本植物、林木、果树和观赏树木品种繁殖材料未超过6年，销售其他植物品种繁殖材料未超过4年。

（2）植物新品种的特异性与发明专利的创造性不同。发明专利的创造性，是指与现有技术相比，该发明具有突出的实质性特点和显著的进步。相比较而言，植物新品种并无创造性要求，而是要求具备特异性，即申请品种权的植物新品种应当明显区别于在递交申请以前已知的植物品种。

（3）植物新品种的一致性和稳定性与发明专利的实用性不同。发明专利的实用性，是指该发明能够制造或者使用，并且能够产生积极效果。提交专利申请材料时应当对发明作出具体、完整的说明，技术人员根据说明能够制造出专利产品。植物新品种的一致性，是指申请品种权的植物新品种经过繁殖，除可以预见的变异外，其相关的特征或者特性一致。植物新品种的稳定性，是指申请品种权的植物新品种经过反复繁殖后或者在特定繁殖周期结束时，其相关的特征或者特性保持不变。可见，植物新品种的一致性和稳定性不要求能完全再现该植物品种，但发明专利的实用性要求根据材料能完全再现该发明。

【限制】专利权限制，是指专利法允许第三方在法定情况下，可以不经专利权人的许可而实施其专利，且其实施行为并不构成侵权的一种法律制度。专利法保护专利权人的专有权，但是，为了平衡专利权人与国家和社会之间的利益，各国专利法都在不同程度上对专利权人的权利作了限制性的规定。我国对专利权的限制主要表现为不视为侵犯专利权的行为和专利实施的强制许可。根据《专利法》的规定，专为科学研究和实验而使用有关专利的可以不经权利人许可，不视为侵犯专利权；而植物新品种权的限制，除强制许可外，在下列情况下使用授权品种的，可以不经品种权人许可，不向其支付使用费：一是利用授权品种进行育种及其他科研活动；二是农民自繁自用授权品种的繁殖材料，即“农民特权”。

2.1.4 植物新品种权构成要件

【主体】植物新品种权的主体是指获得品种权的单位或个人，统称为品种权人，根据《UPOV公约》及《品种条例》的相关规定，品种权人可以划分为以下几类：（1）育种人。育种人是指完成新品种育种的单位或者个人。《品种条例》第6条规定：“完成育种的单位或者个人对其授权品种，享有排他的独占权。”据此，直接培育出植物新品种的人可以成为植物新品种权的主体。《品种条例实施细则》农业部分则进一步明确，完成新品种培育的人员是指“对新品种培育作出创造性贡献的人”，排除了仅负责组织管理工作、为物质条件的利用提供方便或者从事其他辅助工作的人。《UPOV公约》1991年文本则将其表述为“培育或发现并开发了一个品种的人”。（2）育种人所在单位或其雇主。根据

《品种条例》的规定，执行本单位的任务或者主要是利用本单位的物质条件所完成的育种为职务育种，植物新品种权属于该单位。综合《品种条例实施细则》农业部分和《品种条例实施细则》林业部分的规定，执行本单位任务所完成的职务育种是指下列情形之一：①在本职工作中完成的育种；②履行本单位交付的本职工作之外的任务所完成的育种；③离开原单位后3年内完成的与其在原单位承担的工作或者原单位分配的任务有关的育种。④利用本单位的资金、仪器设备、试验场地、育种资源和其他繁殖材料及不对外公开的技术资料等所完成的育种。《UPOV公约》1991年文本中相似的表述为“培育或发现并开发了一个品种的人”的“雇主或按照有关缔约方的法律规定代理雇主工作的人”。(3) 委托育种或者合作育种合同中约定的人。按照《品种条例》第7条第2款的规定，委托育种或者合作育种，品种权的归属由当事人在合同中约定；没有合同约定的，品种权属于受委托完成或者共同完成育种的单位或者个人。按照该规定，根据委托育种合同当事人的约定，品种权既可以归属于受托方，也可以归属于并未参与育种的委托方；根据合作育种合同当事人的约定，品种权既可以归属于共同育种人，也可以归属于部分育种人。充分体现了当事人的意思自治。(4) 植物新品种权的合同受让人。植物新品种的品种权可以依法转让，转让后的受让人即成为新的品种权人。依据《品种条例》第9条及《品种条例实施细则》农业部分第11条、《品种条例实施细则》林业部分第8条的规定，转让品种权的，当事人应当订立书面合同，向国务院农业或林业行政主管部门登记，由国务院农业或林业行政主管部门予以公告。(5) 植物新品种权的继承人或权利承受人。植物新品种权是知识产权的一种，以财产权为基本内容。依照《民法典》继承编的规定，自然人生前享有的植物新品种权作为个人合法财产属于遗产，可以由继承人依法继承。作为品种权人的被继承人死亡，其生前依法享有的植物新品种权可以由其继承人依法继承。如品种权人为单位（法人或非法人组织），依据《民法典》总则编的相关规定，该法人或其他非法人组织合并或分立后，其享有的品种权依法由合并或分立后的法人或其他组织享有。《UPOV公约》1991年文本规定了培育或发现并开发了一个品种的人或其雇主的继承人两种情形。

【客体】植物新品种权的客体是植物新品种这一生命体。这一点在《UPOV公约》及我国法律中都有明确体现。根据《UPOV公约》1991年文本第5条规定，当品种符合新颖性、特异性、一致性、稳定性条件时将授予育种者权利，即根据《UPOV公约》1991年文本向育种者提供的权利。当品种符合上述条件时即成为“植物新品种”，品种权是基于“植物新品种”而授予的权利，因此“植物新品种”就是品种权的客体。《品种条例》规定“对符合本条例规定的植物新品种授予植物新品种权”，也明确将植物新品种作为植物新品种权的客体。《品种条例》将植物新品种定义为“经过人工培育的或者对发现的野生植物加以开发，具备新颖性、特异性、一致性和稳定性并有适当命名的植物品种”。就其狭义概念而言，植物新品种权的客体并非所有的植物种类，而是指通过生物学或非生物学方法人工培育的植物品种以及经过开发的野生植物品种，当然，被授予植物新品种权的植物新品种应当属于国家植物品种保护名录中列举的植物的属或者种，符合《品种条例》规定的新颖性、特异性、一致性和稳定性及命名要求。这些品种形态特征和生物学特征相对一致，遗传性状比较稳定，这样就把不具备新颖性、特异性、一致性和稳定性的一些品系以及未加入人工劳动的野生植物品种排除在客体之外。《UPOV 公约》1978 年文本要求，成员国自加入该公约之日起应当至少对 5 个属或种给予保护；3 年内至少对 10 个属或种给予保护；6 年内至少对 18 个属或种给予保护；8 年内至少对 24 个属或种给予保护。我国农业部（现农业农村部）1999 年 6 月 16 日发布了第一批农业植物品种保护名录，迄今为止发布了 11 批保护名录，截至目前，受保护的农业植物新品种已达 191 个植物属（种）。国家林业局（现国家林业和草原局）于 1999 年 4 月 22 日发布了林业植物新品种保护名录，迄今为止已经发布了六批保护名录，受保护的林业植物新品种总计 206 个植物属（种）。可见我国可受保护的品种范围远远超过《UPOV 公约》1978 年文本的最低要求。

【内容】植物新品种权的内容随着社会的发展和法律的完善不断发展变化。以《UPOV 公约》为例，依《UPOV 公约》1978 年文本规定，他人在对受保护品种的繁殖材料进行下列处理时，应事先征得育种者同意：（1）以商业销售为目的之生产；（2）提供出售；（3）市场销售；（4）为另一品种的商业生产重复使用该授权品种。《UPOV 公约》1991 年文本在植物新品种权内容方面发生了很大变化。根据该文本第 14 条的规定，在育种者权利适用范围上，从单一的繁殖材料，增加到收获材料以及由收获材料直接制作的产品；将受保护品种延伸到依赖性派生品种、与受保护品种没有明显区别的品种以及需要反复利用受保护品种进行生产的品种。此外，涉及受保护品种繁殖材料的下列活动需要育种者授权：（1）生产或繁殖；（2）为繁殖而进行的种子处理；（3）提供销售；（4）售出或其他市场销售；（5）出口；（6）进口；（7）用于上述目的（1）至（6）的原种制作。由此可见，与 1978 年文本相比，《UPOV 公约》1991 年文本大大加强了对品种权人的保护力度。

我国于 1999 年加入《UPOV 公约》1978 年文本，植物新品种权的内容方面遵循的是 1978 年文本模式。《品种条例》规定，除本条例另有规定外，任何单位或者个人未经品种权人许可，不得为商业目的生产或者销售该授权品种的繁殖材料，不得为商业目的将该授权品种的繁殖材料重复使用于生产另一品种的繁殖材料。《品种条例实施细则》农业部分进一步明确，具有下列情形之一的，属于《品种条例》第 14 条规定的“销售”：（1）以买卖方式将申请品种的繁殖材料转移他人；（2）以易货方式将申请品种的繁殖材料转移他人；（3）以入股方式将申请品种的繁殖材料转移他人；（4）以申请品种的繁殖材料签订生产协议；（5）以其他方式销售的情形。具有下列情形之一的，视为《品种条例》第14条规定的育种者许可销售：（1）育种者自己销售；（2）育种者内部机构销售；（3）育种者的全资或者参股企业销售；（4）农业部规定的其他情形。

2.2 植物新品种权的取得

2.2.1 植物新品种权的申请

【主管部门】育种人在完成植物新品种育种后，向国家审批机关提出申请，经国家审批机关审查与批准后，申请人才享有植物新品种权。我国植物新品种的审批机关，是国务院农业、林业行政主管部门。依据《品种条例实施细则》农业部分及《品种条例实施细则》林业部分的规定，农业部植物新品种保护办公室和国家林业局植物新品种保护办公室，承担品种权申请的受理、审查等事务，负责植物新品种测试和繁殖材料保藏的组织工作。

【申请的原则】（1）书面原则。根据《品种条例》第21条及《品种条例实施细则》农业部分、《品种条例实施细则》林业部分的规定，申请品种权的，应当向农业/林业品种保护办公室提交符合规定格式要求的请求书、说明书和该品种的照片，同时提交相应请求书和说明书的电子文档。（2）单一性原则。植物新品种权的专有性决定了一个植物新品种只能授予一项品种权，因此植物新品种的申请也应当遵循单一性原则，即申请人不能就一个植物新品种提出两项或两项以上的品种权申请。《品种条例实施细则》农业部分第34条规定：“一件植物品种权申请包括两个以上新品种的，品种保护办公室应当要求申请人提出分案申请。申请人在指定期限内对其申请未进行分案修正或者期满未答复的，视为撤回申请。”《品种条例实施细则》林业部分则规定，在上述情况下，该申请视为放弃。（3）优先权原则。优先权原则是指申请人在任一成员国首次提出植物新品种保护申请后的一定期限内，又在其他成员国就同一植物新品种提出保护申请的，可将首次申请日作为后来在其他成员国申请的申请日。《UPOV公约》1978年文本就优先权作了专门规定。该公约第12条规定：“凡已正式向一联盟成员国提出保护申请的育种者，欲在其他成员国提出申请，应享受为期12个月的优先权。优先权的时间从呈交首次申请之日起计算。呈交申请之日不计在内。为享受前款之规定，再次申请必须包括保护权申请书，为首次申请提出优先权的请求书，并在3个月内呈交一份包括首次申请书的文件，该首次申请已经原受理主管机关证实为真实的文本。"《品种条例》就优先权作了与《UPOV 公约》1978 年文本相同的规定。第 23 条规定："申请人自在外国第一次提出品种权申请之日起 12 个月内，又在中国就该植物新品种提出品种权申请的，依照该外国同中华人民共和国签订的协议或者共同参加的国际条约，或者根据相互承认优先权的原则，可以享有优先权。申请人要求优先权的，应当在申请时提出书面说明，并在 3 个月内提交经原受理机关确认的第一次提出的品种权申请文件的副本；未依照本条例规定提出书面说明或者提交申请文件副本的，视为未要求优先权。"《品种条例实施细则》林业部分第 29 条进一步规定："申请人向国家林业局提出品种权申请之后，又向外国申请品种权的，可以请求植物新品种保护办公室出具优先权证明文件；符合条件的，植物新品种保护办公室应当出具优先权证明文件。"《品种条例实施细则》农业部分第 27 条规定：" 申请人在向品种保护办公室提出品种权申请 12 个月内，又向国外申请品种权的，依照该国或组织同中华人民共和国签订的协议或者共同参加的国际条约，或者根据相互承认优先权的原则，可以请求品种保护办公室出具优先权证明文件。"《品种条例实施细则》农业部分及《品种条例实施细则》林业部分进一步规定，申请人按照品种保护办公室要求提出的分案申请，享有优先权的，可保留优先权日。

【申请的提出】 根据《品种条例》及《品种条例实施细则》农业部分、《品种条例实施细则》林业部分的规定，中国的单位和个人申请品种权的，可以直接或者委托代理机构向品种保护办公室提出申请。申请品种权的植物新品种涉及国家安全或者重大利益需要保密的，应当按照国家有关规定办理。在中国没有经常居所的外国人、外国企业或其他外国组织，向品种保护办公室提出品种权申请的，应当委托代理机构办理。

申请品种权的，应当向品种保护办公室提交符合规定格式要求的请求书、说明书和该品种的照片。申请书应当用中文书写。《品种条例实施细则》农业部分进一步明确，申请人提交的说明书应当包括下列内容：（1）与请求书的名称一致的申请品种的暂定名称；（2）申请品种所属的属或者种的中文名称和拉丁文名称；（3）育种过程和育种方法，包括系谱、培育过程和所使用的亲本或者其他繁殖材料来源与名称的详细说明；（4）有关销售情况的说明；（5）选择的近似品种及理由；（6）申请品种特异性、一致性和稳定性的详细说明；（7）适于生长的区域或者环境以及栽培技术的说明；（8）申请品种与近似品种的性状对比表。申请人提交的照片应当利于说明申请品种的特异性；申请品种与近似品种的同一种性状对比应在同一张照片上；同时，照片应符合《品种条例实施细则》农业部分或《品种条例实施细则》林业部分对于色彩、规格的要求，并附有关于照片的简要文字说明。审批机关收到品种权申请文件之日为申请日；申请文件是邮寄的，以寄出的邮戳日为申请日。

【申请的分案】 根据《品种条例实施细则》农业部分及《品种条例实施细则》林业部分的相关规定，一件植物品种权申请包括两个以上新品种的，实质审查前，品种保护办公室应当要求申请人提出分案申请。申请人按照品种保护办公室要求提出的分案申请，可以保留原申请日；享有优先权的，可保留优先权日。但不得超出原申请文件已有内容的范围。分案申请应当依照《品种条例》及细则的规定办理相关手续。分案申请的请求书中应当写明原申请的申请号和申请日。原申请享有优先权的，应当提交原申请的优先权文件副本。

【申请的修改与撤回】 申请被受理后，申请人可以对申请文件进行修改或者将申请撤回；但申请的修改和撤回都必须在植物新品种权授予前进行。《品种条例实施细则》林业部分第 30 条规定，申请人撤回品种权申请的，应当向国家林业局提出撤回申请，写明植物品种名称、申请号和申请日。

2.2.2 植物新品种权的受理与审查

【受理】 对于符合《品种条例》第 21 条规定，即提交了符合规定格式要求的请求书、说明书和该品种的照片的申请，品种保护办公室应当予以受理，明确申请日、给予申请号，并自收到申请之日起 1 个月内通知申请人缴纳申请费。对不符合或者经修改后仍不符合申请条件的，品种保护办公室不予受理，并通知申请人。

【初步审查】 申请人缴纳申请费后，进入初步审查阶段。依据《品种条例实施细则》农业部分规定，品种保护办公室对品种权申请的下列内容进行初步审查：（1）客体审查。具体包括：审查申请的植物品种是否属于植物品种保护名录列举的植物属或者种的范围；审查申请的植物品种是否符合新颖性的规定；审查植物新品种的命名是否适当。选择的近似品种是否适当；申请品种的亲本或其他繁殖材料来源是否公开。（2）申请主体资格审查。对于向我国申请植物新品种权的外国人、外国企业或者外国其他组织，审查其是否有资格在我国提出品种权申请。初步审查应当自受理品种权申请之日起 6 个月内完成。对经初步审查合格的品种权申请，品种保护办公室予以公告，并通知申请人在 3 个月内缴纳审查费。对经初步审查不合格的品种权申请，品种保护办公室应当通知申请人在 3 个月内陈述意见或者予以修正；逾期未答复或者修正后仍然不合格的，驳回申请。

【实质审查】 申请人按照规定缴纳审查费后，进入实质审查阶段。品种保护办公室在实质审查阶段，对品种权申请的特异性、一致性和稳定性进行审查。实质审查主要依据申请文件和其他有关书面材料进行。品种保护办公室认为必要时，可以委托指定的测试机构进行测试或考察业已完成的种植或者其他实验的结果。因审查需要，申请人应当根据品种保护办公室的要求提供必要的资料和该植物新品种的繁殖材料。

【复审】审批机关设立植物新品种复审委员会，即农业部植物新品种复审委员会和国家林业局植物新品种复审委员会。植物新品种复审委员会负责审理驳回品种权申请的复审案件、品种权无效宣告案件和授权品种更名案件。根据《品种条例》第 32 条的规定，申请人对于审批机关驳回植物新品种权申请的决定不服的，可以自接到通知之日起 3 个月内，向植物新品种复审委员会请求复审。植物新品种复审委员会应当自收到复审请求之日起 6 个月内作出决定，并通知申请人。申请人对植物新品种复审委员会的决定不服的，可以自接到通知之日起 15 日内向人民法院提起诉讼。

2.2.3 植物新品种权的授权

【授权原则】（1）先申请原则。《品种条例》第 8 条及《种子法》第 26 条规定，一个植物新品种只能授予一项品种权。两个以上的申请人分别就同一个植物新品种申请品种权的，品种权授予最先申请的人。同时申请的，品种权授予最先完成该植物新品种育种的人。《品种条例实施细则》农业部分进一步规定，一个植物新品种由两个以上申请人分别于同一日内提出品种权申请的，由申请人自行协商确定申请权的归属；协商不能达成一致意见的，品种保护办公室可以要求申请人在指定期限内提供证据，证明自己是最先完成该新品种育种的人。逾期未提供证据的，视为撤回或放弃申请；所提供证据不足以作为判定依据的，品种保护办公室驳回申请。（2）合法性原则。该原则要求，被授予品种权的植物新品种必须是合法的。《品种条例实施细则》农业部分第 4 条明确规定，对危害公共利益、生态环境的植物新品种不授予品种权。《种子法》则进一步规定，对违反法律，危害社会公共利益、生态环境的植物新品种，不授予植物新品种权。

【品种权的授予】根据《品种条例实施细则》农业部分第 41 条规定，对符合实质审查条件的申请，品种保护办公室发出办理授予品种权手续的通知后，申请人应当自收到通知之日起 2 个月内办理相关手续和缴纳第一年年费。对按期办理的，农业部授予品种权，颁发品种权证书，并予以公告。品种权自授权公告之日起生效。期满未办理的，视为放弃取得品种权的权利。根据《品种条例实施细则》林业部分第 37 条规定，经实质审查后，符合《品种条例》规定的品种权申请，由国家林业局作出授予品种权的决定，向品种权申请人颁发品种权证书，予以登记和公告。品种权人应当自收到领取品种权证书通知之日起 3 个月内领取品种权证书，并按照国家有关规定缴纳第一年年费。逾期未领取品种权证书并未缴纳年费的，视为放弃品种权，有正当理由的除外。品种权自作出授予品种权的决定之日起生效。

2.3 植物新品种权的限制

2.3.1 科研例外

利用授权品种进行育种及其他科研活动的行为属于对品种权的合理使用，不视为侵犯品种权，无须得到品种权人许可，无须向其支付使用费。《品种条例》第10条第1款及《种子法》第29条第1款明确规定，利用授权品种进行育种及其他科研活动，可以不经品种权人许可，不向其支付使用费。从文义解释来看，此处的“育种”被定性为“科研活动”，育种属于科研活动的一种；依照《品种条例》和《种子法》的相关规定，只有为商业目的生产或者销售该授权品种的繁殖材料，或者为商业目的将该授权品种的繁殖材料重复使用于生产另一品种的繁殖材料的行为才构成侵权。利用授权品种进行育种及其他科研活动的行为目的通常不是获得商业利益，而是促进种业进步和农林业的发展。《品种条例》及《种子法》同时明确规定，利用授权品种进行育种及其他科研活动的同时，不得侵犯品种权人依照法律、法规享有的其他权利。因此，从系统解释来看，在未经品种权人许可的情况下，无论利用授权品种进行育种还是其他科研活动，“非商业目的”构成对其行为的限制，否则可能构成侵犯植物新品种权的侵权行为。

➤ “美人榆”植物新品种权侵权纠纷案

2006年8月22日，河北林科院、绿缘达公司获得名称为“美人榆”（该名称为申请涉案植物新品种权时由“金叶榆”改名而来）的植物新品种权。河北林科院、绿缘达公司诉称，其系“美人榆”植物新品种权人，九台园林处在其管理的街道绿化带大量种植“美人榆”，其行为侵害了涉案植物新品种权。

法院认为：首先，河北林科院、绿缘达公司提交的鉴定报告表明被诉侵权榆树为“美人榆”，九台园林处虽不认可鉴定报告，但其未申请重新鉴定，也未能提交相反证据。所以，根据现有证据，能够认定被诉侵权榆树系“美人榆”。其次，由于九台园林处未能提供其所种植“美人榆”的合法来源，而“美人榆”系无性繁殖，本身即为繁殖材料，所以，九台园林处的种植行为属于生产授权品种的繁殖材料的行为。最后，虽然九台园林处系事业单位法人，其具有建设城市园林绿地的职能，但是判断九台园林处的行为是否具有商业目的不能仅以其主体性质来判断，而应当结合主体的行为进行综合判断。（山东省高级人民法院民事判决书［2014］鲁民再字第13号）

裁判要点如下：第一，九台园林处再审中提交的案外人销售发票中显示

2012年之前榆树数量为60 000余棵，存在大量种植“美人榆”的行为，不但损害了品种权人的利益，其自繁自用的行为也暗含了商业利益，应当认定为具有商业目的。第二，九台园林处生产授权品种的繁殖材料的行为系用以街道绿化，上述行为既不是利用授权品种进行科研活动，更不是农民自繁自用，不符合《条例》第10条规定的可以不经品种权人许可，不向其支付使用费的情况。第三，九台园林处生产授权品种的繁殖材料的行为客观上起到了提升城市形象、优化招商引资环境的作用，从促进地方经济发展的角度来看也具有商业目的。综合上述事实，能够认定九台园林处生产授权品种的繁殖材料的行为侵害了涉案植物新品种权。

2.3.2 农民特权

【定义】农民特权就是农民在第一次购买受保护品种的繁殖材料后，有权在收获的作物中保存受保护品种的繁殖材料用于再次种植等的权利。也有学者认为，农民保存种子的行为并非对品种权的侵入，而是一种本应享有的法定权利，故而应称之为“农民留种权利”。《UPOV公约》1961年文本与《UPOV公约》1978年文本均将农民特权作为品种权的例外予以明确规定。《品种条例》第10条第2款及《种子法》第29条第2款对农民特权作了明确规定，即农民自繁自用授权品种的繁殖材料，可以不经品种权人许可，不向其支付使用费，但是不得侵犯品种权人依照本条例享有的其他权利。

【主体】农民特权就是农民对于授权品种的繁殖材料自繁自用的权利，农民是显而易见的权利主体。然而对于什么是“农民”，《品种条例》及《品种条例实施细则》《种子法》均未作出明确解释。《植物新品种若干规定》第8条规定，以农业或者林业种植为业的个人、农村承包经营户接受他人委托代为繁殖侵犯品种权的繁殖材料，不知道代繁物是侵犯品种权的繁殖材料并说明委托人的，不承担赔偿责任。结合2007年2月1日起施行的《最高人民法院关于对〈最高人民法院关于审理侵犯植物新品种权纠纷案件具体应用法律问题的若干规定〉的理解与适用》对于“农民赔偿责任的免除”的解释，《植物新品种若干规定》第8条对农民的范围作了界定，即以通常理解的靠农业或林业种植来维持生计的个人、农村承包经营户为限。因此，《品种条例》及《种子法》规定的农民特权中的“农民”也应当作此理解——靠农业或林业种植来维持生计的个人、农村承包经营户。随着现代农业的发展，种养大户、家庭农场、专业合作社和农业产业化龙头企业等新型经营主体正在兴起。这些新型农业经营主体与传统意义的农民从农业生产经营的规模、方式等诸多方面都有着本质区别，应当被排除在农民特权主体之外。

【权利范围】自繁自用。自繁自用通常是指，农民第一次使用受保护品种的繁殖材料后，在收获的作物中保存受保护品种的繁殖材料用于再次种植而非用于出售或其他目的。然而，《种子法》一方面规定了农民个人自繁自用的常规种子有剩余的，可以在当地集贸市场上出售、串换，不需要办理种子生产经营许可证。另一方面并未明确规定对自繁自用的种子进行出售、串换是否须经品种权人许可，是否须向其支付使用费。也即，并未明确“出售”“串换”等行为是否属于农民特权的涵盖范畴。在实践中极易引发品种权人与农民之间的纠纷。我国现阶段，农业种植对大部分农民仍然是一种生存手段，而非商业投资的经营活动的情况下，允许农民交换、分享或出售收获的授权品种是必要的，并且符合《UPOV 公约》1978 年文本有关农民特权强制性例外的要求。为此，有学者建议，可借鉴印度《植物品种和农民权利保护法》的规定，以统一立法的方式将农民特权的行使范围确立为“保存、使用、播种、再播种、交换、分享和出售授权品种的繁殖材料”，但为了保护品种权人的合法权益，同时应规定“不能以品牌种子的方式出售授权品种的繁殖材料”，并且将农民出售授权品种繁殖材料的目的限定为“非以商业投资为目的”。

根据《植物新品种若干规定》第 8 条，农民接受他人委托代为繁殖侵犯品种权的繁殖材料，不知道代繁物是侵犯品种权的繁殖材料并说明委托人的，不承担赔偿责任。农民的代繁行为因超出了自繁自用的范围，故构成了侵权，农民应承担相应的民事责任。但考虑到农民若承担赔偿责任可能导致一系列负面问题，且真正的侵权源头和最大的受益者是委托人，故在一定条件下免除农民侵权责任中的赔偿责任是必要的。同时，为体现和贯彻过错责任的一般侵权归责原则，《植物新品种若干规定》第 8 条针对农民“知道”与否作了区别对待：农民不知道代繁物是侵犯品种权的繁殖材料并说明委托人的，不承担赔偿责任，但仍然承担停止侵害的侵权责任。农民知道代繁物是侵犯品种权的繁殖材料的，应承担包括赔偿责任在内的侵权责任。该赔偿责任一般应掌握在农民因代繁获利的限度内。

2.3.3 强制许可

【定义】强制许可是指国家审批机关为了国家利益或社会公共利益，可以不经品种权人同意，授权他人实施其享有品种权的植物新品种，并由他人向品种权人支付使用费的制度。

【特点】（1）非独占性。为了防止品种权人滥用其独占权，《品种条例》规定了在必要时通过强制许可的方式对品种权加以限制。取得强制许可的单位或个人不享有独占的实施权，且无权许可他人实施。《种子法》第 30 条第 2 款明确规定：“取得实施强制许可的单位或者个人不享有独占的实施权，并且无权允许他人实施。”（2）有偿性。依据《品种条例》的规定，取得实施强制许可的单位或者个人应当付给品种权人合理的使用费，其数额由双方商定；双方不能达成协议的，由审批机关裁决。

【类型】（1）为国家利益或公共利益的强制许可。根据《品种条例》第11条的规定，《品种条例实施细则》农业部分第12条第1款第（1）项和《品种条例实施细则》林业部分第9条第1款第（1）项分别规定了为国家利益或公共利益对农业植物新品种权和林业植物新品种权的强制许可。为国家利益或公共利益对农业植物新品种权的强制许可由农业部决定；为国家利益或公共利益对林业植物新品种权的强制许可由林业局决定。（2）品种权人不实施或不完全实施品种权的强制许可。《品种条例实施细则》农业部分第12条第1款第（2）、（3）项规定，品种权人无正当理由自己不实施，又不许可他人以合理条件实施的；对重要农作物品种，品种权人虽已实施，但明显不能满足国内市场需求，又不许可他人以合理条件实施的，农业部可以作出实施品种权的强制许可决定。《品种条例实施细则》林业部分第9条第1款第（2）项规定，品种权人无正当理由自己不实施或者实施不完全，又不许可他人以合理条件实施的，国家林业局可以作出或者依当事人的请求作出实施植物新品种强制许可的决定。

【程序】（1）申请。结合《品种条例实施细则》农业部分第12条与《品种条例实施细则》林业部分第9条的规定，实施品种权的强制许可决定因两种情形作出：依当事人的申请作出和审批机关直接作出，因此，申请并非强制许可的必经程序。但是，有关单位或个人若以品种权人不实施或不完全实施品种权为由申请强制许可，必须先以合理条件向品种权人请求许可实施该品种权，而品种权人不予许可，才能向审批机关提出强制许可申请。申请强制许可的，应当向审批机关提交强制许可请求书，说明理由并附具有关证明文件各一式两份。（2）决定。《品种条例》第11条规定，为了国家利益或者公共利益，审批机关可以作出实施植物新品种强制许可的决定，并予以登记和公告。《种子法》第30条规定：“为了国家利益或者社会公共利益，国务院农业、林业主管部门可以作出实施植物新品种权强制许可的决定，并予以登记和公告。”《品种条例实施细则》农业部分第12条第3款规定：“农业部自收到请求书之日起20个工作日内作出决定。需要组织专家调查论证的，调查论证时间不得超过3个月。同意强制许可请求的，由农业部通知品种权人和强制许可请求人，并予以公告；不同意强制许可请求的，通知请求人并说明理由。”审批机关作出实施植物新品种强制许可的决定后，应予以登记和公告。（3）行政裁决。取得实施强制许可的单位或者个人应当付给品种权人合理的使用费，其数额由双方商定；双方不能达成协议的，由审批机关裁决。请求审批机关裁决植物新品种强制许可使用费数额的，当事人应当提交裁决申请书，并附具不能达成协议的证明文件。审批机关自收到裁决请求书之日起3个月内作出裁决并通知有关当事人。（4）诉讼。《品种条例》第11条第3款规定："品种权人对强制许可决定或者强制许可使用费的裁决不服的，可以自收到通知之日起3个月内向人民法院提起诉讼。"根据《植物新品种纠纷解释》，关于实施强制许可的纠纷案件，应当以植物新品种审批机关为被告；关于强制许可使用费纠纷案件，应当根据原告所请求的事项和所起诉的当事人确定被告。两类案件都由北京市第二中级人民法院作为第一审人民法院审理。此外，有学者建议，为进一步有效控制植物新品种权的滥用与垄断，在对我国现有的农民特权制度、合理使用制度、强制许可制度进行完善的同时，可结合我国实际引入美、日、欧的先用权制度、权利用尽制度、权利冲突协调制度和公共利益优先制度。

➢天隆公司与徐农公司侵害植物新品种权纠纷案

2000年11月10日，北方杂交粳稻工程技术中心（以下简称北方杂粳中心）、江苏徐淮地区徐州农业科学研究所（以下简称徐州农科所）共同培育的9优418水稻品种，经全国农作物品种审定委员会审定通过。9优418水稻品种来源母本9201A、父本C418。北方杂粳中心与辽宁省稻作研究所（以下简称辽宁稻作所）为一套机构两块牌子，主管部门均为辽宁省农业科学院。2003年12月30日，辽宁稻作所向国家农业部提出C418水稻品种植物新品种权申请，2007年5月1日获得授权。2007年5月1日，辽宁稻作所与天津天隆种业科技有限公司（以下简称天隆公司）签订了《独占实施许可合同》，辽宁稻作所授权天隆公司独占（辽宁省除外）实施C418植物新品种权。2003年9月25日，徐州农科所就其选育的徐9201A水稻品种向国家农业部申请植物新品种权保护，2007年1月1日获得授权。2006年4月3日，徐州农科所水稻室与天隆公司订立《关于"徐9201A"引种使用协议》，约定："徐9201A已申请国家品种权保护，外单位引用仅可用于测交配组，不得用于商业开发，并保证不向第三方扩散；使用期间未经同意不得自行繁殖，否则追究侵权责任。"2008年1月3日，徐州农科所与江苏徐农种业科技有限公司（以下简称徐农公司）订立《技术转让合同书》，徐州农科所将徐9201A植物新品种权许可徐农公司以独占方式实施。天隆公司、徐农公司分别向法院提起诉讼，要求确认对方当事人侵犯其独占享有的父本C418、母本徐9201A植物新品种权。法院查明，双方当事人在生产9优418水稻品种时均使用相同的父本C418和母本徐9201A。

江苏省高级人民法院二审认为，综合分析两案查明的事实，天隆公司、徐农公司在生产9优418水稻品种时相互指控对方侵权，缺乏事实与法律依据。基于辽宁稻作所与徐州农科所就9优418品种的合作渊源及合作目的，以及双方各自生产9优418面临的法律障碍，又鉴于父本与母本在配组生产9优418过程中地位及作用至少基本相当，法院判令合作双方及本案双方当事人均有权使用对方获得授权的亲本繁殖材料，而且应当相互免除许可使用费，但仅限于生产和销售9优418这一水稻品种，不得用于其他商业目的。（江苏省高级人民法院［2011］苏知民终字第194号、［2012］苏知民终字第55号民事判决书）

裁判要点如下：分别持有植物新品种父本与母本的双方当事人，因不能达成相互授权许可协议，导致植物新品种不能继续生产，损害双方各自利益，也不符合合作育种的目的。为维护社会公共利益，保障国家粮食安全，促进植物新品种转化实施，确保已广为种植的新品种继续生产，在衡量父本与母本对植物新品种生产具有基本相同价值基础上，人民法院可以直接判令双方当事人相互授权许可并相互免除相应的许可费。

2.4 植物新品种权的保护

2.4.1 植物新品种权保护模式

（1）单一植物新品种权保护模式。这种保护模式是根据《UPOV公约》采取“有效的专门制度”，即通过国内专门立法对植物新品种权进行保护。这是《UPOV公约》成员方中最为普遍采用的一种保护模式，即对于植物新品种的保护完全按照《UPOV公约》的要求，采用植物新品种权这一单一的方式进行保护。当然，依据不同《UPOV公约》文本制定的保护植物新品种权单一的专门法，其具体规定也存在差异。

（2）单一专利权保护模式。即通过专利法授予育种者及相关主体专利权的方式实现对植物新品种权的保护。采用单一专利权保护模式的有意大利、匈牙利、新西兰等。

（3）复合保护模式。这种保护模式是通过两种或两种以上的方式直接对植物新品种权进行保护。如美国、日本、欧盟等均采取复合保护模式。其中，美国是通过《植物专利法》《植物新品种保护法》和普通《专利法》三种方式同时对植物新品种权进行保护；日本通过《农业种子和种苗法》和《专利法》对植物新品种权提供保护；欧盟国家保护模式的特殊之处在于，欧洲专利局规定对“植物品种”不能授予专利，从而在立法上呈现单一的专门法保护模式，但当某些植物品种无法由专门法进行保护时，允许借助专利法进行补救。

我国植物新品种保护模式的特点是，对于植物新品种本身适用《UPOV公约》规定的“有效的专门制度”，即主要通过《品种条例》进行保护；对于育种方法则另外给予专利保护。依据《专利法》第 25 条，对动物、植物品种不授予专利权，但对动物、植物品种的生产方法，可以依照该法规定授予专利权。

2.4.2 我国植物新品种权保护的法律规范体系

（1）宪法。宪法是国家的根本法，具有最高的法律效力。是我国植物新品种保护立法的根据。《宪法》第 13 条明确规定："公民的合法的私有财产不受侵犯。国家依照法律规定保护公民的私有财产和继承权。"植物新品种权作为知识产权的一种，通常属于公民的私有财产，应当受法律保护。

（2）法律。①《民法典》对植物新品种权作了明确规定。《民法典》第 3 条规定："民事主体的人身权利、财产权利以及其他合法权益受法律保护，任何组织或者个人不得侵犯。"第 123 条规定："民事主体依法享有知识产权。知识产权是权利人依法就下列客体享有的专有的权利：作品；发明、实用新型、外观设计；商标；地理标志；商业秘密；集成电路布图设计；植物新品种；法律规定的其他客体。"植物新品种权作为知识产权（财产权利）的一种，因他人违约行为或侵权行为受到损害，权利人可以依法要求对方承担相应的民事责任。②《刑法》（2011 年 2 月 25 日修正）分则第 3 章第 7 节规定了"侵犯知识产权罪"，但并未规定关于侵犯植物新品种权的罪名和相应条款。对于侵犯植物新品种权的犯罪行为，在符合相应法律规定的犯罪构成要件前提下，只能按"生产、销售伪劣产品罪"以及"生产、销售伪劣种子罪"定罪量刑。③《种子法》第 4 章专章规定了"新品种保护"，这是我国植物新品种权保护首次上升到法律层面。《种子法》相关条款赋予具备"新颖性、特异性、一致性和稳定性"的种子资源以植物新品种权，保护种子品种权人的合法权益。该法第 4 章规定了植物新品种的申请原则、申请条件、授权条件、权利内容与权利限制等，此外还在"法律责任"部分还就植物新品种权侵权纠纷的解决方式、侵权人侵权责任的承担等作了明确规定。④《专利法》对植物新品种权的保护。如前所述，我国对植物新品种权的保护并未采取专利法为主的保护方式，相反，《专利法》第 25 条第 1 款明确规定对植物品种不授予专利权，但第 2 款规定但对植物品种的生产方法，可以依照法律授予专利权。即《专利法》以专利权方式对植物新品种权提供了一定程度的保护。

（3）行政法规、部门规章、地方性法规与司法解释。《品种条例》是专门针对植物新品种保护制定的行政法规，《品种条例》就品种权的内容和归属、授予品种权的条件、品种权的申请和受理、品种权的审查与批准、品种权的期限、终止和无效及罚则等作了明确规定，是我国植物新品种权保护最直接、最全面的法律规范。以《品种条例》为依据，国务院农业、林业行政主管部门分别制定颁布了《品种条例实施细则》（农业部分）和《品种条例实施细则》（林业部分），根据《品种条例》及《品种条例实施细则》的有关规定，国务院农业、林业行政部门共同负责相关植物新品种权申请的受理和审查，并依据规定的程序作出授权。农业部和国家林业局还分别就植物新品种保护的有关问题颁发了若干规定，如《农业部植物新品种复审委员会审理规定》《农业植物新品种权代理规定》《林业植物新品种保护行政执法办法》等。我国一些省市也针对本地区植物新品种保护的实际情况制定了相关地方性法规，例如，云南省制定了《云南省园艺植物新品种注册保护条例》，以保护园艺植物新品种，促进当地园艺事业的发展。植物新品种权保护相关司法解释包括最高人民法院出台的《植物新品种纠纷解释》和《植物新品种若干规定》。上述司法解释分别就植物新品种纠纷案件的审理范围、司法管辖、侵权认定及损害赔偿的确定等问题做了界定，为依法受理和审判植物新品种纠纷案件提供了司法依据。

（4）国际条约。《UPOV 公约》是国际植物新品种保护联盟成员国共同签署的法律文件，是成员国联合保护植物新品种的基础，旨在确认和保护各成员国育种者的权利，我国于 1999 年成为该联盟成员国，并受《UPOV 公约》1978 年文本约束。此外，TRIPS 协定、《生物多样性公约》（我国于 1993 年 1 月加入）均涉及植物新品种保护的内容。

2.4.3 植物新品种权侵权救济

【类型】 根据《品种条例》《品种条例实施细则》农业部分和《品种条例实施细则》林业部分的相关规定，依据侵权人行为方式的不同，侵犯植物新品种权的行为主要分为两大类——未经品种权人许可实施授权品种的行为，及假冒授权品种的行为。根据《品种条例》第 6 条，未经品种权人许可实施授权品种的侵权行为既包括为商业目的生产或者销售该授权品种的繁殖材料的行为，也包括为商业目的将该授权品种的繁殖材料重复使用于生产另一品种的繁殖材料的行为。《植物新品种纠纷解释》第 4 条和《农业部关于农业植物新品种侵权案件处理规定》第 2 条均将此类行为列入“侵权”的范围。针对假冒授权品种的行为，《品种条例实施细则》农业部分和《品种条例实施细则》林业部分作了大同小异的规定。

【救济】 根据《种子法》第 73 条第 1、2 款的规定，违反该法第 28 条规定，有侵犯植物新品种权行为的，由当事人协商解决，不愿协商或者协商不成的，植物新品种权所有人或者利害关系人可以请求县级以上人民政府农业、林业主管部门进行处理，也可以直接向人民法院提起诉讼。县级以上人民政府农业、林业主管部门根据当事人自愿的原则，对侵犯植物新品种权所造成的损害赔偿可以进行调解。调解达成协议的，当事人应当履行，当事人不履行协议或者调解未达成协议的，植物新品种权所有人或者利害关系人可以依法向人民法院提起诉讼。由此，当事人在其植物新品种权受到侵犯时，可选择如下救济途径：（1）协商解决；（2）请求县级以上人民政府农业、林业主管部门进行处理（调解）；（3）向人民法院提起诉讼。

【赔偿数额】 按照《种子法》第 73 条第 4、5 款的规定，侵犯植物新品种权的赔偿数额依次按照以下方法确定：（1）按照权利人因被侵权所受到的实际损失确定；（2）按照侵权人因侵权所获得的利益确定；（3）参照该植物新品种权许可使用费的倍数合理确定；并且规定了惩罚性赔偿——侵犯植物新品种权情节严重的，可以在按照上述方法确定数额的一倍以上三倍以下确定赔偿数额；（4）根据植物新品种权的类型、侵权行为的性质和情节等因素确定。赔偿数额应当包括权利人为制止侵权行为所支付的合理开支。根据规定，该赔偿数额以 300 万元为上限。

➢ “博Ⅲ优”植物新品种侵权纠纷案

博Ⅲ优 273 获植物新品种权，品种权共有人为广西壮族自治区博白县农业科学研究所（以下简称博白农科所）、王腾金、刘振卓。博ⅢA 亦获植物新品种权，系博Ⅲ优 9678、博Ⅲ优 273 的亲本，博ⅢA 植物新品种的品种权人为博白农科所。2003 年 11 月 2 日，博白农科所与四川中升科技种业有限公司（以下简称中升公司）签订《品种使用权转让协议书》（即 2003 年协议），博白农科所将“博Ⅱ优 815”“博Ⅲ优 273”的使用权转让给中升公司独家使用开发。2007 年 11 月 16 日，中升公司与博白农科所签订《协议》（即 2007 年协议）约定，博白农科所将博Ⅲ优 9678、博Ⅱ优 815 的品种使用权转让给中升公司独占使用开发（博Ⅱ优 815 仅限于广东区域），中升公司继续享有博Ⅲ优 273 的使用开发权，博白农科所不得将博Ⅲ优 9678、博Ⅱ优 815（只限广东区域）的品种权转让或授权给第三方，否则应赔偿中升公司相关损失。本协议签订生效后，2003 年协议终止执行。2008 年 1 月 7 日，博白农科所授权中升公司生产经营博Ⅲ优 9678、博Ⅲ优 273。博ⅢA 仅用于配组博Ⅲ优 9678、博Ⅲ优 273，不得作其他商业用途使用。授权起止时间从 2008 年 1 月 7 日至 2012 年 12 月 31 日止。四川中正科技有限公司（以下简称中正公司）根据中升公司的授权和“2007 年协议”的约定，经营博Ⅲ优 9678、博Ⅱ优 815 及博Ⅲ优 273 等品种。2011 年 11 月 2 日，中升公司分别致函中正公司、博白农科所，决定从 2011 年 11 月 2 日起终止对中正公司生产、经营博Ⅲ优 9678、博Ⅲ优 273 及博Ⅱ优 815（已退出市场）的授权，有关品种的生产、经营权为中升公司独占所有。中升公司享有博Ⅲ优 273 的开发权，博白农科所不得再向中正公司提供博Ⅲ优 9678、博Ⅲ优 273 及博Ⅱ优 815 的不育系、恢复系。博白农科所、王腾金、刘振卓、中升公司主张中正公司在 2011 年 11 月 2 日之后仍委托他人生产博Ⅲ优 9678、博Ⅲ优 273 种子的行为构成侵权，

遂向法院提起诉讼。（广西壮族自治区高级人民法院［2017］桂民终95号民事判决书）

一审法院认为，中正公司的行为侵害了涉案植物新品种权，故判决中正公司停止侵权行为、消除影响并赔偿经济损失180万元。二审法院认为，博ⅢA、博Ⅲ优273两个植物新品种因未按规定交纳年费于2013年11月1日公告终止，于2014年12月4日恢复权利；于2015年11月1日因未按规定交纳年费又公告终止。一审判决认定博ⅢA、博Ⅲ优273这两个植物新品种权仍然有效与本案事实不符，中正公司的相关上诉理由成立。对赔偿数额的确定，应综合考虑如下因素：当事人均认可的亩产量、销售价格以及中正公司认可的生产面积；因中升公司突然中止授权而使中正公司不可避免遭受的损失；侵权持续期间；涉案植物新品种实施许可费的数额以及实施许可的种类、时间、范围等具体情节。据此，二审法院酌定中正公司赔偿博白农科所、王腾金、刘振卓、中升公司经济损失人民币40万元。

裁判要点如下：本案是涉及植物新品种权保护的典型案例。侵害植物新品种权的行为在司法实践中可分为两种类型，一是未经品种权人许可，为商业目的生产或销售授权品种的繁殖材料；二是未经品种权人许可，为商业目的将授权品种的繁殖材料重复使用于生产另一品种的繁殖材料。本案同时涉及以上两种侵权行为的判定，在法律适用方面具有典型性。此外，植物新品种权在保护期限内有可能间歇性地处于终止状态，这是其他类型的知识产权侵权诉讼所不具备的特殊性。本案裁判充分考虑植物新品种保护中的特殊因素，对侵权行为及赔偿数额作出了正确认定，对类似案件的裁判具有规则指引意义。

3　农产品地理标志权

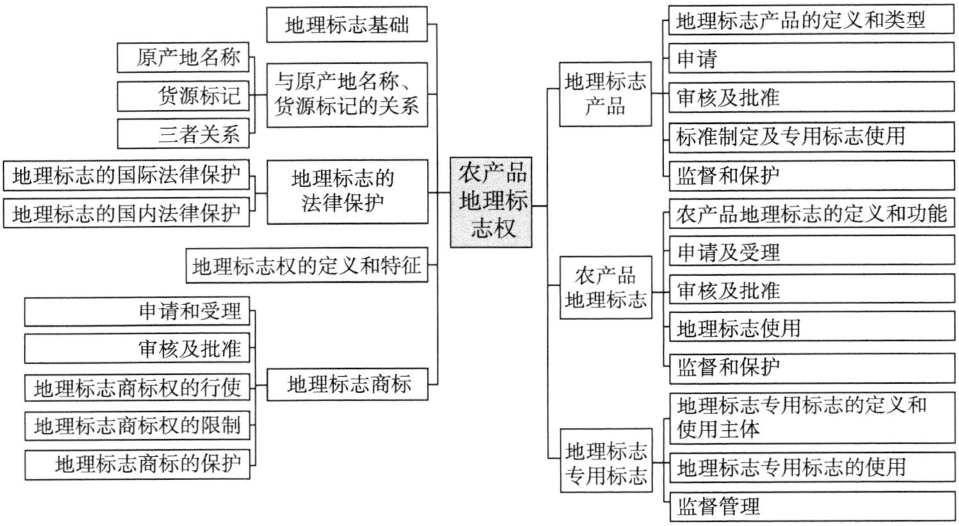

图 3－1　农产品地理标志权内容导读

3.1　地理标志基础

【定义】 地理标志是指标示某商品来源于某地区，该商品的特定质量、信誉或者其他特征主要由该地区的自然环境因素或者人文因素所决定的标志。地理标志用在商品上，表示该商品来源于某国、某地区或某地方，具有某种特殊的品质，如贵州茅台酒、西湖龙井茶、景德镇瓷器等。地理标志和商标、商号一样，都是区别性商业标记，都具有识别商品来源的功能。

地理标志有广义和狭义之分，广义的地理标志指所有的“地理来源标志”，如世界知识产权组织认为地理标志包括货源标记和原产地名称，其起草的关于地理标志协议草案规定“地理标志”包括“货源标记”和“原产地名称”。狭义的地理标志特指 TRIPS 协定第 22 条的规定，即地理标志系指标示出某商品来源于某成员地域内或来源于该地域中某地区或某地方的标识，而该商品的特定质量、信誉或其他特征主要与该地理来源相关联。

在本书中，为了行文方便，除在介绍特定法律和国际条约时所使用的“地理标志”一词具有该法律、国际条约所规定的特定含义之外，在其他情况下，将“地理标志”作为一个集合术语来使用，用以指所有的“地理来源标志”。

【特征】（1）地理标志用于标示商品的产出地，表明商品来源于何地，从而将来源于其他地区的同种商品区别开来，以使消费者识别和选择。地理标志可以是一个国家的名称，以标志由该国特定的自然条件或人为因素确定的质量特点的产品，如“中国丝绸”。地理标志也可以是一个特定的地区、地方，包括省、市、县、镇（乡）、村的名称，如“北京烤鸭”“龙口粉丝”等。但地理标志只能表明商品来源于“何地”，而不能表明商品来源于“何人”，后者需要靠商标或商号加以辨别。（2）地理标志将商品的内在品质与原产地联系起来，它使消费者了解商品来自特定的地区，而该地区因为独特的地理环境或人文因素而赋予商品以优良品质、特色、信誉等特征。如新疆的哈密瓜，由于新疆独特的自然条件和地理位置，加之该地区独特的种植经验，使新疆哈密瓜具有瓜肉肥厚、口感甘甜的特别品质。（3）构成地理标志的地名的产品必须是拥有某种迥异于其他地区的特产，地理标志是地理名称与该地区特色产品的质量、信誉以及其他特征的有机结合。决定地理标志产品特色的因素包括自然和人文两个方面。自然因素主要指气候、环境、土质、水源以及天然原料等，人文因素主要指特有的产品制造工艺、传统配方、生产技术等。人文因素决定了产品拥有独特的原料配方与制作工艺，如天津麻花，山西陈醋；自然环境决定了农产品原材料的优质与否，决定其独有的品质，如我国东北地区肥沃的黑土地生产出的“五常大米”等。

【功能】农产品是受自然环境和手工技艺影响最明显的产品，地理标志产品保护适用范围大部分是农产品，对特色农产品实施地理标志保护，是国际通行的做法。如法国是世界地理标志产品保护制度的发源地之一，也是做得最成功的国家之一，其对地理标志产品的保护就是源于葡萄酒业。我国地域宽广，地貌多样，有丰富的地理标志资源，加强地理标志保护，用好地理标志，对促进农业发展、扩大农产品出口、增加农民收入，保持地理标志产品的国际竞争优势，传承传统工艺、历史文化有极为重要的作用。

3.2 与原产地名称、货源标记的关系

3.2.1 原产地名称

【定义】原产地名称系指某个国家、地区或地方的地理名称，用于指示某项产品来源于该地，其质量或特征完全或主要取决于地理环境，包括自然和人为因素。原产地名称的含义涵括两方面内容：（1）标有原产地名称的产品来源于某地区、特定地点或国家；（2）该产品的质量或特性完全或基本取决于该地特殊的人文地理环境。

【构成要素】构成原产地名称的要素包括自然和人为要素。自然要素主要指产地的气候、土质、水源、物种以及天然原料等。而人为要素则主要指产地特有的产品加工工艺、生产技术、传统配方等。对于完全由原料决定商品品质的，一般将原料产地作为原产地，如果商品质量和特点完全取决于制造工艺的，一般把制造地作为该商品的原产地。

【构成方式】原产地名称的构成有两种方式：一是完全由地理名称构成，即地理名称同时也是原产地名称。如香槟，既是法国的一个地名，又是法国产的一种葡萄酒的原产地名称；二是地理名称和产品通用名称构成原产地名称，如景德镇瓷器，其中“景德镇”是一个地名，“瓷器”是一种产品的通称，二者的组合即成为一个原产地名称。与商标、商号等标志由当事人臆造、自由选择不同，原产地名称必须是实际存在的地理名称，虚构的原产地名称无法区别商品的内在品质，且欺骗消费者，失去存在意义。

3.2.2 货源标记

【定义】货源标记又称产地标记，是指表示一种产品来源于某个国家，地区或地方的说明标记。货源标记可以用于标示任何性质和种类的产品，包括制造、加工、挑选的工业产品和农业产品。而任何地理名称都可作为源自该地的商品的货源标记。

【构成要素】通常由产地名称、产地标记或产地符号的组成。如“上海制造”，“Made in China”等都属于产品的货源标记，任何地理名称都可作为源自该地的商品的货源标记。

3.2.3 三者关系

【原产地名称与货源标记的区别】原产地名称与货源标记都是知识产权的保

护对象，共同构成地理标记，都是用来表示商品的来源地。但两者是有区别的。从作用上看，货源标记的功能主要侧重于商品来源地的叙述，反映商品的真实来源，并不直接表示商品的特定品质。而原产地名称不仅表明商品的产源，而且还是商品质量的标志，使商品的特定品质与原产地相联系，提供了商品特定品质的信息。从构成要素上，货源标记所涉及的区域范围比较大，往往泛指一个国家或地区，而原产地名称所指的区域范围比较小而具体，可以是一个县、一个村或一段流域，任何地理名称都可作为源自该地的商品的货源标记，并且作为原产地名称的地理名称必须是该地的地理环境或特殊传统工艺与商品的特定品质相联系，造就了该商品的特定品质，并不是任何地理名称都可以作为原产地名称。

【地理标志与原产地名称、货源标记的关系】地理标志保护制度从货源标记和原产地名称保护制度中发展而来。最早把地名作为知识产权保护对象的是《巴黎公约》,《巴黎公约》将地名分为产地标记和原产地名称作为工业产权的保护对象，但《巴黎公约》并未界定和区分产地标记和原产地名称。1958 年《保护原产地名称及其国际注册的里斯本协定》（以下简称《里斯本协定》），首次将货源标记和原产地名称这两个概念分开并界定了原产地名称的概念。其后，1966 年世界知识产权组织国际局为发展中国家起草的示范文《发展中国家示范法》同时概括了产地标记和原产地名称的概念：“产地标记是用来表示源于一定的某个国家，一批国家、地区或地方的商品或服务的说明标志”，“原产地名称是指一个国家、地区或地方的地理名称，用来指明来源于该地的商品、产业的质量和特点纯粹或主要取决于地理环境，其中包括自然和人为的因素”。

自 TRIPS 协定后，国际社会逐渐转向使用“地理标志”一词。TRIPS 协定第 22 条规定：“地理标志系指标示出某商品来源于某成员地域内或来源于该地域中某地区或某地方的标识，而该商品的特定质量、信誉或其他特征主要与该地理来源相关联。”从 TRIPS 协定对地理标志所下的定义来看，其更接近原产地名称，继承了里斯本协定中对“原产地名称”的地理环境因素和产品质量特征的联系要素，但 TRIPS 协定所要求的地理标志比原产地名称的标准要宽泛一些，所要求的地理标志是一种标记即可，不限于是地理区域的实际名称，也包括具有地理含义的其他图形和徽记，如使用埃菲尔铁塔表示原产地是巴黎。TRIPS 协定对地理标志所下定义较之“原产地名称”更加全面，有利于对地理标志权利的实际保护。至此，“地理标志”的概念以国际协定的形式确立下来，而“原产地名称”则逐渐淡出国际视线。

3.3 地理标志的法律保护

3.3.1 地理标志的国际法律保护

【巴黎公约】保护原产地名称和货源标记最早的国际公约是《巴黎公约》。该公约在第1条第（2）项规定了工业产权的保护对象为“专利、实用新型、工业品外观设计、商标、服务商标、货源标志或原产地名称以及制止不正当竞争”，首次将将原产地名称和货源标记列为工业产权的保护对象，并明文规定各成员国对非法标有虚假地理标记的商品应采取制裁措施，如禁止进口非法标有地理标记的商品，或者扣押这种商品。总体上，《巴黎公约》对地理标志权利的规定较为笼统，未对“货源标志或原产地名称”给出定义，而且把原产地名称和货源标志使用“或”来连接，作为地理标志的同一概念来使用，也未对地理标志权利保护的执行措施进行具体规定，但公约将地理标志和商标作为不同的保护对象而区别对待，赋予了地理标志独立的法律地位。

【产地马德里协定】《产地马德里协定》是关于地理标记的第一个专门性国际条约，对地理标志的保护力度较《巴黎公约》有明显加大，但其较为激进的一些规定也导致部分国家未在协定上签字，如美国、澳大利亚拒绝加入该协定，由于缔约国有限，协定的作用受到限制。（1）扩大了地理标志的保护范围，将侵犯地理标志的标识范围从“虚假性”标识扩展到“虚假或欺骗性”标识，它严格禁止欺骗性产地名称在商品上进行张贴，同时还明令禁止在商品销售及广告宣传中使用欺骗性的产地名称。（2）加强了对地理标志的保护措施，规定成员方均应依据自己的法律对在商品标示虚假或欺骗性产地标记的行为采取禁止该商品进口或在进口时扣押等制裁措施。（3）开创了在公约中给予葡萄酒特别保护的先河。协定第4条规定，“各国法院应确定，出于其通用性质考量而不适用本协定条款的各种名称。葡萄产品的地区性产地名称不在本条款特别保留之限。”根据此条，已成为通用名称的地理标志不受保护，但对葡萄酒产品地理标志的淡化进行了豁免。

【里斯本协定】《里斯本协定》是《巴黎公约》框架内第一个对地理标志中的原产地名称进行专门规范的国际协定，协定第2条第（1）项指出，“在本协定中，原产地名称系指一个国家，地区或地方的地理名称，用于指示一项产品来源于该地，其质量或特征完全或主要取决于地理环境，包括自然和人为因素。”该规定对有关原产地名称的关键词语作了较为明确的界定，使地理标志的保护更具备可操作性。国际社会对《里斯本协定》中原产地严格的保护措施产生较大分歧，目前加入该协定的缔约国数量有限，但《里斯本协定》对原产地名称的保护措施反映了国际社会对建立原产地名称高标准保护的要求，原产地名称的国际保护发展到了更为高级的阶段。(1)《里斯本协定》建立了原产地名称国际注册制度，原产地名称可以由有关缔约国的主管部门向世界知识产权组织国际局申请注册，并说明产地的地理名称、使用该原产地的商品项目以及该原产地产品的使用人，可冠以地理标志的产品必须与地域之间存在某种必然的联系。经过注册的原产地名称，所有缔约国都必须加以保护。(2)《里斯本协定》赋予了原产地名称所有权人充分的独占使用权，严格禁止对原产地名称的仿冒和冒用行为，不仅不允许使用与真实产地不一致的原产地名称来标示产品，并明文规定即使产品标明了产品的真实来源或者以翻译形式使用了产地名称，但是只要这种行为可能侵犯或淡化原产地名称，也属于禁止使用范围。《里斯本协定》对原产地名称转化为通用名称设立了严格条件，即只有该原产地名称在其原属国都已经失去了指示产品来源，标志产品特定质量和特征的功能，才能在其他国家被视为已经转化为通用名称。当原产地名称与商标、商号等在先权利发生冲突时，《里斯本协定》赋予原产地名称优先权，不保护在先申请但与原产地名称发生冲突的商标和商号。依据协定第 5 条第 6 款的规定，如果某项原产地名称在国际注册前已经在原属国之外的其他国家，被该国自然人或法人使用，那么这个国家的主管部门有权给予该自然人或法人在不超过两年的期限内结束这种使用，这一规定使原产地名称优先于其他在先权利得到保护，这是《里斯本协定》对原产地名称高水平保护的重要体现。

【TRIPS 协定】TRIPS 协定是目前涉及地理标志的最新国际公约，其对地理标志作出了正式界定，并对地理标志保护作了最低标准的规定，以专节的篇幅规定地理标志法律保护，在知识产权实施一节对地理标志保护措施进行了全面规定，包括边境措施、临时措施、刑事救济、行政救济、民事救济等。该协定对地理标志的保护力度是国际公约之最，其对地理标志的保护措施具有普遍适用性，确保各成员国切实履行条约义务。协定对商标在先注册与善意注册以及对通用名称的规定，不仅平衡了地理标志与通用名称、商标之间的冲突，而且照顾了各成员方的当前现状和利益，正是由于 TRIPS 协定的宽松政策，使得大多数成员方都能接受，使之成为当前地理标志保护影响最大的多边协定。关于 TRIPS 协定对地理标志的规定，参看本节 8.3.5。

【其他】除上述国际公约外，一些区域性的工业产权保护协定或国家之间的双边协定也对地理标志的法律保护起着重要作用。

3.3.2 地理标志的国内法律保护

【保护模式】TRIPS 协定规定了成员国必须遵守的知识产权最低保护标准，

但是并不禁止各国对知识产权有更为严格的保护。各国地理标志资源千差万别，对地理标志的保护要求和保护水平各不相同，大多数国家并未单一采用专门法或商标法模式，而是多种方式并用，但以其中一种为主。

（1）用专门法予以保护。法国等国家采用专门立法的形式保护原产地名称。法国被称为国际地理标志和原产地命名制度最主要的发源地，1919 年，法国制定了《原产地名称保护法》（1990 年和 1996 年两次对该法进行了修改），确立了原产地命名制度，该法明确规定了原产地名称的注册登记制度以及保护原产地名称的行政和司法程序，设立专门机构管理地理标志注册、维护等工作。法国的原产地名称保护制度对欧洲国家产生了深远的影响，如意大利、西班牙、葡萄牙等国家的专门法保护制度均是在借鉴法国原产地名称制度基础上建立并发展起来的。专门立法模式赋予了产地范围内特定经营者对地理标志的专属使用权和禁止权，在相关法律中对地理标志的申请方式、保护范围、产品的生产流程和限定的区域以及救济途径、侵权的认定等有着明确的规定，对地理标志予以全面的保护。但专门立法较之于其他立法模式，具有较高的立法成本和繁杂的执法要求，因此此种保护模式仅为少数国家所采用，适用于地理标志资源丰富，需要对地理标志加强保护的国家，并未得到各国的普遍认可。

（2）用商标法予以保护。此种模式就是将地理标志纳入商标法保护体系，规定社团或机关机构申请将地理标志注册为证明商标或集体商标，取得商标权。商标权人再依据地理标志的使用规定，授权符合使用条件的企业或个人使用地理标志，商标权人可以依商标权对假冒地理标志等行为追究侵权责任。这种立法模式可以利用现有的商标法成熟体系对其进行保护，无须建立新制度，立法成本低。目前，世界上大部分国家都采用商标法保护模式，如比利时、荷兰、英国、美国、瑞士等国家采用商标法模式来保护地理标志，但此种立法模式对地理标志的保护比较粗糙和概括，没有专门立法保护的清晰和详细。

（3）用反不正当竞争法予以保护。此种保护模式是指利用反不正当竞争法对市场使用地理标志行为进行规范的一种保护方式。日本、瑞典等国家的反不正当竞争法规定了对原产地名称、货源标记的保护，将伪造、冒用产地的行为规定为不正当竞争行为，予以禁止。用反不正当竞争法保护地理标志所提供的是一种兜底的较低程度的保护。采用该种模式的国家通常地理标志资源较少，无须采用单独立法或商标法保护，以便更好地节约司法资源。这种立法模式对地理标志的知识产权保护淡化了许多。

【我国的保护模式】我国对地理标志的保护始于 20 世纪 80 年代，在 1985 年我国成为《巴黎公约》成员国后，对地理标志全面进行保护，有关地理标志的立法主要体现在法律法规和部门规章中，形成了由地理标志商标、地理标志产品、农产品地理标志共同组成的保护体系。据国家知识产权局统计，截至 2020

年 3 月，累计批准地理标志产品 2385 个，核准专用标志使用企业 8674 家，累计注册地理标志商标 5478 件。不过，我国现行的地理标志保护制度还存在着多头管理，管理秩序混乱，地理产品标志重叠，地理产品标志与地理标志注册商标发生冲突等问题，地理标志的立法尚需进一步完善。(1)《商标法》认可将地理标志由社团或机构申请注册为证明商标或集体商标，取得商标权。以地理标志作为证明商标注册的，其商品符合使用该地理标志条件的自然人、法人或者其他组织可以要求使用该证明商标，控制该证明商标的组织应当允许。以地理标志作为集体商标注册的，该集体组织的成员，若其商品符合使用该地理标志条件的，可以要求使用该集体商标。同时，《商标法》对地理标志的商标注册做了进一步的限制。县级以上行政区划的地名或者公众知晓的外国地名，不得作为商标。但是，地名具有其他含义或者作为集体商标、证明商标组成部分的除外；已经注册的使用地名的商标继续有效。此外，商标中有商品的地理标志，而该商品并非来源于该标志的地区，误导公众的，不予注册并禁止使用；但是，已经善意取得注册的继续有效。(2)《反不正当竞争法》第 6 条第 4 款禁止经营者实施混淆行为，引人误认为是他人商品或者与他人存在特定联系；第 8 条禁止经营者利用广告或者其他方法，对产地做引人误解的虚假宣传。违反上述规定的行为构成不正当竞争行为，应承担相应的法律责任。(3)《消费者权益保护法》第 56 条第 4 款禁止经营者“伪造商品的产地，伪造或者冒用他人的厂名、厂址，篡改生产日期，伪造或者冒用认证标志等质量标志。”违反上述规定的行为应承担相应的法律责任。(4)《产品质量法》第 30 条明确规定生产者不得伪造产地，并规定了对违法者的制裁措施。(5) 有关地理标志的行政规章主要有 2005 年原国家质检总局颁布的《地理标志产品保护规定》，2007 年原农业部颁布的《农产品地理标志管理办法》，国家知识产权局 2020 年颁布的《地理标志专用标志管理办法》。目前，农产品地理标志的登记由农业农村部承担。地理标志商标、地理标志产品、地理标志专用标志由国家知识产权局管理。

3.4 地理标志权的定义和特征

【定义】地理标志权是一种无形财产权，是指原产地内符合条件的商品生产者对地理标志所拥有的权利。地理标志权的内容主要包括使用权与禁止权，即权利人自己使用和禁止他人使用地理标志的权利。

【特征】地理标志权属于知识产权，但具有不同于其他知识产权的特征：(1) 不具有独占性。地理标志代表的是具有特定质量、特征和声誉的产品，这是由特定生产区域内的多数生产者和经营者长期以来共同建立的，是集体智慧的结晶，理应由当地所有生产者和经营者共同享有。地理标志权所要保障的应当是该特定区域内从事地理标志产品的生产者、加工者、销售人员等相关从业人员，而不能局限于特定的企业或某个自然人，故地理标志权为集体性权利，由特定生产区域内生产特定商品符合规定条件的商品生产经营者共同享有，不允许由某一个经营者独家拥有，任何一个经营者都无权排斥其他符合条件的经营者的使用，不允许个人将地理标志独自注册为普通商标。在允许将地理标志注册为集体商标和证明商标的国家，其注册人也不能阻止合格主体的依法使用。（2）不具有时间性。地理标志权附着于地理标志上，地理标志与地理环境、传统、历史和文化密切相关，只要这种独特的地理环境、传统、历史和文化没有消失，地理标志就可以永存。商品的地理标志作为一项文化和历史遗产，产地劳动者可世代享用，因此地理标志权是一种无法定消灭事由永续性的权利，无保护期间的限制。（3）不具有转让性。地理标志本质上旨在表彰其所标示产品的地理来源，诸如当地特有的自然气候、人文技术或历史文化等因素，使得地理标志成为产品质量、声誉或其他特征的象征，消费者因为信赖此等象征而愿意购买该产品。使用地理标志的任何经营者都不得转让地理标志，转让会造成商品来源地的混淆，令消费者无所适从，使原产地的本质特性丧失，市场秩序混乱。

3.5 地理标志商标

3.5.1 申请和受理

【申请注册】以团体、协会或者其他组织名义注册地理标志集体商标，获批注册后由注册人提供给该组织成员在商事活动中使用，以表明使用者在该组织中的成员资格和产品的特质。由对某种商品或者服务具有监督能力的组织申请注册地理标志证明商标，获批注册后由该组织授权给该组织以外符合条件的单位或者个人使用于其商品或者服务，用以证明该商品或者服务的原产地、原料、制造方法、质量或者其他特定品质。

【申请人】地理标志集体商标和证明商标的注册人应当是业务内容与地理标志产品相关，对地理标志所标志的商品特定品质具有监督能力的公益性社会组织，如社团、协会、行业团体等组织。故地理标志商标的申请，由来自该地理标志标示的地区范围内的社会团体、行业协会或者其他组织提出，并需出具地理标志所标示地区的县级以上人民政府或者行业主管部门授权申请人申请注册并监督管理该地理标志的批准文件。地理标志跨区域的，由上一级主管部门出具证明文件。

【申请材料】地理标志申请注册商标，申请文件应符合商标注册的要求，申请人除按《商标法》和《商标法实施条例》的规定填写商标注册申请书并提交商标图样外，还应递交以下资料：（1）申请人主体资格证书复印件；（2）地理标志所标示地区的县级以上人民政府或者行业主管部门授权申请人申请注册并监督管理该地理标志的文件；（3）地理标志申请人具备监督检测该地理标志特定品质能力的证明材料；（4）地理标志所标示的地域范围划分的相关文件材料；（5）地理标志证明商标、集体商标使用管理规则；（6）地理标志产品的特定品质由特定地域环境和人文因素决定的说明；（7）有关该地理标志产品客观存在及信誉情况的证明材料并加盖出具证明材料部门的公章。此外，申请地理标志集体商标的，还应当附送集体成员名单。

【受理】商标注册申请手续齐备、按照规定填写申请文件并缴纳费用的，商标局予以受理并书面通知申请人，商标注册的申请日期以商标局收到申请文件的日期为准。

3.5.2 审核及批准

【形式审查】即审查商标注册申请的文件、手续是否符合法律规定。经过审查，申请手续齐备并按照规定填写申请文件的，商标局予以受理并书面通知申请人；申请手续不齐备或者未按照规定填写申请文件的，商标局不予受理，书面通知申请人并说明理由。申请手续基本齐备或者申请文件基本符合规定，但是需要补正的，商标局通知申请人予以补正，限其自收到通知之日起30日内，按照指定内容补正并交回商标局。在规定期限内补正并交回商标局的，保留申请日期；期满未补正的，视为放弃申请，商标局应当书面通知申请人。

【实质审查】（1）申请人主体资格的审查。申请人应当是不以盈利为目的，性质为与所监督使用的地理标志产品相关的团体、协会或者其他组织。并由管辖该地理标志所标示地区的县级以上人民政府授权，申请人应具有检测能力。外国人或者外国企业申请以地理标志作为集体商标、证明商标注册的，申请人应当提供该地理标志以其名义在其原属国受法律保护的证明。（2）地理标志标识的审查。地理标志商标的标识表现形式一般为“地理名称＋商品通用名称”，如“西湖龙井”“金乡黑蒜”等。有的地理标志型商标是组合商标，由“图形＋文字”组成，其图形往往与特定地域风貌有关，文字往往包含地理名称。地理名称往往是地理标志商标的核心组成部分，也是其主要识别部分。地理名称可以是该地理标志标示地区的名称，也可以是能够标示某商品来源于该地区的其他可视性标志，其所称地区无须与该地区的现行行政区划名称、范围完全一致。需要注意的是，以“地理名称＋商品通用名称”构成模式的地理标志商标，其显著性并不强，因此，地理标志商标标识最好由新颖别致的图形和独创性强、辨识度高的文字组成，这样既达到注册商标应具备显著性的要求，也有利于防止侵权。进行实质审查时应审查该商标标识是否具备法定的构成要素；是否与其他注册商标相混同；是否与他人在先权利冲突；商标是否具备显著性，商标是否违反商标标识的禁用条款。(3) 地理标志所标识的商品范围的审查。地理标志产品主要是农产品及其初级加工品、水产品、手工艺品等，而服务项目、家用电器等工业产品以及仅由纯自然因素或纯人文因素决定其品质的商品均不属于地理标志保护范围。(4) 地理标志所标识的商品内容的审查。审查该地理标志所标示的商品的特定质量、信誉或者其他特征与该地理标志所标示的地区的自然因素和人文因素的关系；该地理标志所标示的地区的范围。地理标志商标申请人要提交具备监督检测该地理标志特定品质能力的证明材料，县志、农业志、正规公开出版的书籍、国家级专业期刊、古籍等客观材料可作为证明材料。地理标志所标示地区的范围证明可由该地理标志所标示地区的人民政府或行业主管部门出具。地理标志的地域范围应该与证明文件一致。(5) 审查地理标志商标的使用管理规则。地理标志商标的使用管理规则应包括：使用宗旨、地理标志产品的品质、使用手续、使用人的权利和义务、违反使用管理规则的成员应承担的责任、注册人对使用该地理标志商标商品的检验监督制度。

【批准】 商标局进行实质审查后，凡符合商标法有关规定的，予以初步审定并公告，公告期满无异议或异议不成立的，由商标局核准注册，将核准注册的商标和核定使用的商品在《商标注册簿》上登记、编号。商标注册申请人自核准注册之日起取得注册商标专用权。

【地理标志集体商标使用权的授予】 以地理标志作为集体商标注册的，其商品符合使用该地理标志条件的自然人、法人或者其他组织，可以要求参加以该地理标志作为集体商标注册的团体、协会或者其他组织，该团体、协会或者其他组织应当依据其章程接纳为会员，在履行该集体商标使用管理规则规定的手续后，可以使用该集体商标，使用地理标志集体商标的，注册人应发给使用人《集体商标使用证》。

【地理标志证明商标使用权的授予】 地理标志证明商标注册人对其地理标志证明商标享有专用权，但地理标志证明商标并非表明商品来源于注册人，而是用来证明商品的原产地和特定品质，《集体商标、证明商标的注册和管理办法》规定地理标志证明商标的注册人不得在自己提供的商品上使用该证明商标。以地理标志作为证明商标注册的，其商品符合使用该地理标志条件的生产者，可以要求使用该证明商标，在履行该证明商标使用管理规则规定的手续后，该证明商标的注册人应当允许。使用证明商标的，注册人应发给使用人《证明商标使用证》并在 1 年内报商标局备案，由商标局公告。

3.5.3 地理标志商标权的行使

【主体】地理标志集体商标权属于该地理标志集体组织的全体成员。作为地理标志集体注册人的集体组织通常不使用该集体商标，而是由该组织的成员共同使用。地理标志证明商标的注册人不得在自己提供的商品上使用该证明商标，其将证明商标授权给商品符合使用该地理标志条件的生产者使用。

【内容】地理标志商标被许可使用人有权在其商品或包装上使用该地理标志商标及中国地理标志产品专用标志；有权使用该地理标志商标进行商品广告宣传。同时，地理标志商标被许可使用人有义务维护使用地理标志集体商标商品的特定品质和信誉，保证商品质量稳定；接受地理标志商标注册人对商品品质的不定期检测和商标使用的监督。地理标志商标被许可使用人不得转让和许可他人使用该地理标志商标。

【转让】目前多数国家已不再禁止集体商标、证明商标的转让，但由于地理标志商标的特殊性，地理标志商标注册人转让地理标志商标，受让人应当具备相应的主体资格。地理标志商标的转让应符合《商标法》《商标法实施条例》以及其他相关法律法规的规定。

【权利主体变更】由于经济体制改革中机构经常发生变动，地理标志商标权发生权利主体变更是难以避免的。地理标志商标权发生权利主体变更后，权利继受人也应当具备相应的主体资格。地理标志商标权利主体的变更应符合《商标法》《商标法实施条例》以及其他相关法律法规的规定。

3.5.4 地理标志商标权的限制

【合理使用】《商标法》第 59 条规定："注册商标中含有的本商品的通用名称、图形、型号，或者直接表示商品的质量、主要原料、功能、用途、重量、数量及其他特点，或者含有的地名，注册商标专有权人无权禁止他人正当使用。"《商标法实施条例》第 4 条第 2 款规定："以地理标志作为证明商标注册的，其商品符合使用该地理标志条件的自然人、法人或者其他组织可以要求使用该证明商标，控制该证明商标的组织应当允许。以地理标志作为集体商标注册的，其商品符合使用该地理标志条件的自然人、法人或者其他组织，可以要求参加以该地理标志作为集体商标注册的团体、协会或者其他组织，该团体、协会或者其他组织应当依据其章程接纳为会员；不要求参加以该地理标志作为集体商标注册的团体、协会或者其他组织的，也可以正当使用该地理标志，该团体、协会或者其他组织无权禁止。"按照上述规定，地理标志商标注册人对商标中含有的地名部分并不享有专用权，无权禁止他人正当使用注册商标中含有的地名。因此，当地理标志被注册为集体商标或证明商标时，没有向其提出使用该地理标志商标的要求，但其商品确产于地理标志所标示地区的自然人、法人或者其他组织有正当使用该地理标志商标中地名的权利，此为对地理标志的正当使用，地理标志商标权人无权禁止。但正当使用地理标志的前提条件是该商品产自该地理标志所标示的地区且产品符合使用该地理标志的条件，商品不产自该地理标志所标示的地区，或者商品的品质达不到使用该地理标志的要求，就不能使用该地理标志商标中的地名。需要注意的是，对地理标志正当使用的客体只是该地理标志中的地名，并非该地理标志商标。地理标志商标注册人有权禁止他人在并非产于该地理标志所标示地区的商品上标注与该注册商标相同或近似的标识，并依法追究其侵犯地理标志商标专用权的责任。

3.5.5 地理标志商标的保护

【管理监督】地理标志商标注册人是其地理标志商标的管理机构，组织对地理标志商标使用管理规则进行制定和修改；组织、监督地理标志商标被许可使用人按规定使用该地理标志商标；负责对使用地理标志商标的商品进行全方位的跟踪管理；对商品质量进行监督检测；对违反地理标志商标使用规则的成员作出处理。

【诉讼原告资格】由于地理标志商标是作为集体商标或证明商标予以注册的，而地理标志商标权是所标示地区集体所有的知识产权，属于集体权利，其权利主体是在该地域内从事特定产品生产者总体，因此，当地理标志商标受到不法侵害时，无论是商标注册人，即各地理标志行业协会等社团组织，还是地理标志商标使用人，都具有原告的主体资格，都有权以“利害关系人”的身份提起诉讼。

➢杭州市西湖区龙井茶产业协会诉北京永辉超市等侵害商标权纠纷案

原告西湖区龙井茶产业协会（以下简称西湖龙井协会）于2011年6月28日注册取得第9129815号“西湖龙井”地理标志证明商标，该商标核定使用商品为第30类茶叶，使用“西湖龙井”地理标志证明商标的商品的生产地域范围为杭州市政府划定的西湖龙井茶保护基地。2012年5月，国家工商行政管理总局认定“西湖龙井”为驰名商标。

2013年1月，被告乾元华夏公司将散装茶叶加入礼盒外包装中进行售卖，其所售卖茶叶的包装纸袋、礼盒及礼盒中装茶叶的绿色铁盒上均印有“西湖龙井”字样，背面有“品味中国茶文化”等文字说明，顶部有“中国茶道”字样。绿色铁盒茶叶罐中包装绿茶的铝箔袋上有“珍品西湖龙井”字样。上述包装纸袋、礼盒、内部的茶叶铁盒、铝箔袋上均无生产厂家、产地、生产日期信息。上述茶叶外包装上所标的“西湖龙井”字样与原告注册商标“西湖龙井”相同。

被告乾元华夏公司涉案恒基商城店铺是从被告永辉超市公司处承租的，被告永辉超市公司还为被告乾元华夏公司的部分销售涉案茶叶行为开具发票。为此，原告以侵犯其商标权为由向法院提起诉讼。

法院认为：原告是涉案第9129815号“西湖龙井”地理标志证明商标的注册人，原告依法享有的注册商标专用权受法律保护。是否侵犯证明商标权利，不能以被控侵权行为是否容易导致相关公众对商品来源产生混淆作为判断标准，而应当以被控侵权行为是否容易导致相关公众对商品的原产地等特定品质产生误认作为判断标准。本案中，“西湖龙井”注册商标系地理标志证明商标，原告作为该商标的注册人，应当允许自然人、法人或者其他组织在符合特定品质的茶叶包装上使用该证明商标；而且不能禁止虽没有向其提出使用该证明商标的要求，但茶叶确产于西湖龙井茶区的自然人、法人或者其他组织正当使用该证明商标中地名的权利；同时，原告有权禁止他人在并非产于西湖龙井茶区的茶叶包装上标注与该注册商标相同或近似的标识，并依法追究其侵犯证明商标权利的责任。

被告乾元华夏公司销售的茶叶外包装上标有“西湖龙井”字样与原告注册商标“西湖龙井”相同，且均使用于茶叶类商品。被告销售的涉案礼盒装茶叶无生产厂家、产地、生产日期等信息，其提交的前述证据不足以证明其所销售的涉案茶叶来源于得到原告西湖龙井协会授权使用“西湖龙井”证明商标的杭州龙都茶业有限公司，亦无法证明该茶叶产自西湖龙井茶区。故本院认定被告销售的涉案礼盒装茶叶属侵犯原告注册商标专用权的商品，被告未证明涉案茶叶的合法来源，其应承担相应的民事责任。

被告永辉超市公司将超市外租区的铺位出租给被告乾元华夏公司经营并收取租金，放任商户销售无生产厂家、产地、生产日期的商品，且为商户销售侵权商品开具发票，其行为属于故意为侵犯他人商标权的行为提供便利条件，应当与被告乾元华夏公司共同承担侵犯商标权的民事责任。（北京市东城区人民法院［2014］东民初字第07553号）

裁判要点如下：本案为地理标志证明商标侵权纠纷，争议焦点一是被告的行为是否为对地理标志的合理使用；一是被告是否侵犯原告的商标权。

本案中，被告乾元华夏公司销售的涉案礼盒装茶叶无生产厂家、产地、生产日期等信息，其提交的前述证据不足以证明其所销售的涉案茶叶来源于“西湖龙井”商标的合法使用人，亦无法证明该茶叶产自西湖龙井茶区，其使用不符合地理标志商标的合理使用条件。被告销售的茶叶外包装上标有“西湖龙井”字样与原告注册商标“西湖龙井”相同，且均使用于茶叶类商品，故被告的销售行为侵犯了原告的注册商标专用权。被告永辉超市公司的行为属于故意为侵犯他人商标权的行为提供便利条件，应当与被告乾元华夏公司共同承担侵犯商标权的民事责任。

3.6 地理标志产品

3.6.1 地理标志产品的定义和类型

【定义】地理标志产品，是指产自特定地域，所具有的质量、声誉或其他特性本质上取决于该产地的自然因素和人文因素，经审核批准以地理名称进行命名的产品。2000 年 1 月 31 日，绍兴酒成为中国第一个受到保护的地理标志产品。

【类型】（1）来自本地区的种植、养殖产品植物，即初级产品，如陕西苹果、海南文昌鸡；（2）原材料全部来自本地区或部分来自其他地区，并在该地区按照特定工艺生产和加工的产品，如烟台葡萄酒、泸州老窖、平遥牛肉。

3.6.2 申请

【申请原则】按照国际惯例，地理标志产品保护实行自愿申请。由于地理标志产品保护的知识产权是其地理范围内的全体生产者的共有知识产权，为保护申请人地理范围内其他业主的知识产权保护要求，其保护申请的受理和批准程序必须实行公开原则。

【申请人】地理标志产品保护的申请人为当地县级以上人民政府指定的地理标志产品保护申请机构或人民政府认定的协会和企业。申请人必须要由该地区的政府来指定或者认定，并征求相关部门的意见。申请保护的产品在县域范围内的，由县级人民政府提出产地范围的建议；跨县域范围的，由地市级人民政府提出产地范围的建议；跨地市范围的，由省级人民政府提出产地范围的建议。

【申请材料】申请人应提交以下资料：（1）有关地方政府关于划定地理标志产品产地范围的建议。（2）有关地方政府成立申请机构或认定协会、企业作为申请人的文件。（3）地理标志产品的证明材料，包括：地理标志产品保护申请书；产品名称、类别、产地范围及地理特征的说明；产品的理化、感官等质量特色及其与产地的自然因素和人文因素之间关系的说明；产品生产技术规范（包括产品加工工艺、安全卫生要求、加工设备的技术要求等）；产品的知名度，产品生产、销售情况及历史渊源的说明。（4）拟申请的地理标志产品的技术标准。

【主管部门】出口企业的地理标志产品的保护申请向本辖区内出入境检验检疫部门提出；按地域提出的地理标志产品的保护申请和其他地理标志产品的保护申请向当地（县级或县级以上）质量技术监督部门提出。省级质量技术监督局和直属出入境检验检疫局，按照分工，分别负责对拟申报的地理标志产品的保护申请提出初审意见，并将相关文件、资料上报国家质检总局。

3.6.3 审核及批准

【形式审查】 国家知识产权局对收到的申请进行形式审查。

【实质审查】 国家知识产权局按照地理标志产品的特点设立相应的专家审查委员会，负责地理标志产品保护申请的技术审查工作。

【批准】 地理标志产品保护申请审查合格的，由国家知识产权局发布公告，批准该产品获得地理标志产品保护并授予地理标志产品专用标志。地理标志产品专用标志不仅能表明该产品产自特定的原产地域，而且还能表明该产品经过特殊的质量监控、加工工艺而具有特殊的质量特色。

3.6.4 标准制定及专用标志使用

【地理标志产品标准的制定】 受保护的地理标志产品，应根据产品的类别、范围、知名度、产品的生产销售等方面的因素，分别制定相应的国家标准、地方标准或管理规范。国家标准化行政主管部门组织草拟并发布地理标志保护产品的国家标准；省级地方人民政府标准化行政主管部门组织草拟并发布地理标志保护产品的地方标准。地理标志保护产品的质量检验由省级质量技术监督部门、直属出入境检验检疫部门指定的检验机构承担。必要时，国家质检总局将组织予以复检。

【地理标志产品专用标志的授予】 地理标志产品产地范围内的生产者要求使用地理标志产品专用标志，应向当地质量技术监督局或出入境检验检疫局提出申请，并提交以下资料：地理标志产品专用标志使用申请书；由当地政府主管部门出具的产品产自特定地域的证明；有关产品质量检验机构出具的检验报告。该申请经省级质量技术监督局或直属出入境检验检疫局审核，并经国家质检总局审查合格注册登记后，发布公告，生产者即可在其产品上使用地理标志产品专用标志，获得地理标志产品保护，但应接受当地质检机构的监督管理。

3.6.5 监督和保护

【监督】 各地质检机构对地理标志产品的产地范围，产品名称，原材料，生产技术工艺，质量特色，质量等级、数量、包装、标识，产品专用标志的印刷、发放、数量、使用情况，产品生产环境、生产设备，产品的标准符合性等方面进行日常监督管理。获准使用地理标志产品专用标志资格的生产者，未按相应标准和管理规范组织生产的，或者在 2 年内未在受保护的地理标志产品上使用专用标志的，国家质检总局将注销其地理标志产品专用标志使用注册登记，停止其使用地理标志产品专用标志并对外公告。

【保护】 各地质检机构依法对地理标志保护产品实施保护。对于擅自使用或伪造地理标志名称及专用标志的；不符合地理标志产品标准和管理规范要求而使用该地理标志产品的名称的；或者使用与专用标志相近、易产生误解的名称或标识及可能误导消费者的文字或图案标志，使消费者将该产品误认为地理标志保护产品的行为，质量技术监督部门和出入境检验检疫部门将依法进行查处。社会团体、企业和个人可监督、举报。

3.7 农产品地理标志

3.7.1 农产品地理标志的定义和功能

【定义】 农产品地理标志，是指标示农产品来源于特定地域，产品品质和相关特征主要取决于自然生态环境和历史人文因素，并以地域名称冠名的特有农产品标志。

【功能】 国家对农产品地理标志实行登记制度，经登记的农产品地理标志受法律保护。

3.7.2 申请及受理

【申请人】 申请人应具有监督和管理农产品地理标志及其产品的能力；具有为地理标志农产品生产、加工、营销提供指导服务的能力；具有独立承担民事责任的能力。农产品地理标志登记申请人为县级以上地方人民政府根据下列条件择优确定的农民专业合作经济组织、行业协会等组织。

【保护范围】 来源于农业的初级产品，即在农业活动中获得的植物、动物、微生物及其产品。

【申请材料】 符合农产品地理标志登记条件的申请人，可以向省级人民政府农业行政主管部门提出登记申请，并提交下列申请材料：（1）登记申请书；（2）产品典型特征特性描述和相应产品品质鉴定报告；（3）产地环境条件、生产技术规范和产品质量安全技术规范；（4）地域范围确定性文件和生产地域分布图；（5）产品实物样品或者样品图片；（6）其他必要的说明性或者证明性材料。

【受理】 省级人民政府农业行政主管部门自受理农产品地理标志登记申请之日起，应当在45个工作日内完成申请材料的初审和现场核查，并提出初审意见。符合条件的，将申请材料和初审意见报送农业部农产品质量安全中心；不符合条件的，应当在提出初审意见之日起10个工作日内将相关意见和建议通知申请人。

3.7.3 审核及批准

【主管部门】农业部农产品质量安全中心应当自收到申请材料和初审意见之日起20个工作日内，对申请材料进行审查，提出审查意见，并组织专家评审。专家评审工作由农产品地理标志登记评审委员会承担。农产品地理标志登记专家评审委员会应当独立作出评审结论，并对评审结论负责。

【审核标准】申请地理标志登记的农产品，应当符合下列条件：（1）称谓由地理区域名称和农产品通用名称构成；（2）产品有独特的品质特性或者特定的生产方式；（3）产品品质和特色主要取决于独特的自然生态环境和人文历史因素；（4）产品有限定的生产区域范围；（5）产地环境、产品质量符合国家强制性技术规范要求。

【批准】经专家评审通过的，由农业部农产品质量安全中心代表农业部对社会公示。有关单位和个人有异议的，应当自公示截止日起20日内向农业部农产品质量安全中心提出。公示无异议的，由农业部作出登记决定并公告，颁发《中华人民共和国农产品地理标志登记证书》，公布登记产品相关技术规范和标准。农产品地理标志登记证书长期有效。

3.7.4 地理标志使用

【授予】符合下列条件的单位和个人，可以向登记证书持有人申请使用农产品地理标志：（1）生产经营的农产品产自登记确定的地域范围；（2）已取得登记农产品相关的生产经营资质；（3）能够严格按照规定的质量技术规范组织开展生产经营活动；（4）具有地理标志农产品市场开发经营能力。

【内容】农产品地理标志使用人享有以下权利：（1）可以在产品及其包装上使用农产品地理标志；（2）可以使用登记的农产品地理标志进行宣传和参加展览、展示及展销。农产品地理标志使用人应当履行以下义务：（1）自觉接受登记证书持有人的监督检查；（2）地理标志农产品的生产经营者，应当建立质量控制追溯体系。农产品地理标志登记证书持有人和标志使用人，对地理标志农产品的质量和信誉负责；（3）正确规范地使用农产品地理标志。

【使用】使用农产品地理标志，应当按照生产经营年度与登记证书持有人签订农产品地理标志使用协议，在协议中载明使用的数量、范围及相关的责任义务。农产品地理标志登记证书持有人不得向农产品地理标志使用人收取使用费。

3.7.5 监督和保护

【监督】县级以上人民政府农业行政主管部门应当加强农产品地理标志监督管理工作，定期对登记的地理标志农产品的地域范围、标志使用等进行监督检查。任何单位和个人不得伪造、冒用农产品地理标志和登记证书。冒用农产品地理标志和登记证书的，依法责令改正，没收违法所得，并处2000元以上2万元以下罚款。

【注销】登记的地理标志农产品或登记证书持有人不符合《农产品地理标志管理办法》第7条、第8条规定的，由农业部注销其地理标志登记证书并对外公告。

3.8 地理标志专用标志

3.8.1 地理标志专用标志的定义和使用主体

【定义】地理标志专用标志是指适用在按照相关标准、管理规范或者使用管理规则组织生产的地理标志产品上的官方标志。

【使用主体】地理标志专用标志的合法使用人包括下列主体：（1）经公告核准使用地理标志产品专用标志的生产者；（2）经公告地理标志已作为集体商标注册的注册人的集体成员；（3）经公告备案的已作为证明商标注册的地理标志的被许可人；（4）经国家知识产权局登记备案的其他使用人。

3.8.2 地理标志专用标志的使用

【使用要求】（1）地理标志保护产品和作为集体商标、证明商标注册的地理标志使用地理标志专用标志的，应在地理标志专用标志的指定位置标注统一社会信用代码。国外地理标志保护产品使用地理标志专用标志的，应在地理标志专用标志的指定位置标注经销商统一社会信用代码。（2）地理标志保护产品使用地理标志专用标志的，应同时使用地理标志专用标志和地理标志名称，并在产品标签或包装物上标注所执行的地理标志标准代号或批准公告号。（3）作为集体商标、证明商标注册的地理标志使用地理标志专用标志的，应同时使用地理标志专用标志和该集体商标或证明商标，并加注商标注册号。

【地理标志专用标志矢量图】地理标志专用标志矢量图可按比例缩放，标注应清晰可识，不得更改专用标志的图案形状、构成、文字字体、图文比例、色值等。

【标示方法】（1）采取直接贴附、刻印、烙印或者编织等方式将地理标志专用标志附着在产品本身、产品包装、容器、标签等上；（2）使用在产品附加标牌、产品说明书、介绍手册等上；（3）使用在广播、电视、公开发行的出版物等媒体上，包括以广告牌、邮寄广告或者其他广告方式为地理标志进行的广告宣传；（4）使用在展览会、博览会上，包括在展览会、博览会上提供的使用地理标志专用标志的印刷品及其他资料；（5）将地理标志专用标志使用于电子商务网站、微信、微信公众号、微博、二维码、手机应用程序等互联网载体上；（6）其他合乎法律法规规定的标示方法。

3.8.3 监督管理

【取消使用资格】地理标志专用标志合法使用人未按相应标准、管理规范或相关使用管理规则组织生产的，或者在2年内未在地理标志保护产品上使用专用标志的，知识产权管理部门停止其地理标志专用标志使用资格。

【其他处罚】对于未经公告擅自使用或伪造地理标志专用标志的；或者使用与地理标志专用标志相近、易产生误解的名称或标识及可能误导消费者的文字或图案标志，使消费者将该产品误认为地理标志的行为，知识产权管理部门及相关执法部门依照法律法规和相关规定进行调查处理。

4 农业专利权

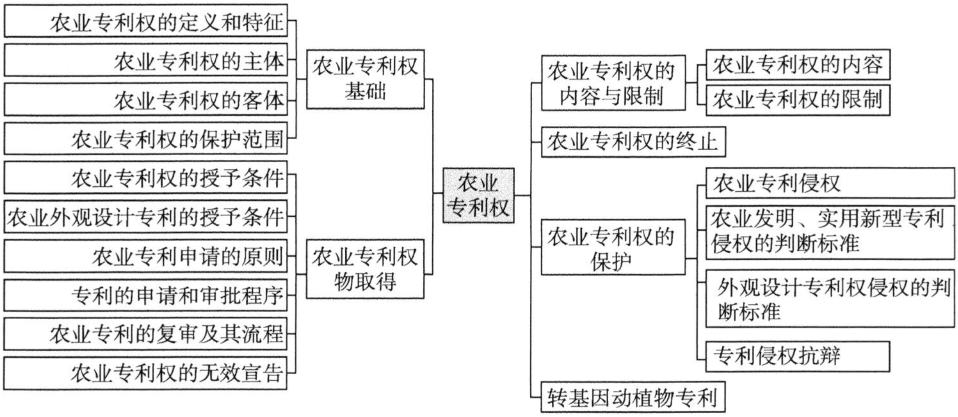

图 4-1 农业专利权内容导读

4.1 农业专利权基础

4.1.1 农业专利权的定义和特征

【定义】农业专利权，是针对农业领域的专利所进行的分类研究，而非知识产权中的独立概念。根据《农业法》第 2 条第 2 款，本法所称农业，是指种植业、林业、畜牧业和渔业等产业，包括与其直接相关的产前、产中、产后服务。因此农业专利即为种植业、林业、畜牧业和渔业等产业领域以及相关产业的前中后服务领域的专利。农业专利权的基本内容与传统专利权无较大区别。

【特征】农业专利权具有知识产权的专有性、地域性、期限性、法定性等特征，不过其主要是在农业领域，受气候、土壤、生物链、水分等自然资源因素影响。相关发明创造要求具有较高的创新标准和复杂的技术特征，尤其是以基因技术为代表的现代生物技术。

4.1.2 农业专利权的主体

【发明人】完成发明或实用新型的自然人，包括职务发明人和非职务发明人，合作发明人和委托发明人。对于职务发明人和非职务发明人的定义，根据《专利法》第6条的规定，执行本单位的任务或者主要是利用本单位的物质技术条件所完成的发明创造为职务发明创造。符合上述条件完成发明或实用新型的自然人为职务发明人，否则为非职务发明人。对于合作发明人和委托发明人的定义，《专利法》第8条规定，对于两个以上单位或者个人合作完成的发明创造、一个单位或者个人接受其他单位或者个人委托所完成的发明创造，完成该发明创造者为合作发明人和委托发明人。

【设计人】完成外观设计的自然人，包括职务设计人和非职务设计人，合作设计人和委托设计人。

【申请人】依法享有申请专利的自然人或法人，包括职务发明创造申请人和非职务发明创造申请人，合作发明创造申请人和委托发明创造申请人。对于职务发明创造申请人和非职务发明创造申请人，根据《专利法》第6条的规定，职务发明创造申请专利的权利属于该单位。非职务发明创造，申请专利的权利属于发明人或者设计人。因此，职务发明人或职务设计人完成某单位的发明创造后，申请专利的权利属于该单位有申请人。但根据《专利法》第16条和第17条，职务发明人或职务设计人有表明发明人或设计人的权利，有获得奖励权，以及获得报酬权。非职务发明人或非职务设计人完成发明创造后，申请权利属于本人。对于合作发明创造申请人和委托发明创造申请人，根据《专利法》第8条的规定，两个以上单位或者个人合作完成的发明创造、一个单位或者个人接受其他单位或者个人委托所完成的发明创造，除另有协议的以外，申请专利的权利属于完成或者共同完成的单位或者个人。

【专利权人】专利申请获得批准后，依法获得专利权的人，包括职务发明创造的专利权人和非职务发明创造的专利权人，合作发明创造的专利权人和委托发明创造的专利权人。因转让、赠与、继承而被依法确认拥有专利权的单位或个人，也是专利权人。专利权人实则专利权证书上载明的权利主体，一般情况下专利权人即专利申请人。对于职务发明创造的专利权人和非职务发明创造的专利权人，根据《专利法》第6条的规定，对于职务发明创造，专利申请被批准后，该单位为专利权人。对于非职务发明创造，专利申请被批准后，该发明人或者设计人为专利权人。利用本单位的物质技术条件所完成的发明创造，单位与发明人或者设计人订有合同，对申请专利的权利和专利权的归属作出约定的，从其约定。对于合作发明创造的专利权人和委托发明创造的专利权人，根据《专利法》第8条的规定，对于合作发明创造或委托发明创造的申请人，申请被批准后，申请的单位或者个人为专利权人。此外，《合同法》第 339 条规定，研究开发人取得专利权的，委托人可以免费实施该专利。研究开发人转让专利申请权的，委托人享有以同等条件优先受让的权利。

4.1.3 农业专利权的客体

【发明】发明是对产品、方法或其改进所提出的新的技术方案。农业科技和成果如饲料或肥料新配方，种植业或养殖业新技术，农药和兽药组合物，食品、饮料和调味品的新酿造技术，新的微生物菌种以及产品和培育动植物新品种的方法均可作为发明专利的客体申请发明专利。

【实用新型】实用新型是对产品的形状、构造或其结合所提出的适于实用的新的技术方案。农机具和渔机具等相关农业设施的发明和改进，也可以申请发明或实用新型专利。

【外观设计】外观设计是对产品的形状、图案或其结合以及色彩与形状、图案的结合所作出的富有美感并适于工业应用的新设计。农业产品的外包装设计等可以申请外观设计专利。

4.1.4 农业专利权的保护范围

【动植物品种的生产方法】该生产方法主要指的是非生物学的方法。这类方法由于有人的技术成分的介入，并对最终达到的目的或效果起到主要的控制作用或决定性的作用，因而可以被授予专利权。因此，虽然动植物新品种不在我国专利法保护范围内，但是根据《专利法》第 25 条第 2 款的规定，动植物品种的生产方法可以依法被授予专利权。

【微生物】既不属于动物，也不属于植物的微生物，如细菌、放线菌、真菌、病毒、原生动物、藻类等。因为微生物不属于动植物品种范畴，微生物和微生物方法可以获得专利保护。

【遗传资源】根据《专利法实施细则》第 26 条规定，专利法所称遗传资源，是指取自人体、动物、植物或者微生物等含有遗传功能单位并具有实际或者潜在价值的材料；专利法所称依赖遗传资源完成的发明创造，是指利用了遗传资源的遗传功能完成的发明创造。《专利法》第 5 条第 2 款规定，对违反法律、行政法规的规定获取或者利用遗传资源，并依赖该遗传资源完成的发明创造，不授予专利权。《专利法》第 26 条第 5 款规定，依赖遗传资源完成的发明创造，申请人应当在专利申请文件中说明该遗传资源的直接来源和原始来源；申请人无法说明原始来源的，应当陈述理由。从农业领域角度分析，该规定中的“遗传功能”，是指生物体通过繁殖将性状或者特征代代相传或者使整个生物体得以复制的能力。“遗传功能单位”，是指生物体的基因或者具有遗传功能的 DNA 或者 RNA 片段。

“取自人体、动物、植物或者微生物等含有遗传功能单位的材料”，是指遗传功能单位的载体，既包括整个生物体，也包括生物体的某些部分，例如，器官、组织、血液、体液、细胞、基因组、基因、DNA 或者 RNA 片段等。“利用了遗传资源的遗传功能完成的发明创造”，是指对遗传功能单位进行分离、分析、处理等，以完成发明创造，实现其遗传资源的价值。因此，符合《专利法》规定的与农业生产相关的动植物遗传资源为基础而进行的发明创造，亦可以获得专利权。此外要注意，根据《专利审查指南（2010）》规定，如果是首次从自然界分离或提取出来的基因或 DNA 片段，其基序列是现有技术中不曾记载的，并能被确切地表征，且在产业上有利用价值，则该基因或 DNA 片段本身及其得到方法均属于可给予专利保护的客体。因此，一般从自然界找到的以天然形态存在的基因或 DNA 片段是一种科学发现，不能被授予专利权。但是如果该片段符合《专利审查指南（2010）》的条件，该物质本身及取得该物质的方法可以被授予专利权。这一规则具有一定争议性。

4.2 农业专利权的取得

4.2.1 农业专利权的授予条件

【新颖性】根据《专利法》第 22 条第 2 款，新颖性是指该发明或者实用新型不属于现有技术；也没有任何单位或者个人就同样的发明或者实用新型在申请日以前向国务院专利行政部门提出过申请，并记载在申请日以后公布的专利申请文件或者公告的专利文件中。所谓“现有技术”，是指申请日以前在国内外为公众所知的技术。因此，如果一发明或实用新型不属于现有技术且不存在抵触申请的情形，符合新颖性条件。是否为公众所知，取决于该发明创造是否出现出版物公开的情形或者其他情形。所谓出版物公开方式，指的是申请日以前在国内外的正式出版物上已经记载了同样的发明创造的，该发明创造属于现有技术。该出版物包括各种公开出版的专利文献、杂志、书籍、学术论文、教科书、技术手册等等，还包括采用电、光、照相等方法制成的各种公开出版的缩微胶片、影片、照相底片、磁带、唱片、光盘等。除此之外发明创造还会出现其他的公开方式，该方式指的是申请日以前，就同样的发明创造在国内外以制造、销售、进口、交换、演示、馈赠、展出等对某项技术进行使用或应用，以报告、讨论会发言、广播电视的播放等口头方式进行公开，以科研鉴定、科研总结、设计文件、图纸等方式进行展示，能够使公众得知技术内容，则发明创造属于现有技术，这也会导致新颖性的消灭。不过，根据《专利法》第 24 条，申请专利的发明创造在申请日以前6个月内，有下列情形之一的，不丧失新颖性：在中国政府主办或者承认的国际展览会上首次展出的；规定的学术会议或者技术会议上首次发表的；他人未经申请人同意而泄露其内容的。

【创造性】根据《专利法》第22条第3款，创造性是指与现有技术相比，该发明具有突出的实质性特点和显著的进步，该实用新型具有实质性特点和进步。根据《专利审查指南（2010）》第四章第2.2条规定，发明有突出的实质性特点，是指对所属技术领域的技术人员来说，发明相对于现有技术是非显而易见的。如果发明是所属技术领域的技术人员在现有技术的基础上仅仅通过合乎逻辑的分析、推理或者有限的试验可以得到的，则该发明是显而易见的，也就不具备突出的实质性特点。根据《专利审查指南（2010）》第四章第2.3条规定，发明有显著的进步，是指发明与现有技术相比能够产生有益的技术效果。例如，发明克服了现有技术中存在的缺点和不足，或者为解决某一技术问题提供了一种不同构思的技术方案，或者代表某种新的技术发展趋势。

【实用性】根据《专利法》第22条第4款，实用性是指该发明或者实用新型能够制造或者使用，并且能够产生积极效果，具体需要满足后述两个条件。第一，工业实用性。该条件指的是发明或者实用新型的技术方案可以被相关制造部门制造、生产、实施和使用，且该发明创造能进行重复制造再现。如新型农业机具能以工业方式进行制造和使用，并且能重复制造和使用。第二，有益性。发明或者实用新型同现有技术相比，其所产生的经济、技术和社会的效果应当是积极的和有益的。明显无益、脱离社会需要、严重污染环境、严重浪费能源或者资源、损害人身健康的发明或者实用新型不具备实用性。

4.2.2 农业外观设计专利的授予条件

【新颖性】如果在申请日以前，有相同的外观设计在国内外出版物上公开发表过，或者有相同的外观设计在国内公开使用过，则该外观设计为现有技术，不具有新颖性。

【明显区别性】在申请日以前，有相近似的外观设计在国内外出版物上公开发表过，或者有相近似的外观设计在国内公开使用过，则该外观设计为现有技术，不具有明显区别性。

【非冲突性】授予专利权的外观设计不得与他人在申请日以前已经取得的合法权利相冲突。在先取得的合法权利可为：商标权、著作权、企业名称权、肖像权等。《专利法》第23条规定，授予专利权的外观设计，应当同申请日以前在国内外出版物上公开发表过或者国内公开使用过的外观设计不相同和不相近似，并不得与他人在先取得的合法权利相冲突。

4.2.3 农业专利申请的原则

【书面原则】专利申请必须依法提交相应的书面文件。根据《专利法》第26条第1款规定，申请发明或者实用新型专利的，应当提交请求书、说明书及其摘要和权利要求书等文件。第27条规定，申请外观设计专利的，应当提交请求书以及该外观设计的图片或者照片等文件，并且应当写明使用该外观设计的产品及其所属的类别。因此，法定的专利申请必须要申请人通过书面申请来提出。

【先申请原则】相同专利申请应授予申请在先者专利权。根据《专利权》第9条第2款规定，两个以上的申请人分别就同样的发明创造申请专利的，专利权授予最先申请的人。该原则是对专利权的专有性的体现。在发明创造专利申请的过程中，会出现不同主体分别对同样的发明创造提出申请的情况，这样的申请有可能是不同主体在不同的申请日进行的申请，也有可能是在同一天进行的申请。因此，依据什么标准去判断申请日是尤为重要的，只要能判断哪个主体的申请日在先，即可判断哪个主体享有申请在先之专利权。根据不同的情况，申请日有后述两种判断方式。第一，申请日期不同时“申请日”的判断。如果有两个以上的主体各自完成了同样的发明创造，并且都提出专利申请时，应依照“申请日”来判断谁是申请在先的人。根据《专利法》第28条的规定，国务院专利行政部门收到专利申请文件之日为申请日。如果申请文件是邮寄的，以寄出的邮戳日为申请日。第二，申请日期相同时“申请日”的判断。如果有两个以上的主体，就同样的发明创造进行申请，在申请日相同的同一天进行申请，根据《专利法实施细则》第41条的规定，两个以上的申请人同日（指申请日；有优先权的，指优先权日）分别就同样的发明创造申请专利的，应当在收到国务院专利行政部门的通知后自行协商确定申请人。在这种情况下，申请各方可以协商确定一个申请人，也可以协商确定各方作为共同申请人。

【优先权原则】依法可享有的优先获得专利权的情形。优先权原则是《巴黎公约》确立的基本原则，其包括在外国第一次提出申请后的国际优先权，以及在中国第一次提出申请后也有可能享有的国内优先权。根据《专利法》第29条第1款规定，申请人自发明或者实用新型在外国第一次提出专利申请之日起12个月内，或者自外观设计在外国第一次提出专利申请之日起6个月内，又在中国就相同主题提出专利申请的，依照该外国同中国签订的协议或者共同参加的国际条约，或者依照相互承认优先权的原则，可以享有优先权。要注意，国内优先权仅限于发明或者实用新型的专利申请，外观设计专利申请不能取得国内优先权。此外，要实际获得优先权，需要依法律规定在申请时提交相应文件。根据《专利法》第30条规定，申请人要求优先权的，应当在申请的时候提出书面声明，并且在3个月内提交第一次提出的专利申请文件的副本；未提出书面声明或者逾期未提交专利申请文件副本的，视为未要求优先权。

【单一性原则】 专利申请必须一对一进行申请。《专利法》第 31 条第 1 款规定，一件发明或者实用新型专利申请应当限于一项发明或者实用新型。一件外观设计专利申请应当限于一种产品所使用的一项外观设计。此外，依据《专利法》第 31 条的规定，单一性原则具有例外情形。首先，属于一个总的发明构思的两项以上的发明或者实用新型，可以作为一件申请提出。所谓“属于一个总的发明构思的两项以上的发明创造或者实用新型”，是指可以作为一件专利申请提出的属于一个总的发明构思的两项以上的发明或者实用新型，应当在技术上相互关联，包含一个或者多个相同或者相应的特定技术特征，其中特定技术特征是指每一项发明或者实用新型作为整体，对现有技术作出贡献的技术特征。其次，同一产品两项以上的相似外观设计，或者用于同一类别并且成套出售或者使用的产品的两项以上外观设计，可以作为一件申请提出。在上述的两种单一性原则的例外情形下，专利申请可以不必遵循一对一的原则，可以合并成一件专利提出申请。

【禁止重复原则】 对于一个同样的发明创造，禁止重复授予该同样的发明创造两个或以上专利权，只能授予一项专利权。根据《专利法》第 9 条，同样的发明创造只能授予一项专利权。但是，同一申请人同日对同样的发明创造既申请实用新型专利又申请发明专利，先获得的实用新型专利权尚未终止，且申请人声明放弃该实用新型专利权的，可以授予发明专利权。两个以上的申请人分别就同样的发明创造申请专利的，专利权授予最先申请的人。所谓“同样的发明创造”，指的是两件或两件以上申请（或专利）中存在的保护范围相同的权利要求。

4.2.4 专利的申请和审批程序（如图 4 -2 所示）

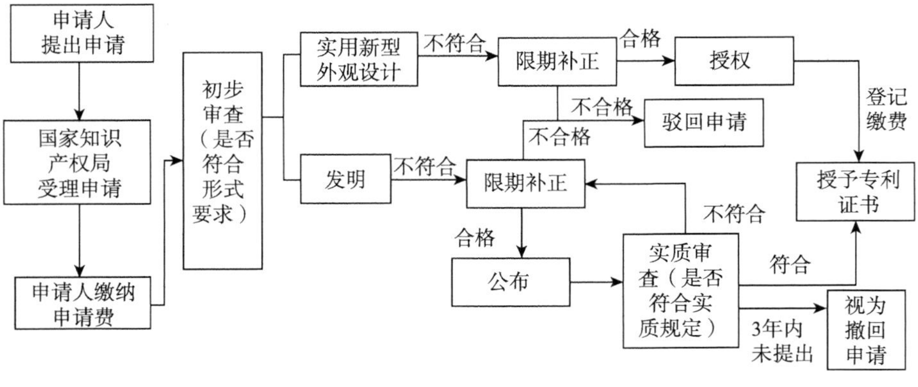

图 4 – 2 专利的申请和审批程序

【提交材料】 申请人提出申请，向国家知识产权局专利局受理处提交或寄交材料，也可以向国家知识产权局设立的专利代办处提交或寄交材料。根据《专利法》第 26 条规定，申请发明或者实用新型专利的，应当提交请求书、说明书及其摘要和权利要求书等文件。依赖遗传资源完成的发明创造，申请人应当在专利申请文件中说明该遗传资源的直接来源和原始来源；申请人无法说明原始来源的，应当陈述理由。根据《专利法》第 27 条规定，申请外观设计专利的，应当提交请求书、该外观设计的图片或者照片以及对该外观设计的简要说明等文件。申请人提交的有关图片或者照片应当清楚地显示要求专利保护的产品的外观设计。（1）请求书应当写明发明或者实用新型的名称，发明人的姓名，申请人姓名或者名称、地址，以及其他事项。（2）说明书应当对发明或者实用新型作出清楚、完整的说明，以所属技术领域的技术人员能够实现为准；必要的时候，应当有附图。例如，根据《专利审查指南（2020）》的规定，涉及核苷酸或者氨基酸序列的申请，应当将该序列表作为说明书的一个单独部分，并单独编写页码。申请人应当在申请的同时提交与该序列表相一致的计算机可读形式的副本，如提交记载有该序列表的符合规定的光盘或者软盘。提交的光盘或者软盘中记载的序列表与说明书中的序列表不一致的，以说明书中的序列表为准。（3）摘要应当简要说明发明或者实用新型的技术要点。（4）权利要求书应当以说明书为依据，清楚、简要地限定要求专利保护的范围。（5）目前我国在北京、沈阳、济南、长沙、成都、南京、上海、广州、西安、武汉、郑州、天津、石家庄、哈尔滨、长春设有国家知识产权局专利代办处。

【受理】 国家知识产权局或其专利代办处受理申请人的申请，在收到相关专利文件后发出受理通知书，确定专利申请日，给予专利申请号。如果缺相关材料，必须在指定期限内补正或补交。例如，对于涉及核苷酸或者氨基酸序列的申请，未提交计算机可读形式的副本，或者所提交的副本与说明书中的序列表明显不一致的，审查员应当发出补正通知书，通知申请人在指定期限内补交正确的副本。期满未补交的，审查员应当发出视为撤回通知书。对于实用新型和外观设计专利申请，只允许在申请日起 2 个月内提出主动修改。对于发明专利申请，只允许在提出实质审查请求和受到专利局发出的发明专利申请进入实质审查阶段通知书之日起 3 个月内对申请文件进行主动修改。

【缴费】 申请人对于申请费等相关费用的缴纳，根据《专利法实施细则》第 94 条规定，可以直接向国务院专利行政部门缴纳，也可以通过邮局或者银行汇付，或者以国务院专利行政部门规定的其他方式缴纳。通过邮局或者银行汇付的，应当在送交国务院专利行政部门的汇单上写明正确的申请号或者专利号以及缴纳的费用名称。不符合本款规定的，视为未办理缴费手续。直接向国务院专利行政部门缴纳费用的，以缴纳当日为缴费日；以邮局汇付方式缴纳费用的，以邮局汇出的邮戳日为缴费日；以银行汇付方式缴纳费用的，以银行实际汇出日为缴费日。多缴、重缴、错缴专利费用的，当事人可以自缴费日起 3 年内，向国务院专利行政部门提出退款请求，国务院专利行政部门应当予以退还。此外，根据《专利法实施细则》第 95 条规定，申请人应当自申请日起 2 个月内或者在收到受理通知书之日起 15 日内缴纳申请费、公布印刷费和必要的申请附加费；期满未缴纳或者未缴足的，其申请视为撤回。申请人要求优先权的，应当在缴纳申请费的同时缴纳优先权要求费；期满未缴纳或者未缴足的，视为未要求优先权。

【初步审查】初步审查环节主要是对申请文件进行形式上的审查。对于实用新型和外观设计的专利申请，如果初步审查合格，可以授予申请人专利权，待申请人办理好登记手续并缴费后即可获得专利证书。对于发明的专利申请，如果初步审查合格，会进入公布申请环节。发明专利申请初审合格后，自申请日起满 18 个月在《发明专利公报》上进行公布。在发明专利公布申请之日起至公告授予专利权之日之前，任何人都可以对不符合专利法规定的专利申请向知识产权局提出意见并说明理由。

【实质审查】发明专利申请自申请日起 3 年内，国家知识产权局可以根据申请人提出的请求，对其申请进行实质审查。实质审查未合格者，可以进行修改的，申请人要进行补正，补正不合格即被驳回，补正合格后可授予专利权。

【授权】经过实质审查后未发现驳回理由的，或者补正后合格的，可以作出授予发明专利权决定并颁发发明专利证书，并且在《发明专利公报》上予以登记和公告。

4.2.5 农业专利的复审及其流程

【专利复审】当国务院专利行政部门驳回了申请人的专利申请，专利申请人对驳回的决定不服的，可以自收到通知之日起 3 个月内，向专利复审委员会请求复审。或者在专利权授予后，任何人提出的宣告专利无效的请求，专利复审委员会也会进行相关的审查。

【复审流程】对于专利的复审依据《专利法》的规定，需要经过以下几个环节：(1) 专利申请人对国家知识产权局驳回申请的决定不服的，可以自收到通知之日起 3 个月内，向专利复审委员会请求复审。该专利申请人亦被称为复审请求人。国家知识产权局作出驳回专利申请的决定包括两种情况：一种是国家知识产权局经过初步审查后，认为发明、实用新型或者外观设计专利申请不符合专利法的规定而予以驳回；另一种是国家知识产权局经过实质审查后，认为发明专利申请不符合专利法的规定而予以驳回。对于复审请求人向专利复审委员会请求复审的情况，其应当提交复审请求书，说明理由，必要时还应当附具有关证据。复审请求书不符合规定格式的，复审请求人应当在专利复审委员会指定的期限内补正；期满未补正的，该复审请求视为未提出。请求人在提出复审请求或者在对专利复审委员会的复审通知书作出答复时，可以修改专利申请文件；但是，修改应当仅限于消除驳回决定或者复审通知书指出的缺陷。(2) 复审请求人依法在规定的时间内提交了相应的文件后，专利复审委员会应当将受理的复审请求书转交国务院专利行政部门原审查部门进行审查。原审查部门根据复审请求人的请求，同意撤销原决定的，专利复审委员会应当据此作出复审决定，并通知复审请求人。专利复审委员会进行复审后，认为复审请求不符合专利法及其实施细则有关规定的，应当通知复审请求人，要求其在指定期限内陈述意见。期满未答复的，该复审请求视为撤回；经陈述意见或者进行修改后，专利复审委员会认为仍不符合专利法及其实施细则有关规定的，应当作出维持原驳回决定的复审决定；专利复审委员会进行复审后，认为原驳回决定，不符合专利法及其实施细则有关规定的，或者认为经过修改的专利申请文件消除了原驳回决定指出的缺陷的，应当撤销原驳回决定，由原审查部门继续进行审查程序。(3) 复审请求人在专利复审委员会作出决定前，可以撤回其复审请求。如果复审请求人在专利复审委员会作出决定前撤回其复审请求的，复审程序终止。(4) 专利申请人对专利复审委员会的复审决定不服的，可以自收到通知之日起 3 个月内向人民法院起诉。

4.2.6 农业专利权的无效宣告

【条件】根据《专利法》第 45 条规定，自国务院专利行政部门公告授予专利权之日起，任何单位或者个人认为该专利权的授予不符合本法有关规定的，可以请求专利复审委员会宣告该专利权无效。对于“认为该专利权的授予不符合本法有关规定”的情形，主要为两点：一是违反《专利法》规定的发明、实用新型和外观设计专利授权条件的情形。二是权利要求解释不明确的情形。根据《专利侵权解释（二）》第 3 条的规定，因明显违反《专利法》第 26 条第 3 款、第 4 款导致说明书无法用于解释权利要求，且不属于本解释第四条规定的情形，专利权因此被请求宣告无效的，审理侵犯专利权纠纷案件的人民法院一般应当裁定中止诉讼；在合理期限内专利权未被请求宣告无效的，人民法院可以根据权利要求的记载确定专利权的保护范围。

【申请文件】对于宣告无效的申请需要提供的文件，《专利法实施细则》第 65 条规定，依照《专利法》第 45 条的规定，请求宣告专利权无效或者部分无效的，应当向专利复审委员会提交专利权无效宣告请求书和必要的证据一式两份。无效宣告请求书应当结合提交的所有证据，具体说明无效宣告请求的理由，并指明每项理由所依据的证据。

【溯及力】《专利法》第 47 条规定，宣告无效的专利权视为自始即不存在。宣告专利权无效的决定，对在宣告专利权无效前人民法院作出并已执行的专利侵权的判决、调解书，已经履行或者强制执行的专利侵权纠纷处理决定，以及已经履行的专利实施许可合同和专利权转让合同，不具有追溯力。但是因专利权人的恶意给他人造成的损失，应当给予赔偿。依照前款规定不返还专利侵权赔偿金、专利使用费、专利权转让费，明显违反公平原则的，应当全部或者部分返还。

【程序】《专利法》第 46 条第 1 款规定，专利复审委员会对宣告专利权无效的请求应当及时审查和作出决定，并通知请求人和专利权人。宣告专利权无效的决定，由国务院专利行政部门登记和公告。

【司法救济】《专利法》第 46 条第 2 款规定，对专利复审委员会宣告专利权无效或者维持专利权的决定不服的，可以自收到通知之日起 3 个月内向人民法院起诉。人民法院应当通知无效宣告请求程序的对方当事人作为第三人参加诉讼。

【无效宣告的撤回】《专利法实施细则》第 72 条规定，专利复审委员会对无效宣告的请求作出决定前，无效宣告请求人可以撤回其请求。专利复审委员会作出决定之前，无效宣告请求人撤回其请求或者其无效宣告请求被视为撤回的，无效宣告请求审查程序终止。但是，专利复审委员会认为根据已进行的审查工作能够作出宣告专利权无效或者部分无效的决定的，不终止审查程序。

4.3 农业专利权的内容与限制

4.3.1 农业专利权的内容

【制造权】指专利权人自己生产、制造专利文件中记载的专利产品，以及禁止他人未经许可将该专利制造成该产品，或者制造成与该产品相同的产品的权利。制造权是一种独占性的权利。《专利法》第 11 条第 1 款规定，发明和实用新型专利权被授予后，除本法另有规定的以外，任何单位或者个人未经专利权人许可，都不得实施其专利，即不得为生产经营目的制造其专利产品。《专利法》第 11 条第 2 款规定，外观设计专利权被授予后，任何单位或者个人未经专利权人许可，都不得实施……其专利，即不得为生产经营目的制造其外观设计专利产品。

【使用权】指对一件产品或者一个方法专利使用的权利。使用权具有一定限制，表现在使用权用尽的情形，以及非为生产经营而实施的善意的使用行为。《专利法》第 11 条第 1 款规定，发明和实用新型专利权被授予后，除本法另有规定的以外，任何单位或者个人未经专利权人许可，都不得实施其专利，即不得为生产经营目的的使用……其专利产品，或者使用其专利方法以及使用……依照该专利方法直接获得的产品。

【许诺销售权】指明确表示出愿意出售一种专利产品的行为。比如说，通过在商店内陈列或在展销会上进行演示、将产品列入销售订单或拍卖清单、列入推销广告，或者以任何口头的、书面的或其他的方式向特定或非特定的人明确表示对其出售某种产品的意愿。该许诺销售的权利，可以使专利权人在商业交易实际发生前及时制止侵权，将侵权行为扼杀在“侵权可能”或“即发侵权”的阶段，防止侵权产品的传播，防止专利权人因侵权而蒙受损失的发生与扩大。《专利法》第 11 条第 1 款规定，发明和实用新型专利权被授予后，除本法另有规定的以外，任何单位或者个人未经专利权人许可，都不得实施其专利，即不得为生产经营目的……许诺销售……其专利产品，或者……许诺销售依照该专利方法直接获得的产品。《专利法》第 11 条第 2 款规定，外观设计专利权被授予后，任何单位或者个人未经专利权人许可，都不得实施其专利，即不得为生产经营目的……许诺销售……其外观设计专利产品。

【销售权】对专利产品进行销售，将产品的所有权按市场价格从一个单位或者个人转移到另一个单位或个人上的权利。专利权人有权销售其专利产品或者有权销售依照其专利方法直接获得的产品，且有权制止他人未经许可，以生产经营为目的，销售其专利产品或依照其专利方法直接获得的产品。《专利法》第 11 条第 1 款规定，发明和实用新型专利权被授予后，除本法另有规定的以外，任何单位或者个人未经专利权人许可，都不得实施其专利，即不得为生产经营目的销售其专利产品，或者使用其专利方法以及销售依照该专利方法直接获得的产品。《专利法》第 11 条第 2 款规定，外观设计专利权被授予后，任何单位或者个人未经专利权人许可，都不得实施其专利，即不得为生产经营目的销售其外观设计专利产品。此外，根据《专利法》第 70 条的规定，为生产经营目的的使用、许诺销售或者销售不知道是未经专利权人许可而制造并售出的专利侵权产品，能证明该产品合法来源的，不承担赔偿责任。《专利侵权解释（二）》第 25 条规定，为生产经营目的使用、许诺销售或者销售不知道是未经专利权人许可而制造并售出的专利侵权产品，且举证证明该产品合法来源的，对于权利人请求停止上述使用、许诺销售、销售行为的主张，人民法院应予支持，但被诉侵权产品的使用者举证证明其已支付该产品的合理对价的除外。本条第 1 款所称不知道，是指实际不知道且不应当知道。本条第 1 款所称合法来源，是指通过合法的销售渠道、通常的买卖合同等正常商业方式取得产品。对于合法来源，使用者、许诺销售者或者销售者应当提供符合交易习惯的相关证据。《专利侵权解释》第 12 条第 1 款规定，将侵犯发明或者实用新型专利权的产品作为零部件，制造另一产品的，人民法院应当认定属于《专利法》第 11 条规定的使用行为；销售该另一产品的，人民法院应当认定属于《专利法》第 11 条规定的销售行为。《专利侵权解释》第 12 条第 2 款规定，侵犯外观设计专利权的产品作为零部件，制造另一产品并销售的，人民法院应当认定属于《专利法》第 11 条规定的销售行为，但侵犯外观设计专利权的产品在该另一产品中仅具有技术功能的除外。

【进口权】专利权人有权阻止他人未经许可，为生产经营目的进口其专利产品，或依照其专利方法直接获得的产品，以及进口使用或体现其外观设计专利的产品。进口权控制的是产品的进口，而不是专利的进口。根据《专利法》第11条第1款规定，发明和实用新型专利权被授予后，除本法另有规定的以外，任何单位或者个人未经专利权人许可，都不得实施其专利，即不得为生产经营目的进口其专利产品，或者使用其专利方法以及进口依照该专利方法直接获得的产品。《专利法》第11条第2款规定，外观设计专利权被授予后，任何单位或者个人未经专利权人许可，都不得实施其专利，即不得为生产经营目的进口其外观设计专利产品。

【许可实施权】专利权人可以自己实施也可以许可他人实施其专利。《专利法》第12条规定，任何单位或者个人实施他人专利的，应当与专利权人订立实施许可合同，向专利权人支付专利使用费。被许可人无权允许合同规定以外的任何单位或者个人实施该专利。根据许可实施的范围不同，专利实施许可的类型包括：独占许可、排他许可、普通许可、分许可、交叉许可和专利池许可。（1）独占许可。许可方授予被许可方在许可合同所规定的期限、地区或领域内的使用权。许可方不可以将该项专利技术的同一内容再许可给第三方。根据《最高人民法院关于对诉前停止侵犯专利权行为适用法律问题的若干规定》第1条，专利实施许可合同的被许可人中，独占实施许可合同的被许可人可以单独向人民法院提出申请。（2）排他许可。许可方在一定地域以及合同有效期内，对被许可使用的专利技术享有排他的使用权。许可方不得把该专利技术再许可给第三方使用，但许可方自己有权在该地域内使用该项技术。（3）普通许可。专利权人在合同规定的地域和时间内许可他人实施其专利，同时也保留许可第三人实施该专利的权利。（4）分许可。许可方与被许可方在合同规定的时间和地域内允许被许可方使用其专利，且在使用专利的同时，被许可方还可以以自己的名义，再许可第三方使用该专利。在这里，被许可人与第三人之间实施的许可，即分许可。（5）交叉许可。交易各方将各自拥有的专利、专有技术的使用权相互许可使用，互为技术供方和受方。（6）专利池许可。两个或两个以上的专利权人达成协议，相互间交叉许可或共同向第三方许可其专利的联营性组织。专利池通常是由某一技术领域内多家掌握核心专利技术的厂商通过协议结成，各成员拥有的核心专利是其进入专利池的入场券。专利池依据其是否进行对外许可，可以分为开放式专利池和封闭式专利池。开放式专利池成员之间，以各自专利相互交叉授权，对外则由专利池统一进行许可。封闭性专利池只在专利池内部成员间交叉许可，不统一对外许可。如今，开放式专利池是现代专利池的主流，它对外许可方式通常为一站式打包许可，即将所有的必要专利，捆绑在一起对外许可，并且一般采用统一的许可费标准，许可费收入按照各成员所持必要专利的数量比例进行分配。专利池对外的专利许可事宜一般委托专利池成员代理，有些会授权专设的独立实体机构来实施，有的专利池同时也允许其成员单独对外进行专利许可。随着技术标准与知识产权的日益结合，这些技术标准中核心专利的持有人，往往会结成专利池以解决复杂的专利授权问题。

【转让权】专利申请人和专利权人对其专利申请权和专利权进行转让的权利。《专利法》第 10 条规定，专利申请权和专利权可以转让。对于申请权的转让，转让后受让人成为新的专利申请权人，继受取得原专利申请权人的全部权利和义务。对于专利权的转让，专利权是依法取得的财产权利，专利权人可以按照自己的意愿依法处分其专利权。专利权转让后，专利权的主体变更，受让人成为新的专利权人，对取得专利的发明创造，享有独占权；同时应履行专利权人的义务。专利申请权和专利权被转让后，原来的申请人或专利权人不再享有申请权或专利权。根据《专利法》第 10 条第 2 款和第 3 款，中国单位或者个人向外国人、外国企业或者外国其他组织转让专利申请权或者专利权的，应当依照有关法律、行政法规的规定办理手续。转让专利申请权或者专利权的，当事人应当订立书面合同，并向国务院专利行政部门登记，由国务院专利行政部门予以公告。专利申请权或者专利权的转让自登记之日起生效。

【标记权】专利权人为了宣传自己的企业、取信市场或者防止制止侵权，有权自己或要求被许可人在其专利产品或该产品的包装上标明专利标记和专利号。《专利法》第 17 条第 2 款规定，专利权人有权在其专利产品或者该产品的包装上标明专利标识。要注意，如果在非专利产品或者该产品的包装上标注专利标记，或者标注该产品是专利方法所制造，就是将非专利产品冒充专利产品，将非专利方法冒充专利方法，构成冒充专利的行为，管理专利的部门可以依照《专利法》第 63 条的规定予以处罚。如果仿制专利权人的专利产品，并且在仿制的产品上标注该专利权人的专利标记或者专利号，就构成了假冒他人专利的行为。

4.3.2 农业专利权的限制

【强制许可】为了让专利能够被正确有效地实施起来，法律规定当专利权人不实施某些专利时，国务院专利行政部门可以依法不经专利权人的同意，直接许可具备实施条件的申请者实施发明或实用新型专利。根据《专利法》第 56 条规定，取得实施强制许可的单位或者个人不享有独占的实施权，并且无权允许他人实施。《专利法》第 57 条规定，取得实施强制许可的单位或者个人应当付给专利权人合理的使用费，或者依照中华人民共和国参加的有关国际条约的规定处理使用费问题。付给使用费的，其数额由双方协商；双方不能达成协议的，由国务院专利行政部门裁决。强制许可的实施条件具体包括：期满未实施或未充分实施其专利的情形，或者专利权人具有垄断行为的情形，或者以保护公共利益为目的的情形。

首先，根据《专利法》第48条第1款的规定，有下列情形之一的，国务院专利行政部门根据具备实施条件的单位或者个人的申请，可以给予实施发明专利或者实用新型专利的强制许可：（1）专利权人自专利权被授予之日起满3年，且自提出专利申请之日起满4年，无正当理由未实施或者未充分实施其专利的；（2）专利权人行使专利权的行为被依法认定为垄断行为，为消除或者减少该行为对竞争产生的不利影响的。在该条款第（1）项中所称“未充分实施其专利”，根据《专利法实施细则》第73条的规定，是指专利权人及其被许可人实施其专利的方式或者规模不能满足国内对专利产品或者专利方法的需求。而该条款中所称的“垄断行为”，按照我国反垄断法的规定，包括三类：一是经营者达成垄断协议；二是经营者滥用市场支配地位；三是具有或者可能具有排除、限制竞争效果的经营者集中。我国《反垄断法》第55条规定，经营者依照有关知识产权的法律、行政法规规定行使知识产权的行为，不适用反垄断法；但是，经营者滥用知识产权，排除、限制竞争的行为，适用反垄断法。

其次，以保护公共利益为目的，《专利法》第49条规定，在国家出现紧急状态或者非常情况时，或者为了公共利益的目的，国务院专利行政部门可以给予实施发明专利或者实用新型专利的强制许可。国家出现紧急状态或者非常情况一般表现为战争的爆发、爆发大规模疫病、发生严重自然灾害等。《专利法》第50条规定，为了公共健康目的，对取得专利权的药品，国务院专利行政部门可以给予制造并将其出口到符合中华人民共和国参加的有关国际条约规定的国家或者地区的强制许可。

最后，对于该强制许可的申请，根据《专利法实施细则》第74条的规定，请求给予强制许可的，应当向国务院专利行政部门提交强制许可请求书，说明理由并附具有关证明文件。国务院专利行政部门应当将强制许可请求书的副本送交专利权人，专利权人应当在国务院专利行政部门指定的期限内陈述意见；期满未答复的，不影响国务院专利行政部门作出决定。国务院专利行政部门在作出驳回强制许可请求的决定或者给予强制许可的决定前，应当通知请求人和专利权人拟作出的决定及其理由。国务院专利行政部门依照《专利法》第50条的规定作出给予强制许可的决定，应当同时符合中国缔结或者参加的有关国际条约关于为了解决公共健康问题而给予强制许可的规定，但中国作出保留的除外。

【从属许可】根据《专利法》第51条规定，一项取得专利权的发明或者实用新型比前已经取得专利权的发明或者实用新型具有显著经济意义的重大技术进步，其实施又有赖于前一发明或者实用新型的实施的，国务院专利行政部门根据后一专利权人的申请，可以给予实施前一发明或者实用新型的强制许可。在依照前款规定给予实施强制许可的情形下，国务院专利行政部门根据前一专利权人的申请，也可以给予实施后一发明或者实用新型的强制许可。

【计划许可】国家有关行政机构本着公共利益的目的，可以不经专利权人同意对某些重大发明创造有目的、有计划地安排实施的权利。其目的是迅速推广先进的专利技术，促进整个国民经济的发展。《专利法》第14条第1款规定，国有企业事业单位的发明专利，对国家利益或者公共利益具有重大意义的，国务院有关主管部门和省、自治区、直辖市人民政府报经国务院批准，可以决定在批准的范围内推广应用，允许指定的单位实施，由实施单位按照国家规定向专利权人支付使用费。

4.4 农业专利权的终止

【保护期届满的终止】发明专利超过20年，实用新型专利和外观设计专利超过10年，该专利权终止。根据《专利法实施细则》第118条规定，专利权期限届满依法终止的，专利局应当通知专利权人，并在专利登记簿上予以登记，在专利公报上予以公告。专利申请案卷存入失效案卷库管理，并且至少再保存3年。3年后不予以保存。

【未缴年费的终止】如果保护期未届满，但由于权利人在一定期限内未能合理履行缴纳年费的义务，或者主动放弃专利权的，专利权也会归于消灭。对于没有按照规定缴纳年费的终止，专利局会发出缴费通知书，通知专利权人补缴本年度的年费及滞纳金后，专利权人在专利年费滞纳期满仍未缴纳或者缴足本年度年费和滞纳金的，专利权自上一年度期满之日起终止。因未按照规定缴纳年费专利权终止的，自滞纳期满起两个月内在专利登记簿上登记并在专利公报上予以公告，专利局不再另行通知专利权人。因未缴纳专利年费导致专利权终止的，不得依据《专利法实施细则》第7条第2款的规定办理恢复权利的手续，但因不可抗力耽误缴费导致专利权终止的除外。

【声明放弃专利权的终止】专利权人以书面声明主动放弃其专利权的，专利权终止。放弃专利权的，应当使用专利局统一制定的表格书面提出放弃专利权声明。如果放弃专利权，只允许放弃全部专利权，不允许放弃部分专利权。一件专利有两名以上的专利权人时，放弃专利权应当取得全体专利权人的同意，并在声明或其他文件上签章。两名以上的专利权人中，有一个或者部分专利权人要求放弃专利权的，应当通过办理著录项目变更手续，改变专利权人。放弃专利权的声明批准以后，专利局将在专利登记簿上登记并在专利公报上公告。该声明自登记公告后生效。

4.5　农业专利权的保护

4.5.1　农业专利侵权

【农业专利侵权】 在专利权有效期限内，行为人未经专利权人许可且无法律依据以营利为目的实施他人专利的行为。对于专利侵权的判断，主要法律依据为《专利法》《专利纠纷规定》《专利侵权解释》和《专利侵权解释（二）》。对于被控侵权技术方案是否落入专利权保护要求的范围，《专利法》第59条第1款规定，发明或实用新型专利权的保护范围以其权利要求的内容为准，说明书及附图可以用于解释权利要求的内容。因此，在判断是否出现专利侵权时，可首先对被控侵权的技术方案进行技术特征的分解。接着，可以依照原告的专利权利要求书对专利技术方案进行技术特征分解，确定其权利要求书中包含的全部的技术特征。最后，通过上述方式明确被侵权的专利的全部保护范围，将该保护范围与被控侵权的技术方案中的全部技术特征进行技术特征的对比，依据相应的判断标准和原则（全面覆盖原则，等同原则，禁止反悔原则）判断是否有侵权行为。

4.5.2　农业发明、实用新型专利侵权的判断标准

【全面覆盖原则及其例外】 全面覆盖原则要求权利要求书中记载的全部技术特征一个都不少地出现在被控侵权的技术方案之中，达到技术特征的全面覆盖。根据《专利纠纷规定》第17条第1款的规定，《专利法》第59条第1款所称的“发明或者实用新型专利权的保护范围以其权利要求的内容为准，说明书及附图可以用于解释权利要求的内容”，是指专利权的保护范围应当以权利要求记载的全部技术特征所确定的范围为准，也包括与该技术特征相等同的特征所确定的范围。因此全面覆盖，可以是字面上的全面覆盖，即将被控侵权的技术方案与现行有效的专利技术方案进行对比，从字面上看被控侵权的技术方案中的全部技术特征是否直接落入了有效专利的权利要求书中字面描述的范畴。比如，当甲的某项专利的全部技术特征的总和是 a + b + c + d 时，如果被控侵权的乙的专利的全部技术特征也是 a + b + c + d，根据全面覆盖原则，乙侵犯了甲的专利权。

根据《专利侵权解释（二）》第7条的规定，被诉侵权技术方案在包含封闭式组合物权利要求全部技术特征的基础上增加其他技术特征的，人民法院应当认定被诉侵权技术方案未落入专利权的保护范围，但该增加的技术特征属于不可避免的常规数量杂质的除外。前款所称封闭式组合物权利要求，一般不包括中药组合物权利要求。

【等同原则】被控侵权的技术方案和被侵权的权利要求书中所描述的技术方案在实质内容上造成等同，则会导致对专利权的侵犯。等同原则也是全面覆盖原则的一种表现。根据《专利纠纷规定》第17条第2款，等同特征，是指与所记载的技术特征以基本相同的手段，实现基本相同的功能，达到基本相同的效果，并且本领域普通技术人员在被诉侵权行为发生时无须经过创造性劳动就能够联想到的特征。因此，如果将被控侵权的技术方案与被侵权的技术方案进行比较，即使被控侵权的技术方案没有落入被侵权的技术方案的专利权利要求书中的字面描述的保护范畴，但是被控侵权的技术方案和被侵权的权利要求书中所描述的技术方案相比，二者在手段、实现的基本功能、达到的基本效果都相同，且具有普通联想性，则二者达到了等同的程度。在实际的等同情况中，会出现以下几种不同的等同：（1）部件移位。一个产品的某个部件出现了简单的移位，或者方法步骤顺序出现了简单的变换，领域内的普通技术人员可以认定二者无本质区别。（2）等同替换。两个相对应的技术特征，因起到的作用或效果基本相同而进行的相互替换。（3）部件分解。被控侵权的专利产品中的某一项技术特征，是被侵权的专利产品或方法的某一项技术特征的分解。（4）部件合并。被控侵权的专利产品中的某一项技术特征，是被侵权的专利产品或方法的某两项或多项技术特征合并得来的。

【捐献原则】根据《专利侵权解释》第5条规定，对于仅在说明书或者附图中描述而在权利要求中未记载的技术方案，权利人在侵犯专利权纠纷案件中将其纳入专利权保护范围的，人民法院不予支持。专利权的保护范围是以权利要求为准的，因此，只记载在说明书中，而未记载在权利要求中的技术方案，无法视为落入专利权的保护范围。仅在说明书或者附图中描述的方案，将被视为权利人捐献给了社会。

【禁止反悔原则及其例外】根据《专利侵权解释》第6条规定，专利申请人、专利权人在专利授权或者无效宣告程序中，通过对权利要求、说明书的修改或者意见陈述而放弃的技术方案，权利人在侵犯专利权纠纷案件中又将其纳入专利权保护范围的，人民法院不予支持。根据《专利侵权解释（二）》第13条规定，权利人证明专利申请人、专利权人在专利授权确权程序中对权利要求书、说明书及附图的限缩性修改或者陈述被明确否定的，人民法院应当认定该修改或者陈述未导致技术方案的放弃。

【其他标准】根据《专利侵权解释（二）》第9条规定，被诉侵权技术方案不能适用于权利要求中使用环境特征所限定的使用环境的，人民法院应当认定被诉侵权技术方案未落入专利权的保护范围。根据《专利侵权解释（二）》第10条规定，对于权利要求中以制备方法界定产品的技术特征，被诉侵权产品的制备方法与其不相同也不等同的，人民法院应当认定被诉侵权技术方案未落入专利权的保护范围。根据《专利侵权解释（二）》第12条规定，权利要求采用“至少”“不超过”等用语对数值特征进行界定，且本领域普通技术人员阅读权利要求书、说明书及附图后认为专利技术方案特别强调该用语对技术特征的限定作用，权利人主张与其不相同的数值特征属于等同特征的，人民法院不予支持。

4.5.3 外观设计专利权侵权的判断标准

【专利法的规定】《专利法》第59条第2款规定，外观设计专利权的保护范围以表示在图片或者照片中的该产品的外观设计为准，简要说明可以用于解释图片或者照片所表示的该产品的外观设计。

【司法解释的规定】对于外观设计专利侵权的判断，根据《专利侵权解释》第8条和第9条的规定，应在此基础上满足两个条件：第一，被控侵权的外观设计使用的产品应与专利外观设计使用的产品达到用途上的相同或者类似。第二，被控侵权的外观设计与专利外观设计在整体视觉效果上要“相同”或者“实质性相似”。根据《专利侵权解释》第10条和第11条，判断整体效果上是否相同或实质性相似，需要以“一般水平的购买者”的注意力为标准。此外，外观设计专利经常以成套的形式出现，对于成套产品的外观设计专利侵权应考虑以下几点：第一，根据《专利侵权解释（二）》第15条，对于成套产品的外观设计专利，被诉侵权设计与其一项外观设计相同或者近似的，人民法院应当认定被诉侵权设计落入专利权的保护范围。第二，根据《专利侵权解释（二）》第16条，对于组装关系唯一的组件产品的外观设计专利，被诉侵权设计与其组合状态下的外观设计相同或者近似的，人民法院应当认定被诉侵权设计落入专利权的保护范围。对于各构件之间无组装关系或者组装关系不唯一的组件产品的外观设计专利，被诉侵权设计与其全部单个构件的外观设计均相同或者近似的，人民法院应当认定被诉侵权设计落入专利权的保护范围；被诉侵权设计缺少其单个构件的外观设计或者与之不相同也不近似的，人民法院应当认定被诉侵权设计未落入专利权的保护范围。第三，对于变化状态产品的外观设计专利，根据《专利侵权解释（二）》第17条，被诉侵权设计与变化状态图所示各种使用状态下的外观设计均相同或者近似的，人民法院应当认定被诉侵权设计落入专利权的保护范围；被诉侵权设计缺少其一种使用状态下的外观设计或者与之不相同也不近似的，人民法院应当认定被诉侵权设计未落入专利权的保护范围。

4.5.4 专利侵权抗辩

【现有技术抗辩】当被控侵权人能够证明其实施的技术或设计是属于现有技术或现有设计的，不构成侵犯专利权。

【专利权用尽抗辩】根据《专利法》第69条第（1）项，当专利权人或者被许可人将专利产品首次出售后，他人再次使用、许诺销售、销售或者进口该产品的，不构成侵权。

【先用权抗辩】根据《专利法》第69条第（2）项，当被诉侵权的人能够证明自己是先用权人，在专利申请日前已经制造相同产品、使用相同方法或者已经作好制造、使用的必要准备，并且仅在原有范围内继续制造、使用的，不视为侵权。

【临时过境原则抗辩】根据《专利法》第69条第（3）项的规定，临时通过中国领陆、领水、领空的外国运输工具，依照其所属国同中国签订的协议或者共同参加的国际条约，或者依照互惠原则，为运输工具自身需要而在其装置和设备中使用有关专利的，不视为侵权。

【"专为"科学研究和实验的抗辩】根据《专利法》第69条第（4）项的规定，专为科学研究和实验而使用有关专利的，不视为侵权。

【"Bolar"抗辩】根据《专利法》第69条第（5）项，为提供行政审批所需要的信息，制造、使用、进口专利药品或者专利医疗器械的，以及专门为其制造、进口专利药品或者专利医疗器械的，不视为侵权。

【合法来源抗辩】根据《专利法》第70条，为生产经营目的使用、许诺销售或者销售不知道是未经专利权人许可而制造并售出的专利侵权产品，能证明该产品合法来源的，不承担赔偿责任。

【国家利益、公共利益的抗辩】根据《专利侵权解释（二）》第26条，被告构成对专利权的侵犯，权利人请求判令其停止侵权行为的，人民法院应予支持，但基于国家利益、公共利益的考量，人民法院可以不判令被告停止被诉行为，而判令其支付相应的合理费用。

4.6 转基因动植物专利

【转基因动植物】从生物学角度上看，转基因动物，是指把外源基因整合或导入动物染色体基因中，让其持续稳定地繁殖，从而产生出新的动物品种。转基因植物，是指在体外将目的基因插入质粒或其他载体分子中构成遗传物质的新组合，并导入原先没有这类基因的植物宿主细胞内，让其持续稳定地繁殖，使目的基因在宿主细胞内表达，从而产生出新的植物品种。比如在烟草体内植入萤火虫的发光基因，该烟草就具备了类似萤火虫的荧光辐射机能。根据《专利审查指南》第二部分第十章第9.1.2.4节，转基因动物或植物是通过基因工程的重组DNA技术等生物学方法得到的动物或植物。其本身仍然属于本部分第一章第4.4节定义的"动物品种"或"植物品种"的范畴，根据《专利法》第25条第1款第（4）项规定，不能授予专利权。对此也有学者提出争议，认为该定义将基因工程方法和传统生物方法等同，应将转基因技术和传统生物方法进行区分，使其符合专利审查标准。

【转基因动植物品种生产方法专利权的限制】该限制体现于专利权的权利用尽。我国相关法律规定动植物发明只能申请品种权保护，不能申请专利保护，但如今生物技术发展迅速，基因工程广泛介入农业领域，动植物的育种者可以通过两种途径保障其自身的专利权，保障其生产的动植物品种。一种是通过申请品种权直接保护所申请的植物品种；第二种是通过申请生产植物品种方法的发明专利权，但植物品种本身得不到专利保护。对于第一种途径，我国只对列在植物品种保护名录中的植物进行品种权保护，对于未列在植物品种保护名录中的品种，一般只能通过申请品种生产方法专利权的形式间接进行保护。因此，一个通过转基因手段完成的植物新品种，有可能同时获得生产植物品种方法的发明专利权和品种权的保护。如此，相关专利权的权利用尽原则就需要得到讨论。在转基因动植物领域的专利权用尽问题上，我国目前并没有明确的方法，美国联邦最高法院坚持以合理补偿和首次销售理论为基础界定专利权的用尽，对“专利产品的使用”与“专利产品的制造与复制”予以区分的方法可作为借鉴。

➢ Monsanto Co. v. Scruggs 案

原告 Monsanto 公司要求所有抗农达大豆和抗农达棉花的种植者签订许可协议，协议规定包含专利技术的种子仅供种植者一次商业性种植，禁止将种子转让给第三人和再次种植，禁止研究和试验豁免，并支付技术费。被告 Scruggs 购买了抗农达大豆和棉花种子但未签订许可协议。Scruggs 种植该种子后利用收获的大豆和棉花种子进行了二次种植，Monsanto 后诉 Scruggs 侵犯了其专利。

法院判被告 Scruggs 败诉。案中 Monsanto 公司未将二代种子销售给 Scruggs，因此对于 Scruggs 种植出的二代种子并未用尽专利权。法院认为，“一项能够自体复制的专利技术不能给予购买者利用这些复制技术的权利。如果将首次销售原则应用于能够自体复制技术的后代，那么专利权人的权利也就随之摘除了”。因此，基于该案中不存在没有条件限制的首次销售，被告的专利权的首次销售用尽原则的抗辩不成立。专利产品的自体复制因未出现首次销售不会导致专利权用尽。

➢ Bowman v. Monsanto 案

Monsanto 公司发明了一种具有抗草甘膦的抗农达大豆并获得了专利保护。该公司与购种农民（其中包括 Bowman）签订了技术协议，规定购种农民只能种植一季，可以消费和出售收获的大豆，但不能留种用于再次种植。Bowman 每年从 Monsanto 公司手上购买抗农达大豆种子用于第一期种植，并根据技术协议将其收获的大豆全部销售到当地的谷物加工商。同时因各种成本和风险原因，Bowman 从当地谷物加工商处购买用于人和动物消费的商品大豆进行种植，通过喷洒草甘膦除草剂，消除杂草和不含有抗草甘膦的大豆，筛选出具有抗农达技术特征的大豆种子，用于第二年的晚季种植。该行为持续了 8 年并被 Monsanto 公司发现。Monsanto 公司起诉 Bowman，指控其种植商品大豆的行为侵犯其专利权。

法院认为，专利产品的购买人不能通过专利产品的购买，获得构造另一个专利产品供自己使用或出售给其他人使用的权利，也不能获得重构专利产品的权利，否则即侵犯专利权。Bowman 可以转售其从谷物加工商处购买的商品大豆，也可以用来食用或者喂养牲口，作为专利权人的 Monsanto 均无权干涉。但如果 Bowman 将买回家的商品大豆在其认为最好的时节种植在土地上，喷洒草甘膦消除杂草，收获比种子更多的大豆，就属于制造新的专利产品，是对 Monsanto 发明专利的复制，构成专利侵权。农户将购买的专利大豆留种种植之行为不适用专利权用尽原则。

5　农业商标权

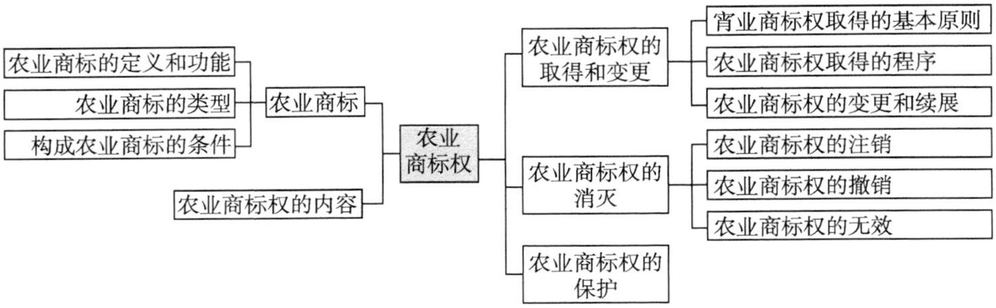

图 5－1　农业商标权内容导读

5.1　农业商标

5.1.1　农业商标的定义和功能

【定义】农业商标，指农业领域内用于区别不同商品或者服务来源的一切商业标志。TRIPS 协定第 15 条第（1）项规定，任何标记或标记的组合，只要能够将一企业的货物和服务区别于其他企业的货物或服务，即能够构成商标。我国《商标法》第 8 条对商标作出了相似的定义，任何能够将自然人、法人或者其他组织的商品与他人的商品区别开的标志，包括文字、图形、字母、数字、三维标志、颜色组合和声音等，以及上述要素的组合，均可以作为商标申请注册。

【功能】商标的传统功能主要是防止不同商标之间的混淆，如今随着经济贸易的不断发展，商标不仅是一个标志，还包含了巨大的商业价值。商标可以产生指示商品或者服务的来源和质量，降低消费者搜寻成本，彰显消费者个性等功能，也可以同时增加经营者对于商标的财产性投入，成为经营者的无形资产。农业商标也具有商标的上述功能。我国土地辽阔，农业资源丰富，农业市场广阔，通过商标的设计、注册和使用可以提高农业领域的商品或者服务在消费者眼中的辨识度以及在市场中的竞争力和占有率，使得农业领域的商品或者服务在强有力的法律制度保护下保持创新与发展的动力，由地方走向全国，由全国走向世界。对农业商标的注册使用和农业商标权的宣传保护加以重视，才能为我国迅速增强农业科技自主创新能力和核心竞争力，为转变农业发展方式、突破资源环境约束、加快现代农业建设奠定重要的实践基础。

5.1.2　农业商标的类型

【商品商标与服务商标】商品商标是使用于商品上，即将商品贴附于商品或商品的包装、容器、交易文书、标签等之上，用于识别经营者提供的商品的商标。服务商标是经营者为将自己提供的服务与他人的服务相区别而使用的商标。农业作为第一产业，其涉及的农业商标以商品商标与服务商标进行分类，主要表现为农产品和加工农产品商标，以及涉农服务商标两大类别。可见农业商标和传统商标相同，可以分为商品和服务两大类别，但其亦具有由农产品本身特点所决定的特殊性。农产品的生产，会受到其生产地的土壤、气候、环境和加工工艺的影响，其范围广泛、种类繁多，究其产品类别，可以分成农产品和加工农产品商标、可食用和不可食用农产品商标以及涉农服务商标。

【农产品和加工农产品商标】（1）农产品商标，是商品商标的一种，是指初级农业产品生产者在初级农业产品上使用的，用以区别初级农产品来源的标记。根据《农产品质量安全法》第 2 条，农产品是指来源于农业的初级产品，即在农业活动中获得的植物、动物、微生物及其产品。根据《财政部、国家税务总局关于调整农业产品增值税税率和若干项目征免增值税的通知》（[94] 财税字第4号）中的《农业产品征税范围注释》，农业产品是指种植业、养殖业、林业、牧业、水产业生产的各种植物、动物的初级产品。此外，《关税与贸易总协定》附件九注释和补充规定中亦规定所称“初级产品”包括农产品在内。因此，在前述初级农产品上使用的商标即农产品商标，其中包含了植物、动物、微生物及其产品的商标，不包括经过相对复杂的工艺加工的各类产品的商标。比如，植物类的粮食、动物类的水产品、畜牧产品等都属于初级农产品。其中，对于初级农产品的初级加工而产生的农产品，亦包含在初级农产品的范围内。比如，面皮、米粉等粮食复制品等。该初级加工程序，主要是为便于初级农产品的使用和销售而进行的原始、简单、初级的处理，不属于相关法律规定中认定的加工农产品的范畴。据此，前述的在初级农产品上使用的用以区别产品来源的标记即为农产品商标。

（2）加工农产品商标，也是商品商标的一种，是指利用相对复杂的加工工艺及技术进行了精深加工的农产品上使用的，用以区别此类加工农产品来源的标记。此类农产品没有明确的法律定义，但亦可以通过对于初级农产品的定义和列明的类别进行排除性归类。例如，根据《农业产品征税范围注释》的规定，以粮食为原料加工的速冻食品、方便面、副食品和各种熟食品；蔬菜类别中的各种蔬菜罐头等产品不符合初级农产品的范围。据此，上述加工农产品上使用的用以区别产品来源的标记即为加工农产品商标。但是在具体的农产品生产和加工的程序中，对初级和加工农产品的范围在法律概念上的界定仍然是较为模糊的。在对最原始的初级农产品进行的实际制造或加工程序中，初级农产品和加工农产品容易产生范围上的交叉和重叠，目前没有一个统一的标准进行区分。

在国际上的相关法律文件中，WTO 的《农业协议》的附件 1 中采取详细列举的方式确定了所适用的农产品范围，这个范围包括《商品名称及编码协调制度》第 1 ~24 章所列的全部产品以及这 24 章以外的甘露、糖醇、山梨醇、精油和生丝等十余类产品。我国作为 WTO 的成员方和《尼斯协定》的缔约方，根据《农业协议》的规定，农产品在《尼斯协定》里主要集中在第 29—34 类中，如 30 类（咖啡、茶、可可、食盐等产品类）、31 类（新鲜水果和蔬菜、未加工谷物、未出售木材等产品类）、32 类（啤酒、矿泉水和汽水以及其他不含酒精的饮料等产品类）、33 类（含酒精的饮料类）和 34 类（烟草类）。

【可食用和不可食用农产品商标】以一般性质进行分类，即以消费者的角度判断农产品是否可食用为标准的，可以将农产品划分为可食用农产品和不可食用农产品两大类，将农业商标分为可食用农产品商标和不可食用农产品商标。如植物类的谷物、豆类、水果、蔬菜等；动物类的各种畜禽及加工品、水产动物及其加工品等，均为可食用农产品。不可食用类农产品包括林木、花卉、精油、动物皮毛等非供食用的种植业、畜牧业以及渔业产品。在相应的农产品上使用的用以区别产品来源的标记，即可食用农产品商标和不可食用农产品商标。

【涉农服务商标】涉农服务涵盖了与农业相关的多方面的农业服务活动，比如为农业生产和销售提供技术、金融、物流和咨询等类型的服务，以及主要由农业主体提供的休闲农业（包括生态旅游、民居民宿、农家餐饮、园林采摘等）类型的服务。此类服务的提供者把自己的服务与他人的服务区别开来的专用标记，即涉农服务商标。涉农服务商标既指明了涉及的农业服务项目，也代表了相应的涉农服务提供者或农业主体，同时也在某种程度上表明了相应涉农服务的质量。与农产品和加工农产品商标不同的是，涉农服务商标所标记的服务是无形的，无法直接附着于服务之上。因此，涉农服务商标一般只能在服务场所标示，或者借助服务过程中的器具、用品，服务人员的服饰、铭牌，服务场所的装潢、牌匾或宣传服务活动的广告等方式来显示。

【集体商标和证明商标】（1）集体商标。根据《商标法》第 3 条第 2 款，集体商标，是指以团体、协会或者其他组织名义注册，供该组织成员在商事活动中使用，以表明使用者在该组织中的成员资格的标志。集体商标，可以向产品消费者和服务获得者表明该商标的农业生产经营者具有共同特点，即该商标的农业生产经营者是某个行业协会、团体或其他组织的共同成员，享有该行业协会、团体或其他组织的成员资格。在协会、团体或其他组织内部，其成员们可“共有”和“共用”相应的集体商标。

（2）证明商标。根据《商标法》第3条第3款，证明商标，是指由对某种商品或者服务具有监督能力的组织所控制，而由该组织以外的单位或者个人使用于其商品或者服务，用以证明该商品或者服务的原产地、原料、制造方法、质量或者其他特定品质的标志。可见，注册并使用证明商标的主体，必须对商品或者服务具有检测和监督能力，必须对商品或者服务的质量进行管理，对使用人使用证明商标进行监督。且必须是证明商标注册人以外的单位或者个人进行使用的。通过注册和使用证明商标，使用者可以证明相应的农产品、加工农产品的原产地、原料、制造方法、质量或者其他特定品质，以及涉农服务的服务提供者、服务模式和质量等达到了一定标准。因此，证明商标有利于农业经营者向市场推销其商品和服务，也有利于消费者辨别和选择优质的商品和服务。例如，“绿色食品”商标是由绿色食品发展中心在商标局正式注册的证明商标，是我国最具代表性的农产品证明商标。其商标分为A级和AA级两种，对产地环境质量、肥料、饲料、农药的使用都有严格的要求。经中国绿色食品发展中心检验达到了相应要求的农产品，才能够获得认证并有权使用该“绿色食品”证明商标。

【联合商标和防御商标】联合商标和防御商标的设立，都是为了防止他人在相似商标上的使用或注册而对自己的核心商标产生影响。（1）联合商标。其指的是同一个企业在同一或类似商品上注册的两个或两个以上的近似商标。与普通联合商标相同，农业领域的联合商标亦具有辅助性，其主要功能不是在农产品、加工农产品或涉农服务上使用，而是为保护主商标，避免他人恶意或非恶意注册和主商标类似的商标，侵犯农业经营者自身的利益。联合商标所有人使用了主商标，即视为使用了全部联合商标。联合商标不能单独进行转让。（2）防御商标。其指的是同一商标所有人把自己的商标同时注册在其他非同种或非类似的商品上的商标。与普通防御商标相同，农业领域的防御商标的设立目的主要也不是为在农产品、加工农产品或涉农服务上进行使用，而是为防止他人在其他类别的农产品、加工农产品或涉农服务对该商标的使用。

5.1.3 构成农业商标的条件

【可感知性】可感知性，是指注册商标能以客观的状态所感知，使得消费者得以通过该商标来识别和选择不同的产品。《商标法》第8条规定，任何能够将自然人、法人或者其他组织的商品与他人的商品区别开的标志，包括文字、图形、字母、数字、三维标志、颜色组合和声音等，以及上述要素的组合，均可以作为商标申请注册。因此，商标要进行注册，首先必须要产生有文字、图形、字母、数字、颜色、三维立体、声音上的可感知性特征。对于三维标志要注意相关法律规定的，作为三维标志的一种表现形式（即立体标志）上的可感知性的例外。《商标法》第 12 条规定，以三维标志申请注册商标的，仅由商品自身的性质产生的形状、为获得技术效果而需有的商品形状或者使商品具有实质性价值的形状，不得注册。颜色组合必须是两种以上颜色排列、组合而成的，不包括单一的颜色。当颜色组合非常具有识别度，就能产生和文字或者图形商标同样的效果。对于声音，其为 2013 年《商标法》增加的商标构成要素，因此相应取消了商标构成必须具备"可视性"的要求。但是，气味商标、动态商标等在我国还不符合注册条件。

【显著性】显著性，是指足以使相关公众区分商品或者服务来源的特征。当商标具有了显著性，就能使商标发挥标示商品、区分来源，进而让消费者进行识别商品的基本作用。《商标法》第 9 条规定，申请注册的商标，应当有显著特征，便于识别，并不得与他人在先取得的合法权利相冲突。满足显著性特征，商标必须满足两个条件：一为识别性，二为区别性。对于识别性而言，从商标的标志本身与商标所标示的商品、服务这个对象之间的关系来看，商标本身的标志应当与商标对象没有直接的关联。商标的标志不是对于它所指示的商品有直接的属性上的描述。对于区别性而言，同类或类似商品上的商标使用需要能为消费者所区别。此外要注意，依法获得显著性的情形，指的是一个本身缺乏固有显著性的标志，通过长期连续使用而产生新的含义，具备了识别商品的能力，获得了显著性的特征。《商标法》第 11 条规定，下列标志不得作为商标注册：（1）仅有本商品的通用名称、图形、型号的；（2）仅直接表示商品的质量、主要原料、功能、用途、重量、数量及其他特点的；（3）其他缺乏显著特征的。前款所列标志经过使用取得显著特征，并便于识别的，可以作为商标注册。

➢福州米厂与福建新华都综合百货有限公司、福建新华都综合百货有限公司福州金山大景城分店、五常市金福泰农业股份有限公司侵害商标权纠纷案

福州米厂为第 1298859 号"稻花香 DAOHUAXIANG"（文字与字母呈上下结构，即涉案商标）注册商标专用权人，核定使用商品为第 30 类大米，有效期自 1999 年 7 月 28 日至 2009 年 7 月 27 日，续展注册有限期自 2009 年 7 月 28 日至 2019 年 7 月 27 日。福州米厂发现福建新华都综合百货有限公司（以下简称新华都公司）大景城分店对五常市金福象农业股份有限公司（以下简称五常公司）生产的"乔家大院稻花香米"进行了销售，其中大米实物包装袋正面中间位置以大字体标注有"稻花香（字体中空，底色黑色）DAOHUAXIANG"。福州米厂以五常公司生产、销售、新华都公司大景城分店、新华都公司销售的被诉侵权产品侵害其商标权为由，提起诉讼。对于商标权相关内容的争议焦点，最高人民法院认定有二:(1)“稻花香”是否属于法定的通用名称;(2)“稻花香”是否属于约定俗成的通用名称。(［2016］最高法民再374号)

裁判要点如下:(1)对于“稻花香”是否属于法定的通用名称的问题。首先,法律规定为通用名称的,或国家标准、行业标准中将其作为商品通用名称使用的,应认定为通用名称。而案中五常公司并无证据证明“稻花香”依据法律规定或者国家标准、行业标准应认定为法定的通用名称。其次,《主要农作物品种审定办法》(以下简称《品种审定办法》)规定的通用名称与商标法意义上的通用名称含义并不完全相同,不能仅以审定公告的名称为依据,认定该名称属于商标法意义上的通用名称。再次,根据《品种审定办法》第32条的规定,审定公告的通用名称在实际使用过程中不得擅自更改。审定公告的原代号为“稻花香2号”并非“稻花香”,在在先存在涉案商标权的情况下,不能直接证明“稻花香”为法定的通用名称。因此现有证据不足以证明“稻花香”为法定的通用名称。(2)对于“稻花香”是否属于约定俗成的通用名称的问题。相关公众普遍认为某一名称能够指代一类商品的,应当认定该名称为约定俗成的通用名称。被专业工具书、辞典列为通用名称的,可以作为认定约定俗成的通用名称的参考。约定俗成的通用名称一般以全国范围内相关公众的通常认识为判断标准。对于由于历史传统、风土人情、地理环境等原因形成的相关市场较为固定的商品,在该相关市场内通用的称谓,可以认定为通用名称。首先,关于稻米品种的通用名称是否可以作为大米商品的通用名称。根据水稻种植、收获、生产、销售的过程,水稻最终以大米这种商品的形式呈现给消费者。如果“稻花香”为涉案特定稻米品种约定俗成的通用名称,对于用该稻米品种种植加工出来的大米则可标注“稻花香”以表明大米品种来源。其次,关于“稻花香”是否属于涉案特定稻米品种约定俗成的通用名称。约定俗成的通用名称一般以全国范围内相关公众的通常认识为判断标准。案中被诉侵权产品销售范围并不局限于五常地区,而是全国各地,在福州米厂的所在地福建省福州市的超市内就有被诉侵权产品销售。被诉侵权产品相关市场应以全国范围内相关公众的通常认识为标准判断“稻花香”是否属于约定俗成的通用名称。以全国范围内相关公众的通常认识为标准,“稻花香”不属于约定俗成的通用名称。

【合法性】根据《商标法》第9条,申请注册的商标,应当有显著特征,便于识别,并不得与他人在先取得的合法权利相冲突。因此,注册商标不得侵犯他人已有的在先合法权利。在申请商标注册之前,他人已经享有的合法权利,权利对象为其他知识产权或民事权利的,不得为商标注册者所侵犯。

【不违反公序良俗】夸大宣传、带有欺骗性的标志不能用作商标,带有民族种族歧视,不符合社会道德标准的标志不得用作商标。根据《商标法》第10

条，下列标志不得作为商标使用：（1）同中华人民共和国的国家名称、国旗、国徽、国歌、军旗、军徽、军歌、勋章等相同或者近似的，以及同中央国家机关的名称、标志、所在地特定地点的名称或者标志性建筑物的名称、图形相同的；（2）同外国的国家名称、国旗、国徽、军旗等相同或者近似的，但经该国政府同意的除外；（3）同政府间国际组织的名称、旗帜、徽记等相同或者近似的，但经该组织同意或者不易误导公众的除外；（4）与表明实施控制、予以保证的官方标志、检验印记相同或者近似的，但经授权的除外；（5）同“红十字”“红新月”的名称、标志相同或者近似的；（6）带有民族歧视性的；（7）带有欺骗性，容易使公众对商品的质量等特点或者产地产生误认的；（8）有害于社会主义道德风尚或者有其他不良影响的。此外，县级以上行政区划的地名或者公众知晓的外国地名，不得作为商标。但是，地名具有其他含义或者作为集体商标、证明商标组成部分的除外，已经注册的使用地名的商标继续有效。

5.2 农业商标权的内容

【专用权】商标权人对其注册的商标享有一种独占使用的权利。注册商标享有专用权，未注册商标不享有专用权。商标专用权的产生必须以注册为前提，商标专用权的维持必须以使用为前提。根据《商标法》第56条，注册商标的专用权，以核准注册的商标和核定使用的商品为限。根据《商标法》第23条，注册商标需要在核定使用范围之外的商品上取得商标专用权的，应当另行提出注册申请。在商标局登记的核定使用的商品和核定使用的商标，包括了文字、图形、字母、数字、三维标志、颜色等或其他组合，是注册商标所有人可以使用的，受法律保护的范围。此外《商标法》第24条规定，注册商标需要改变其标志的，应当重新提出注册申请。

【禁止权】商标权人有权禁止他人未经许可使用其注册的商标。该权利具有较强的排他性，可表现为禁止他人非法使用、印制，及禁止他人非法销售侵犯注册商标的商品等。

【许可权】注册商标所有人将其注册商标的商标专用权许可给他人行使的权利。使用许可关系建立以后商标权人（许可人）不会丧失该注册商标的专用权，受让人（被许可人）只取得注册商标的使用权。商标的使用许可可以表现为合同许可，也会出现其他许可方式。合同许可，根据《商标法》第43条，商标注册人可以通过签订商标使用许可合同，许可他人使用其注册商标。许可人应当监督被许可人使用其注册商标的商品质量。被许可人应当保证使用该注册商标的商品质量。该合同许可，包含了普通许可合同、排他许可合同和独占许可合同几种类型：（1）普通许可，指许可人允许被许可人在规定的期限、地域内使用某一注册商标，同时，许可人保留自己在该地区内使用该注册商标和再授权第三人使用该注册商标的权利。被许可人在某一期限和地域内使用某一注册商标，许可人也保留自己在这一地区使用和再授权的权利。（2）排他许可，指许可人允许被许可人在规定的期限、地域内使用某一注册商标，许可人自己可以使用该注册商标，但不得另行许可他人使用该注册商标。该许可方式中被许可人的使用限度没变，许可人可以自己使用但不得许可第三人使用。如果出现第三人的擅自使用则侵犯了注册商标的专用权，被许可人可以和许可人一同作为共同原告进行共同起诉，也可以当商标注册人不起诉的情形下，自行提起诉讼。（3）独占许可，指许可人允许被许可人在规定的期限、地域内独家使用某一注册商标，许可人不得使用也不得将同一注册商标再许可他人使用。独占使用许可合同的被许可人是一个适格的原告，可自行提起诉讼。除以合同来进行商标许可使用的方式，还有一些原来无许可意愿，但最终可视为许可使用的情形。比如，一家企业在申请注册商标时发现该商标有在先使用人，为尽快注册以避免其他风险事项，该企业可以跟在先使用人协商收购使用的商标，同时约定为在先使用者留一段时间让他逐步停止使用该商标。

【转让权】指注册商标所有人将其注册商标所有权转移给他人所有的权利。该所有权的转让会导致商标权利主体的变更。通过商标转让权中的转让行为取得商标，是继受取得商标权的方式。商标权的转让需要遵循法律规定的程序。根据《商标法》第 42 条第 2 款，转让注册商标的，转让人和受让人应当签订转让协议，并共同向商标局提出申请。受让人应当保证使用该注册商标的商品质量。此外，根据《商标法实施条例》第 31 条，转让注册商标的，转让人和受让人应当向商标局提交转让注册商标申请书。转让注册商标申请手续应当由转让人和受让人共同办理。商标局核准转让注册商标申请的，发给受让人相应证明，并予以公告。商标权的转让不能随意自由转让，有一定的限制。根据《商标法》第 42 条第 2 款，转让注册商标的，商标注册人对其在同一种商品上注册的近似的商标，或者在类似商品上注册的相同或者近似的商标，应当一并转让。对容易导致混淆或者有其他不良影响的转让，商标局不予核准，书面通知申请人并说明理由。转让注册商标经核准后，予以公告。受让人自公告之日起享有商标专用权。

5.3 农业商标权的取得和变更

5.3.1 农业商标权取得的基本原则

【注册取得】目前常见的商标取得制度包括使用取得、注册取得和注册取得与使用取得相结合，我国遵循的是注册取得原则。注册取得，是指商标必须经过注册机关的核准注册才能取得商标专用权，未经注册的商标一般得不到法律的保护。根据《商标法》第 4 条，自然人、法人或者其他组织在生产经营活动中，对其商品或者服务需要取得商标专用权的，应当向商标局申请商标注册。（1）自愿申请原则。商标使用人是否申请商标注册取决于商标使用人自身的意愿，不注册不影响商标的使用权。未注册的商标持有人，无法禁止他人在同类、类似或不同类不类似的商品上使用与该未注册商标类似或相同的商标。目前根据规定，只有烟草制品是需要强制注册的，除此之外的其他商品和服务享有自愿注册的权利。（2）先申请原则。两个或两个以上的申请人，在相同或类似的商品上以相同或近似的商标申请注册时，申请在先的可以获得商标专用权，申请在后的被驳回。《商标法》第 31 条规定，两个或者两个以上的商标注册申请人，在同一种商品或者类似商品上，以相同或者近似的商标申请注册的，初步审定并公告申请在先的商标；同一天申请的，初步审定并公告使用在先的商标，驳回其他人的申请，不予公告。此外，根据《商标法实施条例》第 19 条规定，两个或者两个以上的申请人，在同一种商品或者类似商品上，分别以相同或者近似的商标在同一天申请注册的，各申请人应当自收到商标局通知之日起 30 日内提交其申请注册前在先使用该商标的证据。同日使用或者均未使用的，各申请人可以自收到商标局通知之日起 30 日内自行协商，并将书面协议报送商标局；不愿协商或者协商不成的，商标局通知各申请人以抽签的方式确定一个申请人，驳回其他人的注册申请。商标局已经通知但申请人未参加抽签的，视为放弃申请，商标局应当书面通知未参加抽签的申请人。（3）优先权原则。在一定条件下，以某一个商标注册申请的申请人在一成员国为一项商标提出了正式申请，在一定期间内同一申请人可以在其他各成员国申请对该商标的保护，在其他成员国的申请被认定为是与第一次申请同一天提出的。该优先权原则可表现为两种优先形式：申请优先权和展览优先权。对于国外申请优先权而言，根据《商标法》第 25 条规定，商标注册申请人自其商标在外国第一次提出商标注册申请之日起 6 个月内，又在中国就相同商品以同一商标提出商标注册申请的，依照该外国同中国签订的协议或者共同参加的国际条约，或者按照相互承认优先权的原则，可以享有优先权。对于展览优先权，根据《商标法》第 26 条规定，商标在中国政府主办的或者承认的国际展览会展出的商品上首次使用的，自该商品展出之日起 6 个月内，该商标的注册申请人可以享有优先权。（4）分类申请和一表多类原则。根据《商标法》第 22 条，商标注册申请人应当按规定的商品分类表填报使用商标的商品类别和商品名称，提出注册申请。商标注册申请人可以通过一份申请就多个类别的商品申请注册同一商标。商标注册申请等有关文件，可以以书面方式或者数据电文方式提出。

5.3.2 农业商标权取得的程序

【提出申请】 提出商标注册申请的申请人可以是自然人、法人或其他组织，比如律师事务所和商标代理机构。根据《商标法》第4条，自然人、法人或者其他组织在生产经营活动中，对其商品或者服务需要取得商标专用权的，应当向商标局申请商标注册。《商标法实施条例》第84条规定，商标法所称商标代理机构，包括经工商行政管理部门登记从事商标代理业务的服务机构和从事商标代理业务的律师事务所。如果申请者是外国人或者外国企业，根据《商标法》第18条，外国人或者外国企业在中国申请商标注册和办理其他商标事宜的，应当委托依法设立的商标代理机构办理。递交商标注册申请时，申请材料要注意下述几点：（1）根据《商标法实施条例》第13条，申请商标注册，应当按照公布的商品和服务分类表填报。每一件商标注册申请应当向商标局提交《商标注册申请书》1份、商标图样1份；以颜色组合或者着色图样申请商标注册的，应当提交着色图样，并提交黑白稿1份；不指定颜色的，应当提交黑白图样。商标图样应当清晰，便于粘贴，用光洁耐用的纸张印制或者用照片代替，长和宽应当不大于10厘米，不小于5厘米。以三维标志申请商标注册的，应当在申请书中予以声明，说明商标的使用方式，并提交能够确定三维形状的图样，提交的商标图样应当至少包含三面视图。以颜色组合申请商标注册的，应当在申请书中予以声明，说明商标的使用方式。以声音标志申请商标注册的，应当在申请书中予以声明，提交符合要求的声音样本，对申请注册的声音商标进行描述，说明商标的使用方式。对声音商标进行描述，应当以五线谱或者简谱对申请用作商标的声音加以描述并附加文字说明；无法以五线谱或者简谱描述的，应当以文字加以描述；商标描述与声音样本应当一致。申请注册集体商标、证明商标的，应当在申请书中予以声明，并提交主体资格证明文件和使用管理规则。商标为外文或者包含外文的，应当说明含义。（2）对于申请人的身份证明文件，《商标法实施条例》第14条规定，申请商标注册的，申请人应当提交其身份证明文件。商标注册申请人的名义与所提交的证明文件应当一致。（3）对于商标申请的分类表事宜，《商标法实施条例》第15条规定，商品或者服务项目名称应当按照商品和服务分类表中的类别号、名称填写；商品或者服务项目名称未列入商品和服务分类表的，应当附送对该商品或者服务的说明。商标注册申请等有关文件以纸质方式提出的，应当打字或者印刷。

【实质审查】 实质审查主要是对申请注册的商标是否符合商标法规定的注册条件而进行的审查。主要审查内容为以下两类：审查商标标志是否符合注册条件中的绝对条件和相对条件。对于绝对条件，其包含《商标法》第10条规定的不能作为商标使用的标志，第11条和第12条规定的不能作为商标注册的标志。申请注册的商标符合前述情况之一的，商标局应驳回申请，不予公告，并通知申请人。申请人不服的，可以申请复审。对于相对条件，其包含《商标法》第32条规定的内容。根据《商标法》第32条，申请商标注册不得损害他人现有的在先权利，也不得以不正当手段抢先注册他人已经使用并有一定影响的商标。但实际上，商标局无法对他人的全部在先权利进行一一审查，因此对相对条件的审查主要集中在《商标法》第30条中。根据《商标法》第30条，申请注册的商标，凡不符合本法有关规定或者同他人在同一种商品或者类似商品上已经注册的或者初步审定的商标相同或者近似的，由商标局驳回申请，不予公告。此为判断商标是否相同或近似的审查。

对于商标相同和商标近似的含义，《商标纠纷解释》第9条规定，商标法第52条第（1）项规定的商标相同，是指被控侵权的商标与原告的注册商标相比较，二者在视觉上基本无差别。商标法第52条第（1）项规定的商标近似，是指被控侵权的商标与原告的注册商标相比较，其文字的字形、读音、含义或者图形的构图及颜色，或者其各要素组合后的整体结构相似，或者其立体形状、颜色组合近似，易使相关公众对商品的来源产生误认或者认为其来源与原告注册商标的商品有特定的联系。对于判断商标是否相同或近似的方法，《商标纠纷解释》第10条规定，人民法院依据《商标法》第52条第（1）项的规定，认定商标相同或者近似按照以下原则进行：以相关公众的一般注意力为标准；既要进行对商标的整体比对，又要进行对商标主要部分的比对，比对应当在比对对象隔离的状态下分别进行；判断商标是否近似，应当考虑请求保护注册商标的显著性和知名度。

【初审公告】 初审指商标局受理关于商标注册的申请后，进入初步审定的阶段。商标局在此阶段需要对申请人提供的申请文件等进行形式上和实质上的审查。公告，指在商标局初步审定后，对申请注册的商标作出初步核准决定的，商标局在其编辑出版的《商标公告》上进行公布，向公众进行告示的行为。经初步审查后，如商标局认定申请注册的商标符合商标法的规定，将作给予初步审定的决定并将商标注册的有关事实公之于众。根据《商标法》第28条，对申请注册的商标，商标局应当自收到商标注册申请文件之日起9个月内审查完毕，符合本法有关规定的，予以初步审定公告。根据《商标法》第18条，商标注册的申请日期以商标局收到申请文件的日期为准。商标注册申请手续齐备、按照规定填写申请文件并缴纳费用的，商标局予以受理并书面通知申请人；申请手续不齐备、未按照规定填写申请文件或者未缴纳费用的，商标局不予受理，书面通知申请人并说明理由。申请手续基本齐备或者申请文件基本符合规定，但是需要补正的，商标局通知申请人予以补正，限其自收到通知之日起30日内，按照指定内容补正并交回商标局。在规定期限内补正并交回商标局的，保留申请日期；期满未补正的或者不按照要求进行补正的，商标局不予受理并书面通知申请人。

【异议制度】异议，指在先权利人、利害关系人或其他公众对商标局初步审定公告的商标注册申请提出反对意见，以保护自己的在先权益和公共利益的行为。根据《商标法》第33条，对初步审定公告的商标，自公告之日起3个月内，在先权利人、利害关系人认为违反本法第13条第2款和第3款、第15条、第16条第1款、第30条、第31条、第32条规定的，或者任何人认为违反本法第4条、第10条、第11条、第12条、第19条第4款规定的，可以向商标局提出异议。公告期满无异议的，予以核准注册，发给商标注册证，并予公告。该条款规定了不同异议主体可以提出的不同异议理由。因此，在先权利人、利害关系人可以提出相对异议理由，其包括《商标法》第13条第2款和第3款、第15条、第16条第1款、第30条、第31条、第32条的规定。而任何人都可以提出绝对异议理由，这些绝对理由包括《商标法》第4条、第10条、第11条、第12条、第19条第4款的规定。对于异议人要提交的文件材料，根据《商标法实施条例》第24条，对商标局初步审定予以公告的商标提出异议的，异议人应当向商标局提交下列商标异议材料一式两份并标明正、副本：（1）商标异议申请书；（2）异议人的身份证明；（3）以违反《商标法》第13条第2款和第3款、第15条、第16条第1款、第30条、第31条、第32条规定为由提出异议的，异议人作为在先权利人或者利害关系人的证明。商标异议申请书应当有明确的请求和事实依据，并附送有关证据材料。对于商标局处理异议申请的方式和期限，以及被异议人的答辩期限，根据《商标法》第35条，对初步审定公告的商标提出异议的，商标局应当听取异议人和被异议人陈述事实和理由，经调查核实后，自公告期满之日起12个月内作出是否准予注册的决定，并书面通知异议人和被异议人。有特殊情况需要延长的，经国务院工商行政管理部门批准，可以延长6个月。此外，根据《商标法实施条例》第27条，商标局应当将商标异议材料副本及时送交被异议人，限其自收到商标异议材料副本之日起30日内答辩。被异议人不答辩的，不影响商标局作出决定。

【复审制度】指对商标注册相关当事人不服商标局对就商标有关事项所作处理决定而提出复审请求，由商标评审委员会重新进行审查的程序。该制度是对商标申请人或商标注册人提供的救济程序。商标局作出的相关决定有两种：一为驳回申请决定、不予公告；二为不予注册。（1）对于实质审查后商标局作出的驳回申请、不予公告的决定，《商标法》第34条规定，商标局应当书面通知商标注册申请人。商标注册申请人不服的，可以自收到通知之日起15日内向商标评审委员会申请复审。商标评审委员会应当自收到申请之日起9个月内作出决定，并书面通知申请人。有特殊情况需要延长的，经国务院工商行政管理部门批准，可以延长3个月。当事人对商标评审委员会的决定不服的，可以自收到通知之日起30日内向人民法院起诉。(2) 对于商标评审委员会对异议审查作出的不予注册决定，异议人不服的可申请复审。而对被异议人的不服作出的复审程序，根据《商标法》第35条规定，商标局作出不予注册决定，被异议人不服的，可以自收到通知之日起15日内向商标评审委员会申请复审。商标评审委员会应当自收到申请之日起12个月内作出复审决定，并书面通知异议人和被异议人。有特殊情况需要延长的，经国务院工商行政管理部门批准，可以延长6个月。被异议人对商标评审委员会的决定不服的，可以自收到通知之日起30日内向人民法院起诉。人民法院应当通知异议人作为第三人参加诉讼。商标评审委员会在依照前款规定进行复审的过程中，所涉及的在先权利的确定必须以人民法院正在审理或者行政机关正在处理的另一案件的结果为依据的，可以中止审查。中止原因消除后，应当恢复审查程序。在申请复审时，异议人要提交相应申请资料。在复审过程中，商标评审委员会根据《商标法实施条例》第57条第2款的规定，收到申请书后，经审查，符合受理条件的，予以受理；不符合受理条件的，不予受理，书面通知申请人并说明理由；需要补正的，通知申请人自收到通知之日起30日内补正。经补正仍不符合规定的，商标评审委员会不予受理，书面通知申请人并说明理由；期满未补正的，视为撤回申请，商标评审委员会应当书面通知申请人。商标评审委员会受理商标评审申请后，发现不符合受理条件的，予以驳回，书面通知申请人并说明理由。接着，根据《商标法实施条例》第58条，商标评审委员会受理商标评审申请后应当及时将申请书副本送交对方当事人，限其自收到申请书副本之日起30日内答辩；期满未答辩的，不影响商标评审委员会的评审。此外，根据《商标法实施条例》第61条，申请人在商标评审委员会作出决定、裁定前，可以书面向商标评审委员会要求撤回申请并说明理由，商标评审委员会认为可以撤回的，评审程序终止。《商标法实施条例》第62条规定，申请人撤回商标评审申请的，不得以相同的事实和理由再次提出评审申请。

5.3.3 农业商标权的变更和续展

【变更】农业商标权和传统商标权的变更一致。根据《商标法》第41条，注册商标需要变更注册人的名义、地址或者其他注册事项的，应当提出变更申请。

【有效期】根据《商标法》第39条，注册商标的有效期为10年，自核准注册之日起计算。但要注意，根据《商标法》第36条第2款，经审查异议不成立而准予注册的商标，商标注册申请人取得商标专用权的时间自初步审定公告3个月期满之日起计算。自该商标公告期满之日起至准予注册决定作出前，对他人在同一种或者类似商品上使用与该商标相同或者近似的标志的行为不具有追溯力；但是，因该使用人的恶意给商标注册人造成的损失，应当给予赔偿。

【续展】当注册商标的保护期届满，商标上的权利可通过续展注册进行延续。对商标的续展注册要注意两个期限：一为续展期；二为宽展期。根据《商标法》第40条，每次续展注册的有效期为10年，自该商标上一届有效期满次日起计算。商标局应当对续展注册的商标予以公告。续展期，根据《商标法》第40条，注册商标有效期满，需要继续使用的，商标注册人应当在期满前12个月内按照规定办理续展手续。宽展期，根据《商标法》第40条，在此期间（续展期）未能办理的，可以给予6个月的宽展期。

5.4 农业商标权的消灭

5.4.1 农业商标权的注销

【注销】商标局基于法定原因行使职权，使得注册商标专用权归于消灭的行为。注册商标的注销可以由商标注册人自己申请，也可以因期满而依法被注销。如果商标注册人申请注销其注册商标，基于商标注册人自身的原因，商标注册人自愿放弃对其商标权的维持，法律允许权利人自行放弃其商标权，因此，商标注册人可以向商标局自行申请注销其注册商标，或者注销其在部分指定商品上的注册商标。当注册商标期满且未及时办理续展手续的注销时，根据《商标法》第40条，（商标保护）期满未办理续展手续的，注销其注册商标。因此，商标注册人未在注册商标有效期满前的续展期（12个月）和宽展期（6个月）内办理续展手续，注册商标将被商标局依职权注销。

【过渡期】商标被注销后该商标有1年的过渡期。根据《商标法》第50条，注册商标被撤销、被宣告无效或者期满不再续展的，自撤销、宣告无效或者注销之日起1年内，商标局对与该商标相同或者近似的商标注册申请，不予核准。

5.4.2 农业商标权的撤销

【原因】（1）根据《商标法》第49条第1款，商标注册人在使用注册商标的过程中，自行改变注册商标、注册人名义、地址或者其他注册事项的，由地方工商行政管理部门责令限期改正；期满不改正的，由商标局撤销其注册商标。（2）根据《商标法》第49条第2款，注册商标成为其核定使用的商品的通用名称或者没有正当理由连续3年不使用的，任何单位或者个人可以向商标局申请撤销该注册商标。

【程序】根据《商标法》第49条第2款，商标局应当自收到申请之日起9个月内作出决定。有特殊情况需要延长的，经国务院工商行政管理部门批准，可以延长3个月。根据《商标法实施条例》第66条，有《商标法》第49条规定的注册商标无正当理由连续3年不使用情形的，任何单位或者个人可以向商标局申请撤销该注册商标，提交申请时应当说明有关情况。商标局受理后应当通知商标注册人，限其自收到通知之日起2个月内提交该商标在撤销申请提出前使用的证据材料或者说明不使用的正当理由；期满未提供使用的证据材料或者证据材料无效并没有正当理由的，由商标局撤销其注册商标。前款所称使用的证据材料，包括商标注册人使用注册商标的证据材料和商标注册人许可他人使用注册商标的证据材料。以无正当理由连续3年不使用为由申请撤销注册商标的，应当自该注册商标注册公告之日起满3年后提出申请。

【效力】根据《商标法》第55条，法定期限届满，当事人对商标局作出的撤销注册商标的决定不申请复审或者对商标评审委员会作出的复审决定不向人民法院起诉的，撤销注册商标的决定、复审决定生效。撤销的注册商标，由商标局予以公告，该注册商标专用权自公告之日起终止。

【过渡期】根据《商标法》第50条，注册商标被撤销的，自撤销之日起1年内，商标局对与该商标相同或者近似的商标注册申请，不予核准。

5.4.3 农业商标权的无效

【定义】农业商标权的无效，是指商标不具备注册条件但仍然取得注册，依法定事由在商标局依职权主动发现或经他人申请后，由商标局宣告该注册商标无效，使商标权恢复到未产生的状态。根据《商标法》第47条，依照本法第44条、第45条的规定宣告无效的注册商标，由商标局予以公告，该注册商标专用权视为自始即不存在。

【绝对无效及其情形】绝对无效，是指那些违反禁止性规定，违反商标构成的禁用条款而导致商标应被宣告无效的情形。根据《商标法》第44条，已经注册的商标，违反本法第4条、第10条、第11条、第12条、第19条第4款规定的，或者是以欺骗手段或者其他不正当手段取得注册的，由商标局宣告该注册商标无效；其他单位或者个人可以请求商标评审委员会宣告该注册商标无效。(1)《商标法》第4条规定，不以使用为目的的恶意商标注册申请，应当予以驳回。(2)《商标法》第10条列举了8项不得作为商标使用的标志。(3)《商标法》第11条列举了3种不得作为商标注册的情形。(4)《商标法》第12条规定，以三维标志申请注册商标的，仅由商品自身的性质产生的形状、为获得技术效果而需有的商品形状或者使商品具有实质性价值的形状，不得注册。(5)《商标法》第19条第4款规定，商标代理机构除对其代理服务申请商标注册外，不得申请注册其他商标。

【因绝对理由宣告无效的程序】根据《商标法》第44条，商标局作出宣告注册商标无效的决定，应当书面通知当事人。当事人对商标局的决定不服的，可以自收到通知之日起 15 日内向商标评审委员会申请复审。商标评审委员会应当自收到申请之日起 9 个月内作出决定，并书面通知当事人。有特殊情况需要延长的，经国务院工商行政管理部门批准，可以延长 3 个月。当事人对商标评审委员会的决定不服的，可以自收到通知之日起 30 日内向人民法院起诉。其他单位或者个人请求商标评审委员会宣告注册商标无效的，商标评审委员会收到申请后，应当书面通知有关当事人，并限期提出答辩。商标评审委员会应当自收到申请之日起 9 个月内作出维持注册商标或者宣告注册商标无效的裁定，并书面通知当事人。有特殊情况需要延长的，经国务院工商行政管理部门批准，可以延长 3 个月。当事人对商标评审委员会的裁定不服的，可以自收到通知之日起 30 日内向人民法院起诉。人民法院应当通知商标裁定程序的对方当事人作为第三人参加诉讼。

【相对无效及其情形】相对理由的无效，指损害他人在先权利、侵犯他人合法权益的情形。根据《商标法》第 45 条的规定，已经注册的商标，违反本法第 13 条第 2 款和第 3 款、第 15 条、第 16 条第 1 款、第 30 条、第 31 条、第 32 条规定的，自商标注册之日起 5 年内，在先权利人或者利害关系人可以请求商标评审委员会宣告该注册商标无效。对恶意注册的，驰名商标所有人不受 5 年的时间限制。(1)《商标法》第 13 条第 2 款规定，就相同或者类似商品申请注册的商标是复制、摹仿或者翻译他人未在中国注册的驰名商标，容易导致混淆的，不予注册并禁止使用；第 3 款规定，就不相同或者不相类似商品申请注册的商标是复制、摹仿或者翻译他人已经在中国注册的驰名商标，误导公众，致使该驰名商标注册人的利益可能受到损害的，不予注册并禁止使用。(2)《商标法》第 15 条第 1 款规定，未经授权，代理人或者代表人以自己的名义将被代理人或者被代表人的商标进行注册，被代理人或者被代表人提出异议的，不予注册并禁止使用。第 2 款规定，就同一种商品或者类似商品申请注册的商标与他人在先使用的未注册商标相同或者近似，申请人与该他人具有前款规定以外的合同、业务往来关系或者其他关系而明知该他人商标存在，该他人提出异议的，不予注册。(3)《商标法》第 16 条第 1 款规定，商标中有商品的地理标志，而该商品并非来源于该标志所标示的地区，误导公众的，不予注册并禁止使用；但是，已经善意取得注册的继续有效。(4)《商标法》第 30 条规定，申请注册的商标，凡不符合本法有关规定或者同他人在同一种商品或者类似商品上已经注册的或者初步审定的商标相同或者近似的，由商标局驳回申请，不予公告。(5)《商标法》第 31 条规定，两个或者两个以上的商标注册申请人，在同一种商品或者类似商品上，以相同或者近似的商标申请注册的，初步审定并公告申请在先的商标；同一天申请的，初步审定并公告使用在先的商标，驳回其他人的申请，不予公告。(6)《商标法》第32条规定，申请商标注册不得损害他人现有的在先权利，也不得以不正当手段抢先注册他人已经使用并有一定影响的商标。

【因相对理由宣告无效的程序】《商标法》第45条规定，商标评审委员会收到宣告注册商标无效的申请后，应当书面通知有关当事人，并限期提出答辩。商标评审委员会应当自收到申请之日起12个月内作出维持注册商标或者宣告注册商标无效的裁定，并书面通知当事人。有特殊情况需要延长的，经国务院工商行政管理部门批准，可以延长6个月。当事人对商标评审委员会的裁定不服的，可以自收到通知之日起30日内向人民法院起诉。人民法院应当通知商标裁定程序的对方当事人作为第三人参加诉讼。商标评审委员会在依照前款规定对无效宣告请求进行审查的过程中，所涉及的在先权利的确定必须以人民法院正在审理或者行政机关正在处理的另一案件的结果为依据的，可以中止审查。中止原因消除后，应当恢复审查程序。

【效力及例外】对于宣告无效的注册商标，该商标专用权被视为自始无效。此外，《商标法》第47条规定，宣告注册商标无效的决定或者裁定，对宣告无效前人民法院作出并已执行的商标侵权案件的判决、裁定、调解书和工商行政管理部门作出并已执行的商标侵权案件的处理决定以及已经履行的商标转让或者使用许可合同不具有追溯力。但是，因商标注册人的恶意给他人造成的损失，应当给予赔偿。依照前款规定不返还商标侵权赔偿金、商标转让费、商标使用费，明显违反公平原则的，应当全部或者部分返还。

【过渡期】《商标法》第50条规定，注册商标被宣告无效的，自宣告无效之日起1年内，商标局对与该商标相同或者近似的商标注册申请，不予核准。

5.5 农业商标权的保护

【不得注册并不得使用的标志】（1）根据《商标法》第10条，有损国家尊严、社会公共利益和公序良俗的标志不得作为商标使用。（2）地名。根据《商标法》第10条第2款，县级以上行政区划的地名或者公众知晓的外国地名，不得作为商标。但是，地名具有其他含义或者作为集体商标、证明商标组成部分的除外；已经注册的使用地名的商标继续有效。（3）侵犯他人驰名商标的标志。驰名商标，是指经过长期使用，在市场上享有了较高的信誉，为公众所熟识的商标。根据《商标法》第14条第1款规定，驰名商标应当根据当事人的请求，作为处理涉及商标案件需要认定的事实进行认定。认定驰名商标应当考虑“相关公众对该商标的知晓程度”“该商标使用的持续时间”“该商标的任何宣传工作的持续时间、程度和地理范围”“该商标作为驰名商标受保护的记录”及“该商标驰名的其他因素”。根据《驰名商标解释》第9条规定，足以使相关公众对使用驰名商标和被诉商标的商品来源产生误认，或者足以使相关公众认为使用驰名商标和被诉商标的经营者之间具有许可使用、关联企业关系等特定联系的，属于《商标法》第13条第1款规定的“容易导致混淆”。足以使相关公众认为被诉商标与驰名商标具有相当程度的联系，而减弱驰名商标的显著性、贬损驰名商标的市场声誉，或者不正当利用驰名商标的市场声誉的，属于《商标法》第13条第2款规定的“误导公众，致使该驰名商标注册人的利益可能受到损害”。（4）根据《商标法》第15条，代理人、代表人抢注的标志。未经授权，代理人或者代表人以自己的名义将被代理人或被代表人的商标进行注册，被代理人或者被代表人提出异议时，不予注册并禁止使用。

【不得注册但未禁止使用的标志】（1）根据《商标法》第11条，以通用名称为内容的标志、描述性标志或特定的三维标志。（2）根据《商标法》第15条第2款，基于业务关系恶意抢注他人未注册商标的标志。就同一种商品或者类似商品申请注册的商标与他人在先使用的未注册商标相同或近似，申请人与该他人具有前款规定以外的合同、业务往来关系或者其他关系，而明知该商标存在，该他人提出异议的，不予注册。

【不得侵害专用权】根据《商标法》第57条，有下列行为之一的，均属侵犯注册商标专用权：（1）未经商标注册人的许可，在同一种商品上使用与其注册商标相同的商标的；（2）未经商标注册人的许可，在同一种商品上使用与其注册商标近似的商标，或者在类似商品上使用与其注册商标相同或者近似的商标，容易导致混淆的；（3）销售侵犯注册商标专用权的商品的；（4）伪造、擅自制造他人注册商标标识或者销售伪造、擅自制造的注册商标标识的；（5）未经商标注册人同意，更换其注册商标并将该更换商标的商品又投入市场的；（6）故意为侵犯他人商标专用权行为提供便利条件，帮助他人实施侵犯商标专用权行为的；（7）给他人的注册商标专用权造成其他损害的。对商标专用权的侵犯，要承担停止侵害等相应的民事责任。

➢杭州市西湖区龙井茶产业协会诉广州市种茶人贸易有限公司侵害商标权纠纷案

原告龙井协会是案涉“西湖龙井”地理标志证明商标在第30类商品（茶叶）上的注册人。广州市种茶人贸易有限公司（以下简称种茶人公司）在其销售的茶叶商品所使用的包装盒上印有“西湖龍井”字样的标识。龙井协会认为种茶人公司的上述行为侵害了其商标权，诉至法院。广州市越秀区人民法院于2014年10月15日作出［2014］穗越法知民初字第457号民事判决，认为种茶人公司之行为侵犯了龙井协会的商标权。后种茶人公司向广州知识产权法院提起上诉，广州知识产权法院于2015年2月12日作出［2015］粤知法商民终字第2号民事判决：驳回上诉，维持原判。（［2015］粤知法商民终字第2号）

裁判要点如下：种茶人公司在被诉侵权产品内外包装盒的正面显著位置上均使用了“西湖龙井”的标识，该使用状况属于商标法上的商标使用。种茶人公司未经龙井协会的许可，自行使用“西湖龙井”的标识进行散茶包装，该行为的性质在商标法上属于制造侵权产品的行为。本案中种茶人公司侵害商标权的行为状态表现为制造侵权产品与销售侵权产品双重侵权行为的叠加，即在其制造并销售的被诉侵权产品的包装上使用了与龙井茶协会享有商标权的“西湖龙井”地理标志证明商标相近似的商标，侵犯了龙井协会对该商标所享有的注册商标专用权。对于种茶人公司所称其销售的被诉侵权产品中的茶叶来自于西湖龙井茶产区的辩解，即使种茶人公司所称的茶叶的来源地属实，其亦无权未经权利人许可擅自使用与“西湖龙井”相同或相似的证明商标，其仍需向龙井协会提出申请并履行该证明商标使用和管理规则中所规定的手续，否则就构成侵害注册商标专用权。

【例外】销售者明知或应知其销售的商品上的商标是侵犯他人商标权的商标，仍然进行销售，其行为侵犯了商标权人的商标权。但对于善意销售者来说，《商标法》第64条第2款规定，销售不知道是侵犯注册商标专用权的商品，能证明该商品是自己合法取得并说明提供者的，不承担赔偿责任。

6　农业著作权

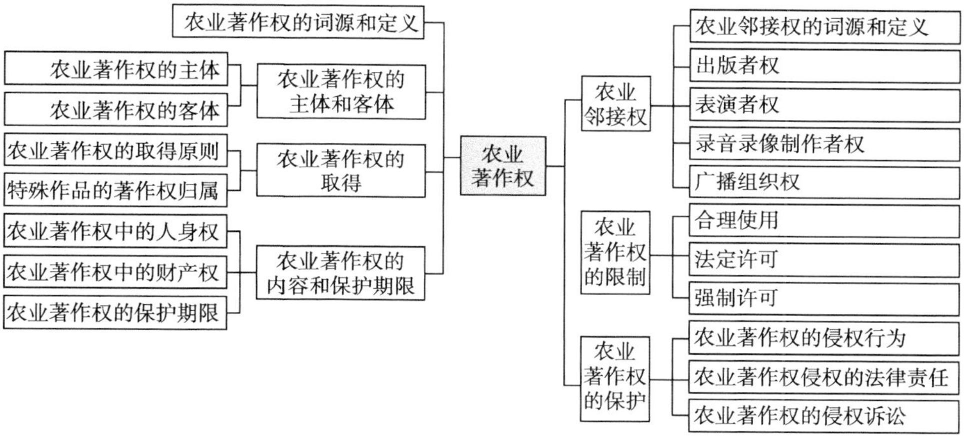

图 6－1　农业著作权内容导读

6.1　农业著作权的词源和定义

【词源】 英文“copyright”一词直译之意为版权，在我国版权与著作权的含义相同。早在 16 世纪，英国皇室为对新闻和文字出版进行管理，颁布了一系列相关法律授予钦定的出版商公司绝对的出版权。随着资产阶级革命的发展，王室逐渐丧失了对出版社的控制，出版商自身的独有权利无法得到保障，大量的作品被盗用出版，出版商开始强调保持作者的权利。17 世纪，英国议会通过了世界上第一部版权法《安娜法令》。在日本，明治维新后开启出版立法和版权立法，其名称参考了英国的版权法，引进英文中的“copyright”，翻译为“版权”，并被我国引入。版权一词更倾向于强调出版者的复制权和财产权，著作权一词也是我国于清朝从日本引入，其更加强调作者权。1980 年 7 月，我国起草了《中华人民共和国版权法》，但在随后的讨论修订过程中，主持立法事宜的国家版权局综合诸方面意见，决定采用著作权法为名称。此后通过的 1990 年《著作权法》

第 51 条规定，本法所称的著作权与版权系同义语。

【定义】农业著作权，指自然人、法人或非法人组织对农业领域的文学、艺术和科学作品依法享有的财产权利和精神权利。比如，在农业领域内农业科技著作、出版刊物，农业纪录片、电影、科教片，农业建筑工程图纸、农业科技摄影图片、农业系统软件，等等，都可以产生农业著作权以及与之相关的权利（农业邻接权）。

6.2 农业著作权的主体和客体

6.2.1 农业著作权的主体

【定义】农业著作权主体和一般著作权主体一样，指著作权人，是对文学、艺术或者科学作品依法享有著作权的自然人、法人或其他组织。（1）自然人。2020 年《著作权法修正案（草案）》第 11 条第 2 款规定，创作作品的自然人是作者。当创作作品的自然人进行了实质上的创作活动，其可成为作者，即著作权主体。为他人创作进行组织活动方面的帮助、提供物质条件帮助、提供咨询意见，或进行打印、校正等辅助工作不属于实质性创作活动。（2）法人和非法人组织。2020 年《著作权法修正案（草案）》第 11 条第 3 款规定，由法人或者非法人组织主持，代表法人或者非法人组织意志创作，并由法人或者非法人组织承担责任的作品，法人或者非法人组织视为作者。上述情况中创作作品的法人或非法人组织是作者，即著作权主体。

6.2.2 农业著作权的客体

【定义】农业著作权的客体和一般著作权的客体一样，指作品。《著作权法实施条例》第 2 条规定，著作权法所称作品，是指文学、艺术和科学领域内具有独创性并能以某种有形形式复制的智力成果。因此，著作权作品必须满足以下要件：（1）作品是一种智力成果，是人们通过智力劳动创造的精神财富或精神产品。（2）作品是一种思想的表达，是有一定表现形式的智力成果。TRIPS 协定第 9 条第 2 款规定，版权的保护应该延及表达方式，但不延及思想、程序、操作方法或数学概念本身。（3）作品产生在文学、艺术和科学领域内。（4）作品必须具有独创性。独创性之中的“独”指独立创作，“创”指作品是达到一定水准的智力创造。（5）作品必须具有可复制性。

【类型】2020 年《著作权法修正案（草案）》第 3 条规定，本法所称的作品，是指文学、艺术和科学领域内具有独创性并能以某种有形形式复制的智力成果，包括：（1）文字作品，指小说、诗词、散文、论文等以文字形式表现的作品；（2）口述作品，指即兴演说、授课、法庭辩论等以口头语言形式表现的作品；（3）音乐、戏剧、曲艺、舞蹈、杂技艺术作品，分别指以音符、节奏、旋律等要素构成的能演唱或演奏的带词或不带词的作品，话剧、歌剧、地方戏剧等供舞台演出的作品，相声、快书、大鼓、评书等以说唱为主要形式的表演作品，通过连续的动作、姿势、表情表现思想情感的作品，杂技、魔术、马戏等通过形体动作和技巧表现的作品；（4）美术、建筑作品，分别指绘画、书法、雕塑等等以线条、色彩，或者其他方式构成的有审美意义的平面或立体的造型艺术作品，以建筑物或者构筑物形式表现的有审美意义的作品；（5）摄影作品，指借助器械在感光材料上记录客观物体形象的艺术作品；（6）视听作品，指摄制在一定物质媒体上，由一系列有伴音或无伴音的画面组成，并借助适当装置或设备播放的作品；（7）工程设计图、产品设计图、地图、示意图等图形作品和模型作品，指工程的施工和产品的生产绘制的图样，反映地理现象、说明事物原理或者结构的图形或模型；（8）计算机软件，指计算机程序以及有关文档；（9）法律、行政法规规定的其他作品。

【著作权法排除的客体】2020 年《著作权法修正案（草案）》第 5 条规定，该法不适用于：（1）法律、法规，国家机关的决议、决定、命令和其他具有立法、行政、司法性质的文件，及其官方正式译文；（2）单纯事实消息；（3）历法、通用数表、通用表格和公式。

6.3 农业著作权的取得

6.3.1 农业著作权的取得原则

【自动取得原则】自动取得，指作品创作完成后自动产生著作权。该自动取得模式无须履行相关程序或办理相关手续。在《伯尔尼公约》的影响下，我国遵循自动取得原则，承认作品自创作完成后作者即取得著作权。但该作品必须符合我国 2020 年《著作权法修正案（草案）》第 3 条规定的作品范围，同时不属于 2020 年《著作权法修正案（草案）》第 5 条规定的不适用著作权法的对象。

【自愿登记原则】著作权人可依据自身意愿登记作品，不登记的不影响著作权的取得。登记可以在诉讼中产生初步确权的证据。

【加注标记取得原则】在其他国家，如美国，要求作者在作品的复制件上加注著作权的标记，对著作权人的信息、作品的出版年份也有必要进行标注。

6.3.2 特殊作品的著作权归属

【委托作品】受托人基于委托人的委托创作的作品。一般情况下，委托人提供的是创作理念或特定想法，也有可能会提供创作所需条件或者设备，而受托人依次进行创作后交付特定的作品。对于委托作品的著作权归属，根据《著作权法》第 17 条，受委托创作的作品，著作权的归属由委托人和受托人通过合同约定。合同未作明确约定或者没有订立合同的，著作权属于受托人。如果在没有约定的情况下受托人取得著作权，委托人享有有限使用权。《著作权纠纷解释》第 12 条规定，按照《著作权法》第 17 条规定委托作品的著作权属于受托人的情形，委托人在约定的使用范围内享有使用作品的权利，双方没有约定使用作品的范围的，委托人可以在委托创作的特定目的范围内免费使用该作品。此外要注意两种特殊情况：（1）根据《著作权纠纷解释》第 13 条，除著作权法第 11 条第 3 款规定的情形外，由他人执笔，本人审阅定稿并以本人名义发表的报告、讲话等作品，著作权归报告人或者讲话人享有。著作权人可以支付执笔人适当的报酬。（2）根据《著作权纠纷解释》第 14 条对于自传体作品的特殊规定，当事人合意以特定人物经历为题材完成的自传体作品，当事人对著作权权属有约定的，依其约定；没有约定的，著作权归该特定人物享有，执笔人或整理人对作品完成付出劳动的，著作权人可以向其支付适当的报酬。

【合作作品】由两个或两个以上合作创作的作者创作的作品。合作作品有四个要素：一是作者数量应当为两个或者两个以上的人；二是创作过程中应当有共同创作的合意，所有作者对合作创作某一作品有共同的意思表达；三是作者均应当有共同创作的行为，在该创作过程中所有作者之间要贯彻统一的创作意图，以及要保持和调整统一的创作风格和习惯，使得作者们之间的合作成果能做到相互照应、协调统一；四是依此创作出来的艺术作品应当达到著作权法所要求的作品的标准。2020 年《著作权法修正案（草案）》第 13 条规定，两人以上合作创作的作品，著作权由合作作者共同享有，通过协商一致行使；不能协商一致，又无正当理由的，任何一方不得阻止他方行使除转让、许可他人专有使用、出质以外的其他权利，但是所得收益应当合理分配给所有合作作者。没有参加创作的人，不能成为合作作者。合作作品可以分割使用的，作者对各自创作的部分可以单独享有著作权，但行使著作权时不得侵犯合作作品整体的著作权。对于作品不可分割时著作权的归属，《著作权法实施条例》第 9 条规定，合作作品不可以分割使用的，其著作权由各合作作者共同享有，通过协商一致行使；不能协商一致，又无正当理由的，任何一方不得阻止他方行使除转让以外的其他权利，但是所得收益应当合理分配给所有合作作者。

【职务作品】公民为完成法人或者其他组织工作任务所创作的作品。2020 年

《著作权法修正案（草案）》第16条第1款规定，自然人为完成法人或者其他组织工作任务所创作的作品是职务作品，除本条第2款的规定以外，著作权由作者享有，但法人或者非法人组织有权在其业务范围内优先使用。作品完成两年内，未经单位同意，作者不得许可第三人以与单位使用的相同方式使用该作品。《著作权法实施条例》第11条第1款规定，《著作权法》第16条第1款关于职务作品的规定中的“工作任务”，是指公民在该法人或者该组织中应当履行的职责。（1）普通职务作品。一般情况下，普通职务作品的著作权归属，有约定依据约定判断权利归属，没有约定的情形下著作权属于作者，即完成法人或非法人组织工作任务创作作品的公民。相应的，法人或者非法人组织有权在其业务范围内优先使用，而作者的义务是从其向单位交付作品之日起计算作品完成的2年内，未经单位同意，不得许可第三人以与单位使用的相同方式使用该作品。反之，根据《著作权法实施条例》第12条，职务作品完成2年内，经单位同意，作者许可第三人以与单位使用的相同方式使用作品所获报酬，由作者与单位按约定的比例分配。（2）特殊职务作品。该作品是指在法律规定的情况下，著作权除了署名权以外的权利由法人或者其他组织享有的作品。根据2020年《著作权法修正案（草案）》第16条第2款，有下列情形之一的职务作品，作者享有署名权，著作权的其他权利由法人或者非法人组织享有，法人或者非法人组织可以给予作者奖励：主要是利用法人或者非法人组织的物质技术条件创作，并由法人或者非法人组织承担责任的工程设计图、产品设计图、地图、计算机软件等职务作品；报社、期刊社、通讯社、广播电台、电视台及所属媒体的工作人员创作的职务作品；法律、行政法规规定或者合同约定著作权由法人或者非法人组织享有的职务作品。对于“物质技术条件”的解释，《著作权法实施条例》第11条第2款规定，指该法人或者该组织为公民完成创作专门提供的资金、设备或者资料。

【演绎作品】在已有作品的基础上经过改编、翻译、注释、整理等创造性劳动而产生的作品。2020年《著作权法修正案（草案）》第12条规定，改编、翻译、注释、整理已有作品而产生的作品，其著作权由改编、翻译、注释、整理人享有，但行使著作权时不得侵犯原作品的著作权。使用改编、翻译、注释、整理已有作品而产生的作品，应当取得该作品的著作权人和原作品的著作权人许可。

【视听作品】亦可称为影视作品。根据2020年《著作权法修正案（草案）》第15条规定，视听作品的著作权由组织制作并承担责任的视听作品制作者享有，但编剧、导演、摄影、作词、作曲等作者享有署名权，并有权按照与视听作品制作者签订的合同获得报酬。视听作品中的剧本、音乐等可以单独使用的作品的作者有权单独行使其著作权。

【汇编作品】汇编若干作品、作品片段、不构成作品的数据或者其他相关材料，对其内容的选择或编排体现独创性的作品。根据《著作权法》第14条，汇编若干作品、作品的片段或者不构成作品的数据或者其他材料，对其内容的选择或者编排体现独创性的作品，为汇编作品，其著作权由汇编人享有，但行使著作权时，不得侵犯原作品的著作权。

6.4 农业著作权的内容和保护期限

6.4.1 农业著作权中的人身权

【发表权】《著作权法》第10条第（1）项规定，发表权，即决定作品是否公之于众的权利。这里“公之于众”的“众”指不特定的群体。是否达到公之于众的效果不以公众知晓为构成要件，当作品处于公众可知状态即为公开。此外，作品的发表权要遵循一次用尽原则，即当作品被行使了发表权公之于众后，其发表权就用尽了，他人对该作品的二次发表不侵犯著作权人的发表权。

【署名权】《著作权法》第10条第（2）项规定，署名权，即表明作者身份，在作品上署名的权利。此外，对于合作作品来说作者有权利决定其作品的署名顺序。《著作权纠纷解释》第11条规定，因作品署名顺序发生的纠纷，人民法院按照下列原则处理；有约定的按约定确定署名顺序；没有约定的，可以按照创作作品付出的劳动、作品排列、作者姓氏笔画等确定署名顺序。

【修改权和保护作品完整权】《著作权法》第10条第（3）项规定，修改权，即修改或者授权他人修改作品的权利。《著作权法》第10条第（4）项规定，保护作品完整权，即保护作品不受歪曲、篡改的权利。对于修改权和保护作品完整权的运用要注意，在特殊情况下是可以不经著作权人许可即可进行改动的。(1)《著作权法》第34条规定，图书出版者经作者许可，可以对作品修改、删节；报社、期刊社可以对作品作文字性修改、删节，对内容的修改应当经作者许可。(2)《著作权法》第10条规定，著作权人许可他人将其作品摄制成电影作品和以类似摄制电影的方法创作的作品的，视为已同意对其作品进行必要的改动，但是这种改动不得歪曲篡改原作品。(3)《计算机软件保护条例》第16条第（3）项规定，软件的合法复制品所有人为了把该软件用于实际的计算机应用环境或者改进其功能、性能而享有进行必要的修改的权利。但是，除合同另有约定外，未经该软件著作权人许可，不得向任何第三方提供修改后的软件。

6.4.2 农业著作权中的财产权

【复制权】《著作权法》第10条第（5）项规定，复制权，即以印刷、复印、拓印、录音、录像、翻录、翻拍等方式将作品制作一份或者多份的权利。

【发行权】《著作权法》第10条第（6）项规定，发行权，即以出售或者赠与方式向公众提供作品的原件或者复制件的权利。发行权遵循一次用尽原则，作品的原件或复印件被首次发行后，其发行权即消灭了，他人如果将作品的原件或者复制件向公众再次销售或再次赠与，不侵犯著作权人的发行权。

【出租权】2020年《著作权法修正案（草案）》第10条第（7）项规定，出租权，即有偿许可他人临时使用视听作品、计算机软件的原件或者复制件的权利，计算机软件不是出租的主要标的除外。此外，《著作权法》第42条规定，录音录像制作者对其制作的录音录像制品，享有许可他人复制、发行、出租、通过信息网络向公众传播并获得报酬的权利。

【展览权】《著作权法》第10条第（8）项规定，展览权，即公开陈列美术作品、摄影作品的原件或者复制件的权利。根据《著作权法》第18条规定，美术等作品原件所有权的转移，不视为作品著作权的转移，但美术作品原件的展览权由原件所有人享有。

【表演权】《著作权法》第10条第（9）项规定，表演权，即公开表演作品，以及用各种手段公开播送作品的表演的权利。（1）公开表演，又称现场表演、直接表演或活表演，指的是演员直接或借助技术设备以声音、表情、动作公开再现作品的行为。（2）用各种手段公开播送作品，又称机械表演，指的是借助录音机、录像机等技术设备将自然人的表演公开传播，以机械方式传播作品的行为。

【放映权】2020年《著作权法修正案（草案）》第10条第（10）项规定，放映权，即通过放映机、幻灯机等技术设备公开再现美术、摄影、视听作品等的权利。

【广播权】2020年《著作权法修正案（草案）》第10条第（11）项规定，广播权，即以有线或者无线方式公开播放或者转播作品，以及通过扩音器或者其他传送符号、声音、图像的类似工具向公众传播广播作品的权利。

【信息网络传播权】《著作权法》第10条第（12）项规定，信息网络传播权，即以有线或者无线方式向公众提供作品，使公众可以在其个人选定的时间和地点获得作品的权利。“使公众可以在其个人选定的时间和地点获得作品”无须让公众实际取得作品，只要公众在可获取的状态即可。

【摄制权】2020年《著作权法修正案（草案）》第10条第（13）项规定，摄制权，即以摄制视听作品的方法将作品固定在载体上的权利。

【改编权】《著作权法》第10条第（14）项规定，改编权，即改变作品，创作出具有独创性的新作品的权利。

【翻译权】《著作权法》第10条第（15）项规定，翻译权，即将作品从一种语言文字转换成另一种语言文字的权利。翻译权适用的作品类型主要集中于文字作品、口述作品、电影作品以及一切以文字为其表现形式的作品中。翻译不能改变原作所表达的综合理念。

【汇编权】《著作权法》第 10 条第（16）项规定，汇编权，即将作品或者作品的片段通过选择或者编排，汇集成新作品的权利。汇编人，在汇编原作品的时候，需要获得所有原作品的著作权人的许可，并且给他们支付相应的报酬。

【由著作权人享有的其他权利】对著作权人享有的其他权利，《著作权法》第 10 条作了兜底性规定。

6.4.3 农业著作权的保护期限

【人身权的保护期限】（1）署名权、修改权和保护作品完整权。《著作权法》第 20 条规定，著作者的署名权、修改权、保护作品完整权的保护期不受限制。如果出现著作权人死亡的情形，《著作权法实施条例》第 15 条规定，作者死亡后，其著作权中的署名权、修改权和保护作品完整权由作者的继承人或者受遗赠人保护。著作权无人继承又无人受遗赠的，其署名权、修改权和保护作品完整权由著作权行政管理部门保护。（2）发表权。2020 年《著作权法修正案（草案）》第 21 条第 1 款规定，自然人的作品，其发表权的保护期为作者终生及其死亡后 50 年，截止于作者死亡后第五十年的 12 月 31 日。如果作品在作者生前未发表，《著作权法实施条例》第 17 条规定，如果作者未明确表示不发表，作者死亡后 50 年内，其发表权可由继承人或者受遗赠人行使；没有继承人又无人受遗赠的，由作品原件的所有人行使。

【著作财产权的保护期限】对于 2020 年《著作权法修正案（草案）》第 10 条所列举的第（5）项至第（17）项著作权财产权，当作者为自然人时，2020 年《著作权法修正案（草案）》第 21 条第 1 款规定，自然人的作品，其本法第 10 条第 1 款第（5）项至第（17）项规定的权利的保护期为作者终生及其死亡后 50 年，截止于作者死亡后第五十年的 12 月 31 日。

【特殊作品的保护期限】此处提及的特殊作品包括：合作作品，法人或非法人组织的作品和职务作品，视听作品，摄影作品，及匿名作品。其中前三类的保护期限由《著作权法》第 21 条所规定。匿名作品的保护期限由《著作权法实施条例》第 18 条所规定。（1）合作作品，其保护期限截止于最后死亡的作者死亡后第五十年的 12 月 31 日。（2）法人或者非法人组织的作品、著作权（署名权除外）由法人或者其他组织享有的职务作品，其发表权和著作财产权的保护期为 50 年，截止于作品首次发表后第五十年的 12 月 31 日，但作品自创作完成后 50 年内未发表的，《著作权法》不再保护。（3）视听作品、摄影作品，其发表权和著作财产权的保护期为 50 年，截止于作品首次发表后第五十年的 12 月 31 日，但作品自创作完成后 50 年内未发表的，《著作权法》不再保护。

（4）匿名作品。作者身份不明的作品，其著作权法第 10 条第 1 款第（5）项至第（17）项规定的权利的保护期截止于作品首次发表后第 50 年的 12 月 31 日。作者身份确定后，适用著作权法第 21 条的规定：如果作者为自然人，其保护期在自然人死亡或最后一个合作作者死亡后的第 50 年的 12 月 31 日届满；如果作者为法人或非法人组织，其保护期在作品首次发表后第五十年的 12 月 31 日届满。

6.5 农业邻接权

6.5.1 农业邻接权的词源和定义

【词源】邻接权这一称谓主要来自国际上的使用，因其与著作权有紧密联系而被称为邻接权。除此之外，邻接权亦被称为“与著作权有关的权利”“传播者权”或“相关权”。对于与著作权有关的权利这一词主要来源于我国的著作权法。我国对于邻接权的法律问题是由《著作权法》条文进行具体规定的，我国的法律体系中并没有单独的关于邻接权的体例规定，因此在我国邻接权亦被称为“与著作权有关的权利”。根据《著作权法》第 1 条规定，著作权法的制定是为保护文学、艺术和科学作品作者的著作权，以及与著作权有关的权益。该“与著作权有关的权益”即为我国的邻接权。而传播者权或邻接权，主要源于国际公约。1961 年 10 月 26 日，国际劳工组织与世界知识产权组织及联合国教育、科学及文化组织共同发起，在罗马缔结了《罗马公约》。根据该公约的规定，公约是因缔约各方，出于保护表演者、录音制品制作者和广播组织的权利的愿望而缔结的。该公约邻接权界定为前述这三项权利。由于《罗马公约》主要保护的是表演者、录音制品制作者和广播组织的权利，这几项权利的主体皆为作品的传播者，因此这几项权利也被统称为“传播者权”。此外，1996 年 12 月 20 日，由世界知识产权组织在瑞士日内瓦召开的“关于版权和邻接权若干问题”的外交会议上通过《WIPO 表演和录音制品条约》。该条约的制定主要是为在数字技术环境下发展和保护表演者和录音制品制作者权利。因此，国际上基本上将这几项权利称为邻接权或传播者权。但是要注意，我国界定的邻接权，与《罗马公约》和《WIPO 表演和录音制品条约》对邻接权的界定有所不同。国际上的邻接权包括表演者权、录音制品制作者权和广播组织权，我国的邻接权除了前述权利外还包括出版者权，而对邻接权的定义也不单指作品传播者享有的权利，也指作品之外劳动成果的创作者所享有的权利。

【定义】邻接权，直译为与著作权相邻近的权利，指作品传播者对其传播作品过程中所作出的创造性劳动成果所享有的权利，或作品之外劳动成果的创作者所享有的权利。邻接权与著作权密切相关，是著作权的派生权利。《著作权法实施条例》第 26 条规定，著作权法和本条例所称与著作权有关的权益，是指出版者对其出版的图书和期刊的版式设计享有的权利，表演者对其表演享有的权利，录音录像制作者对其制作的录音录像制品享有的权利，广播电台、电视台对其播放的广播、电视节目享有的权利。农业邻接权就是农业领域内与著作权密切相关的派生权利，其本质含义与一般邻接权并无不同。

6.5.2 出版者权

【定义】 出版者权，指出版者对其出版的图书和期刊的版式设计享有的权利。根据《著作权法》第 36 条，出版者有权许可或者禁止他人使用其出版的图书、期刊的版式设计。

【主体】 出版者权的主体是图书出版者或者期刊、报刊出版者。

【客体】 出版者权的客体是图书或者期刊、报刊。

【专有出版权】（1）《著作权法》第 30 条规定，图书出版者出版图书应当和著作权人订立出版合同，并支付报酬。《著作权法》第 31 条规定，图书出版者对著作权人交付出版的作品，按照合同约定享有的专有出版权受法律保护，他人不得出版该作品。（2）对于要重印或再版的情况，《著作权法》第 32 条规定，图书出版者重印、再版作品的，应当通知著作权人，并支付报酬。图书脱销后，图书出版者拒绝重印、再版的，著作权人有权终止合同。（3）《著作权法》第 34 条规定，图书出版者经过作者的允许，可以对作品进行修改或删节。报社、期刊社可以对作品作文字性修改、删节。对内容的修改，应当经作者许可。

【图书、期刊的版式设计权】 2002 年《著作权法修正案（草案）》第 35 条第 1 款规定，出版者有权许可或者禁止他人使用其出版的图书、期刊的版式设计。此外，对于图书出版者的专有出版权，其权利保护期限以合同约定的期限为准。对于图书、期刊的版式设计权，《著作权法》第 35 条第 2 款规定，图书、期刊的版式设计权的保护期为 10 年，截止于使用该版式设计的图书、期刊首次出版后第十年的 12 月 31 日。

6.5.3 表演者权

【定义】 表演者权，指表演者对其表演活动依法享有的权利。

【主体】 表演者权的主体，是表演者，即以演奏、歌唱、朗诵等方式表演文学、艺术、科学作品或者民间文学艺术的自然人、法人或者其他组织。《著作权法实施条例》第 5 条第（6）项规定，表演者是指演员、演出单位或者其他表演文学、艺术作品的人。表演者权的客体，是指对作品的表演活动。

【表明表演者身份权】 如现场表演中，表演者有权要求表演主持人向观众或听众报告自己的真名或艺名；机械表演作品被传播时，表演者有权要求录制者在音像制品、视听制品，或包装上标明自己的真名或者艺名；播放录音录像制品时，表演者有权要求播放者以适当方式表明自己的真名或者艺名；在发行、销售或者出租录音录像或者视听制品时，表演者有权要求有关人员在广告中、宣传材料或合同书上以适当方式表明自己的真名或者艺名。

【保护表演形象不受歪曲权】表演形象包括表演者的形体形象和声誉形象。

【对表演的现场直播许可权】表演者享有许可他人现场直播和公开传送其现场表演并获得报酬的权利。

【对表演进行录音录像许可权】表演者享有许可他人对自己的表演进行录音录像并获得报酬的权利。

【音像制品复制发行出租许可权】表演者享有许可他人复制、发行、出租录有其表演的录音录像制品并获得报酬的权利。

【信息网络传播许可权】表演者享有许可他人通过信息网络向公众传播其表演并获得报酬的权利。

【表演者义务】2020 年《著作权法修正案（草案）》第 36 条规定，表演者使用他人作品演出，表演者（演员、演出单位）应当取得著作权人许可，并支付报酬。演出组织者组织演出，由该组织者取得著作权人许可，并支付报酬。

【保护期限】《著作权法》第 39 条规定，对于表明表演者身份和保护表演形象不受歪曲的权利，其保护期不受限制；对于对表演的现场直播许可权、对表演进行录音录像许可权、音像制品复制发行许可权和信息网络传播许可权，其保护期为 50 年，截止于该表演发生后第五十年的 12 月 31 日。

6.5.4 录音录像制作者权

【定义】录音录像制作者权，是指录音录像制作者对其制作的录音录像制品享有的权利。

【主体】录音录像制作者。《著作权法实施条例》第 5 条第（4）、（5）项规定，著作权法和本条例中下列用语的含义：录音制作者，是指录音制品的首次制作人；录像制作者，是指录像制品的首次制作人。

【客体】录音制品和录像制品。《著作权法实施条例》第 5 条第（2）、（3）项规定，著作权法和本条例中下列用语的含义：录音制品，是指任何对表演的声音和其他声音的录制品；录像制品，是指电影作品和以类似摄制电影的方法创作的作品以外的任何有伴音或者无伴音的连续相关形象、图像的录制品。

【权利】许可他人复制、发行、出租、通过信息网络向公众传播并获得报酬的权利。被许可人复制、发行、通过信息网络向公众传播录音录像制品，还应当取得著作权人、表演者许可，并支付报酬。

【义务】（1）2020 年《著作权法修正案（草案）》第 40 条第 1 款规定，录音录像制作者使用他人作品制作录音录像制品，应当取得著作权人许可，并支付报酬。（2）2020 年《著作权法修正案（草案）》第 40 条第 2 款规定，录音制作者使用他人已经合法录制为录音制品的音乐作品制作录音制品，可以不经著作权人许可，但应当按照规定支付报酬；著作权人声明不许使用的不得使用。（3）《著作权法》第 41 条规定，录音录像制作者制作录音录像制品，应当同表演者订立合同，并支付报酬。

【保护期限】《著作权法》第 42 条规定，权利的保护期为 50 年，截止于该制品首次制作完成后第五十年的 12 月 31 日。

6.5.5 广播组织权

【定义】广播组织权，指广播电台、电视台对其播放的载有节目的信号享有的权利。

【主体】广播电台和广播电视台。

【客体】广播信号。

【权利】2020 年《著作权法修正案（草案）》第 45 条规定，广播电台、电视台对其播放的载有节目的信号享有下列权利：（1）许可他人转播；（2）许可他人录制以及复制；（3）许可他人通过信息网络向公众传播。

【义务】2020 年《著作权法修正案（草案）》第 44 条规定，广播电台、电视台播放他人未发表的作品，应当取得著作权人许可，并支付报酬。广播电台、电视台播放他人已发表的作品，可以不经著作权人许可，但应当支付报酬。

【保护期限】2020 年《著作权法修正案（草案）》第45 条第2 款规定，广播组织权的保护期为 50 年，截止于该信号首次播放后第五十年的 12 月 31 日。

6.6 农业著作权的限制

6.6.1 合理使用

【定义】合理使用，指自然人、法人或其他组织依法可以不经著作权人的许可而使用他人已经发表的作品，且不必向著作权人支付报酬的制度。合理使用适用于对出版者、表演者、录音录像制作者、广播电台、电视台的权利的限制。

【条件】合理使用的条件，指判断对作品的使用是否构成合理使用的标准。国际上，对合理使用的判定标准采取的是三步检验法，指的是合理使用行为应当满足下述三个条件才不会导致侵权，即在特殊情况下，不与作品的正常使用相冲突，未对作者的合法利益造成不当影响。三步检验法在 TRIPS 协定和《WIPO 版权条约》中也有所规定。《著作权法实施条例》第 21 条规定，依照著作权法有关规定，使用可以不经著作权人许可的已经发表的作品的，不得影响该作品的正常使用，也不得不合理地损害著作权人的合法利益。该条规定是对《伯尔尼公约》的“三步检验法”的适用。此外，美国总结了四项标准进行检验。根据《美国著作权法》第 107 条“四要件”的规定，合理使用的判定标准应包括以下四个方面：一是利用行为的目的与性质，包括该利用是否为商业性质或为非营利性的教育目的；二是被利用作品的性质；三是所利用的部分相对于作品整体在数量与重要性上的比例；四是利用行为对作品潜在市场与价值的影响。

【类型】2020 年《著作权法修正案（草案）》第 22 条规定，在下列情况下使用作品，可以不经著作权人许可，不向其支付报酬，但应当指明作者姓名、作品名称，并且不得影响该作品的正常使用，也不得不合理地损害著作权人的合法权益：（1）为个人学习、研究或者欣赏，使用他人已经发表的作品。（2）为介绍、评论某一作品或者说明某一问题，在作品中适当引用他人已经发表的作品。（3）为报道时事新闻，在报纸、期刊、广播电台、电视台等媒体中不可避免地再现或者引用已经发表的作品。（4）报纸、期刊、广播电台、电视台等媒体刊登或者播放其他报纸、期刊、广播电台、电视台等媒体已经发表的关于政治、经济、宗教问题的时事性文章，但作者声明不许刊登、播放的除外。（5）报纸、期刊、广播电台、电视台等媒体刊登或者播放在公众集会上发表的讲话，但作者声明不许刊登、播放的除外。（6）为学校课堂教学或者科学研究，翻译、播放或者少量复制已经发表的作品，供教学或者科研人员使用，但不得出版发行。（7）国家机关为执行公务在合理范围内使用已经发表的作品。（8）图书馆、档案馆、纪念馆、博物馆、美术馆等为陈列或者保存版本的需要，复制本馆收藏的作品。（9）免费表演已经发表的作品，该表演未向公众收取费用，也未向表演者支付报酬。（10）对设置或者陈列在室外公共场所的艺术作品进行临摹、绘画、摄影、录像。（11）将中国自然人、法人或者非法人组织已经发表的以汉语言文字创作的作品翻译成少数民族语言文字作品在国内出版发行。（12）以阅读障碍者能够感知的独特方式向其提供已经发表的作品。

6.6.2 法定许可

【定义】法定许可，指特定的自然人、法人或者其他组织依法对著作权人的作品使用可以不经著作权人的许可，但应当按照规定支付报酬的制度。

【类型】（1）编写出版教科书的法定许可。2020 年《著作权法修正案（草案）》第 23 条第 1 款规定，为实施义务教育和国家教育规划而编写出版教科书，可以不经著作权人许可，在教科书中汇编已经发表的作品片段或者短小的文字作品、音乐作品或者单幅的美术作品、摄影作品、图形作品，但应当按照规定支付报酬，指明作者姓名、作品名称，并且不得侵犯著作权人依照本法享有的其他权利。此外，《著作权法》第 23 条第 2 款规定，前款规定适用于对出版者、表演者、录音录像制作者、广播电台、电视台的权利的限制。编写出版教科书的法定许可情形，也适用于邻接权人。（2）关于报刊转载的法定许可。根据 2020 年《著作权法修正案（草案）》第 33 条第 2 款，作品（在报社、期刊社）刊登后，除著作权人声明不得转载、摘编的外，其他报刊可以转载或者作为文摘、资料刊登，但应当按照规定向著作权人支付报酬。（3）录音制品制作的法定许可。2020 年《著作权法修正案（草案）》第 40 条第 2 款的规定，录音制作者使用他人已经合法录制为录音制品的音乐作品制作录音制品，可以不经著作权人许可，但应当按照规定支付报酬；著作权人声明不许使用的不得使用。（4）广播组织播放作品的法定许可。2020 年《著作权法修正案（草案）》第 44 条第 2 款规定，广播电台、电视台播放他人已发表的作品，可以不经著作权人许可，但应当支付报酬。此外，2020 年《著作权法修正案（草案）》第 46 条规定了播放视听作品，录像制品的例外，即电视台播放他人的视听作品、录像制品，应当取得视听作品制作者或者录像制作者许可，并支付报酬；播放他人的录像制品，还应当取得著作权人许可，并支付报酬。（5）制作课件的法定许可。《信息网络传播权保护条例》第 8 条规定，为通过信息网络实施九年制义务教育或者国家教育规划，可以不经著作权人许可，使用其已经发表作品的片断或者短小的文字作品、音乐作品或者单幅的美术作品、摄影作品制作课件，由制作课件或者依法取得课件的远程教育机构通过信息网络向注册学生提供，但应当向著作权人支付报酬。《信息网络传播权保护条例》第 10 条规定，“依照本条例规定不经著作权人许可、通过信息网络向公众提供其作品的，还应当遵守下列规定：……（四）采取技术措施，防止本条例第 7 条、第 8 条、第 9 条规定的服务对象以外的其他人获得著作权人的作品，并防止本条例第 7 条规定的服务对象的复制行为对著作权人利益造成实质性损害”。

6.6.3 强制许可

强制许可，指在法律规定的条件下根据申请人的请求，由著作权主管机关将对已发表的作品进行特殊使用的权利授予申请人的制度。因此，强制许可也称违背著作权人意志的许可。我国没有对强制许可作出明确规定，该许可制度来自《伯尔尼公约》附件第 2 条的规定。

6.7 农业著作权的保护

6.7.1 农业著作权的侵权行为

【定义】农业著作权侵权行为，也包括农业邻接权的侵权行为，指侵犯农业领域的著作权或邻接权的行为，即行为人未经著作权人或邻接权人的许可使用了其受著作权保护的行为。

【类型】（1）直接侵权，指行为人对受著作权保护的作品所实施的行为直接侵犯了著作权人的著作权。在实施行为中，没有其他行为人的介入。如《著作权法》第47条和第48条明确列举了著作权的直接侵权行为。（2）间接侵权，指行为人的行为本身不一定构成对著作权人的侵权，并没有直接实施受著作权控制的行为，但是有可能造成第三人侵权或者使得第三人的侵权行为得以继续。该行为如果符合相关条件，也会被视为侵犯著作权人的著作权。如《侵权责任法》第9条规定，教唆、帮助他人实施侵权行为的，应当与行为人承担连带责任。

【表现形式】2020年《著作权法修正案（草案）》第51条规定，有下列侵权行为的，应当根据情况，承担停止侵害、消除影响、赔礼道歉、赔偿损失等民事责任：（1）未经著作权人许可，发表其作品的；（2）未经合作作者许可，将与他人合作创作的作品当作自己单独创作的作品发表的；（3）没有参加创作，为谋取个人名利，在他人作品上署名的；（4）歪曲、篡改他人作品的；（5）剽窃他人作品的；（6）未经著作权人许可，以展览、摄制视听作品的方法使用作品，或者以改编、翻译、注释等方式使用作品的，本法另有规定的除外；（7）使用他人作品，应当支付报酬而未支付的；（8）未经视听作品、计算机软件、录音录像制品的著作权人或者与著作权有关的权利人许可，出租其作品或者录音录像制品的原件或者复制件的，本法另有规定的除外；（9）未经出版者许可，使用其出版的图书、期刊的版式设计的；（10）未经表演者许可，从现场直播或者公开传送其现场表演，或者录制其表演的；（11）其他侵犯著作权以及与著作权有关的权益的行为。2020年《著作权法修正案（草案）》第52条规定，有下列侵权行为，损害公共利益的，除承担本法第51条规定的民事责任外，由著作权主管部门责令停止侵权行为，予以警告，没收违法所得，没收、销毁侵权复制品，并可处以罚款；情节严重的，著作权行政管理部门还可以没收主要用于制作侵权复制品的材料、工具、设备等，非法经营额5万元以上的，可以并处非法经营额1倍以上5倍以下罚款；没有非法经营额，非法经营额难以计算或者不足5万元的，可以并处25万元以下罚款；构成犯罪的，依法追究刑事责任：(1) 未经著作权人许可，复制、发行、表演、放映、广播、汇编、通过信息网络向公众传播其作品的，本法另有规定的除外；(2) 出版他人享有专有出版权的图书的；(3) 未经表演者许可，复制、发行、出租录有其表演的录音录像制品，或者通过信息网络向公众传播其表演的，本法另有规定的除外；(4) 未经录音录像制作者许可，复制、发行、通过信息网络向公众传播其制作的录音录像制品的，本法另有规定的除外；(5) 未经许可，播放、复制或者通过信息网络向公众传播广播电台、电视台播放的载有节目的信号的，本法另有规定的除外；(6) 未经著作权人或者与著作权有关的权利人许可，故意避开或者破坏权利人为其作品、录音录像制品等采取的保护著作权或者与著作权有关的权利的技术措施的，故意制造、进口或者向他人提供主要用于避开、破坏技术措施的装置或者部件的，或者故意为他人避开或者破坏技术措施提供技术服务的，法律、行政法规另有规定的除外；(7) 未经著作权人或者与著作权有关的权利人许可，故意删除或者改变作品、版式设计、表演、录音录像制品或者广播电台、电视台播放的载有节目的信号上的权利管理信息的，知道或者应当知道作品、版式设计、表演、录音录像制品或者广播电台、电视台播放的载有节目的信号上的权利管理信息未经许可被删除或者改编，仍然向公众提供的，法律、行政法规另有规定的除外；(8) 制作、出售假冒他人署名的作品的。

6.7.2 农业著作权侵权的法律责任

【民事救济措施】(1) 停止侵害。该措施的实施目的主要是及时制止侵权行为，防止扩大损害后果，被侵权人可以要求人民法院责令著作权侵权人立即停止正在进行的侵权行为。比如，根据被侵权人的请求，人民法院可以责令对未经许可的复制、发行、播放等行为，采取封存侵权物、扣押侵权物、立即停止出版发行侵权物、禁止播放、没收违法所得和侵权复制品等措施。(2) 消除影响、赔礼道歉。侵权人应承认侵权，以说明事情真相等方式消除其侵权行为给著作权人带来的消极影响，并向著作权人表示歉意。(3) 赔偿损失。著作权侵权人因其侵权行为给被侵权人（著作权人）造成的财产性损害，应当进行赔偿。2020年《著作权法修正案（草案）》第53条规定，侵犯著作权或者与著作权有关的权利的，侵权人应当按照权利人的实际损失给予赔偿；实际损失难以计算的，可以按照侵权人的违法所得给予赔偿；权利人的实际损失或者侵权人的违法所得难以计算的，可以参照该权利许可使用费的倍数给予赔偿。对故意侵犯著作权或者与著作权有关的权利，情节严重的，可以在按照上述方法确定数额的1倍以上5倍以下给予赔偿。权利人的实际损失、侵权人的违法所得、权利许可使用费难以计算的，由人民法院根据侵权行为的情节，判决给予500万元以下的赔偿。赔偿数额还应当包括权利人为制止侵权行为所支付的合理开支。人民法院为确定赔偿数额，在权利人已经尽力举证，而与侵权行为相关的账簿、资料主要由侵权人掌握的情况下，可以责令侵权人提供与侵权行为相关的账簿、资料；侵权人不提供或者提供虚假的账簿、资料的，人民法院可以参考权利人的主张和提供的证据确定赔偿数额。《著作权纠纷解释》第 24 条规定，权利人的实际损失，可以根据权利人因侵权所造成复制品发行减少量或者侵权复制品销售量与权利人发行该复制品单位利润乘积计算。发行减少量难以确定的，按照侵权复制品市场销售量确定。《著作权纠纷解释》第 25 条规定，人民法院在确定赔偿数额时，应当考虑作品类型、合理使用费、侵权行为性质、后果等情节综合确定。当事人按照本条第 1 款的规定就赔偿数额达成协议的，应当准许。

【刑事救济措施】根据《刑法》第 217 条侵犯著作权罪的规定，以营利为目的，有下列侵犯著作权情形之一，违法所得数额较大或者有其他严重情节的，处 3 年以下有期徒刑或者拘役，并处或者单处罚金；违法所得数额巨大或者有其他特别严重情节的，处 3 年以上 7 年以下有期徒刑，并处罚金：（1）未经著作权人许可，复制发行其文字作品、音乐、电影、电视、录像作品、计算机软件及其他作品的；（2）出版他人享有专有出版权的图书的；（3）未经录音录像制作者许可，复制发行其制作的录音录像的；（4）制作、出售假冒他人署名的美术作品的。根据《刑法》第 218 条销售侵权复制品罪的规定，以营利为目的，销售明知是本法第 217 条规定的侵权复制品，违法所得数额巨大的，处 3 年以下有期徒刑或者拘役，并处或者单处罚金。

6.7.3 农业著作权的侵权诉讼

【诉讼时效】《著作权纠纷解释》第 28 条规定，侵犯著作权的诉讼时效为 2 年，自著作权人知道或者应当知道侵权行为之日起计算。权利人超过 2 年起诉的，如果侵权行为在起诉时仍在持续，在该著作权保护期内，人民法院应当判决被告停止侵权行为；侵权损害赔偿数额应当自权利人向人民法院起诉之日起向前推算 2 年计算。

【举证责任】对于一般的民事诉讼案件，《民事诉讼法》第 64 条第 1 款规定，当事人对自己提出的主张，有责任提供证据。因此，原则上民事诉讼案件的举证责任遵循“谁主张，谁举证”的举证责任。但是，著作权纠纷案件中出现了举证责任转移的情况。比如，2020 年《著作权法修正案（草案）》第 56 条规定，复制品的出版者、制作者不能证明其出版、制作有合法授权的，复制品的发行者或者视听作品、计算机软件、录音录像制品的复制品的出租者不能证明其发行、出租的复制品有合法来源的，应当承担法律责任。此外，对于在民事诉讼的举证过程中要提交的证据，必须具备三性，即“合法性、客观性和关联性”。但在著作权纠纷案件中，权利人有时候无法通过合法途径获取证据。基于此种情况，《著作权纠纷解释》第8条规定，当事人自行或者委托他人以定购、现场交易等方式购买侵权复制品而取得的实物、发票等，可以作为证据。公证人员在未向涉嫌侵权的一方当事人表明身份的情况下，如实对另一方当事人按照前款规定的方式取得的证据和取证过程出具的公证书，应当作为证据使用，但有相反证据的除外。

7　其他涉农知识产权

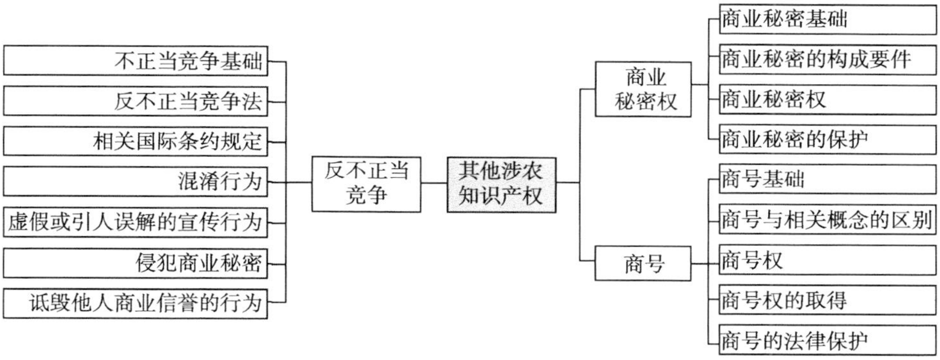

图7-1　其他涉农知识产权知识导读

7.1　反不正当竞争

7.1.1　不正当竞争基础

【词源】不正当竞争概念最初诞生于19世纪的欧洲，1796年，德国制定了世界上第一个不正当竞争的专门立法——《抵制不正当竞争行为法》，规定不法广告、欺诈交易、诋毁商誉、商业混淆、侵犯商业秘密等行为为不正当竞争行为，对欧洲大陆国家影响很大，它们相继对不正当竞争行为展开法律规制，同时对不正当竞争行为的规制也体现在英美法系的判例中。1900年，《巴黎公约》作为国际公约和国际立法首次将反不正当竞争定义为在工商业活动中违反诚实商业惯例的行为，该定义为世界各国所接受。

【定义】不正当竞争又称不公正交易，是对违反诚实信用原则从事商业竞争行为的统称。广义的不正当竞争行为包括垄断、限制竞争以及其他违反商业道德采取不正当手段破坏竞争的行为。狭义的不正当竞争，是指除垄断和限制竞争行为之外违反商业道德采取不正当手段破坏竞争的行为。本书所指的不正当竞争为狭义的不正当竞争，指经营者违反诚实信用原则和公认的商业道德手段，损害其他经营者和消费者的利益，扰乱市场经济秩序的行为。

【类型】我国《反不正当竞争法》在对不正当竞争进行概括性规定外，又列举了7种具体的不正当竞争行为，它们分别是商业混淆行为、虚假或引人误解的宣传行为、商业贿赂行为、侵犯商业秘密行为、商业诽谤行为、不正当有奖销售行为、互联网不正当竞争行为等行为。其中商业混淆行为、虚假或引人误解的宣传行为、侵犯商业秘密行为、商业诋毁行为属于与知识产权有关的不正当竞争类型。

【特征】（1）主体一般为经营者。不正当竞争的主体是参与市场竞争的经营者，有些不正当竞争行为还可能损害消费者的合法权益，但从本质上，不正当竞争行为主要损害的是其他经营者的合法权益。对经营者资格的认定，可分别从主体资格和主体行为的不同角度进行界定。前者是具有经营活动法定资格的经济组织和个人，后者强调的是行为的经营活动性质，只要其行为具有生产经营性质，行为人即是“经营者”，即从事市场交易行为者，就是反不正当竞争法规制的对象。（2）发生在经营活动中。只有在市场竞争活动中才可能产生不正当竞争行为，非市场竞争行为不可能成为不正当竞争行为。这一特征是不正当竞争与一般民事侵权行为的区别所在。例如，对姓名权的侵犯，侵权人的行为不发生在生产经营活动中时，应以一般侵权行为论，只有在侵权行为发生在生产经营活动中，以此达到竞争优势的情况下才构成不正当竞争。（3）违反商业道德。不正当竞争行为的通常表现就是违法者采取欺诈的方式进行竞争，从中牟取非法利益，违反了诚实信用原则和商业道德，这是不正当竞争的行为特征，也是不正当竞争最本质的特征。（4）扰乱社会经济秩序。不正当竞争最根本的危害是破坏公平竞争，阻碍市场竞争机制的正常运行，损害诚实合法的经营者的合法权益，损害消费者的合法权益，对正常的市场经济秩序造成破坏。这正是将其称为“不正当”的原因，为法律所不容。

7.1.2 反不正当竞争法

【定义】是指调整在制止不正当竞争行为、维护公平竞争过程中发生的社会关系的法律规范的总称。

【功能】反不正当竞争法对知识产权法不涉及而又确实损及知识产品的行为加以规制，对与知识产权客体的交叉部分给予“兜底保护”，填补知识产权法的空白，使法律对知识产品的保护连结起来形成一个整体。对此，郑成思把传统知识产权的三项主要法律（版权法、专利法和商标法）比作三座浮在海面上的冰山，而把反不正当竞争法比作在下面托着三座冰山的海水。

【立法体例】由于不正当竞争的行为表现复杂多端，形式多样，相关国际条约及各国立法对不正当竞争的界定形成三种立法体例。（1）概括式定义，即对不正当竞争作原则性概括。如瑞士1976年修订的《反不正当竞争法》规定，不正当竞争是指任何欺骗性商业行为或以其他手段违反诚实信用原则的任何商业行为。(2) 列举式定义，即直接列举不正当竞争行为作为鉴定不正当竞争的标准。如日本在《不正当竞争防止法》中列举了6种“不公正交易方法”，在《不公正的交易方法》中又列举了16种不公正交易行为的具体表现。(3) 概括加列举的折衷式定义，即在对不正当竞争作原则性概括的同时，又具体列举了不正当竞争的行为表现。此定义方式以《巴黎公约》首开先河，该公约第10条第2款规定：“凡在工商业活动中违反诚实信用的竞争行为即构成不正当竞争的行为。”并在其后列举了三种特别禁止的不正当竞争行为。这种定义方式对各国立法影响很大，如德国《反不正当竞争法》除在其第2条对不正当竞争作了概括性规定为“在营业中为竞争的目的采取选择善良风俗的行为”外，还列举了引人误解的广告行为、强制顾客购买行为、贿赂行为等多种不正当竞争行为。我国《反不正当竞争法》采取概括加列举的立法体例，首先在第2条第2款规定：“本法所称的不正当竞争行为，是指经营者在生产经营活动中，违反本法规定，扰乱市场竞争秩序，损害其他经营者或者消费者的合法权益的行为。”对不正当竞争作了概括规定。其次在法律分则部分又规定了7种具体的不正当竞争行为，它们分别是商业混淆行为、虚假或引人误解的宣传行为、商业贿赂行为、侵犯商业秘密行为、诋毁他人商业信誉的行为、不正当有奖销售行为、互联网不正当竞争行为等行为。

【法律适用】 知识产权法是特别法，反不正当竞争法是一般法，遵行特别法优于一般法的规则加以适用，在特别法没有规定时，才来寻求一般法的保护。

7.1.3 相关国际条约规定

【巴黎公约】 该公约列举了三种不正当竞争行为，都涉及知识产权的保护：(1) 所有会导致与竞争者的营业所、商品或工商业活动产生混淆的行为，即混淆行为；(2) 毁损竞争者营业所、商品或工商业活动信誉的虚假说法，即毁誉行为；(3) 在营业中使用会使公众对商品的性质、制造方法、特点用途或数量产生误解的标示或说明，即误导行为。

【TRIPS 协定】 TRIPS 协定第7条和第8条特别规定了两类与知识产权有关的不正当竞争行为，即侵犯商业秘密（协议中称为未公开的信息）行为和滥用知识产权的行为（利用协议许可证限制竞争的行为）。

【关于反不正当竞争保护的示范规定】 世界知识产权组织1996制定的《关于反不正当竞争保护的示范规定》中列举了五种与知识产权有关的不正当竞争行为：(1) 对他人企业或其活动造成混淆的行为；(2) 损害他人的商誉或名声的行为；(3) 误导公众的行为；(4) 损害他人企业或其他活动的信用的行为；(5) 侵犯商业秘密的行为。

7.1.4 混淆行为

【定义】混淆行为是指假冒或仿冒他人商业标识，不正当地利用他人的商业信誉或商品声誉，引人误认为是他人商品或者与他人存在特定联系的行为。混淆行为本质上损害的是商业标识权利人或权益人的商誉。

【客体】混淆行为的客体主要是注册商标以外他人有一定影响的商品名称、包装、装潢、企业名称、网页等商业标识。

【类型】（1）擅自使用与他人有一定影响的商品名称、包装、装潢等相同或者近似的标识。如何认定“有一定影响”，根据《不正当竞争解释》，要考虑以下因素：

①具体认定有一定影响的商品，应当考虑该商品的销售时间、销售区域、销售额和销售对象，进行任何宣传的持续时间、程度和地域范围，作为有一定影响商品受保护的情况等因素，进行综合判断，被侵权人应当对其商品的市场知名度负举证责任。

②受保护的商品的名称、包装、装潢等标识应具有显著特征。下列商品的名称、包装、装潢等标识，不具有显著特征：（ⅰ）商品的通用名称、图形、型号；（ⅱ）仅仅直接表示商品的质量、主要原料、功能、用途、重量、数量及其他特点的商品名称；（ⅲ）仅由商品自身的性质产生的形状，为获得技术效果而需有的商品形状以及使商品具有实质性价值的形状；（ⅳ）其他缺乏显著特征的商品名称、包装、装潢等标识。但部分通用标识经过使用，取得区别特定商品的“第二含义”，可以认定为其具有了显著特征而给予保护。在服务性经营中，营业场所的装饰、营业用具的式样、营业人员的服饰等构成的具有独特风格的整体营业形象，是“装潢”在服务商品上的特殊表现形式，可以认定为反不正当竞争法所规定的“装潢”。若商品的名称、包装、装潢等标识属于违反商标法规定，不得作为商标使用的禁用标志，当事人请求依照反不正当竞争法规定予以保护的，人民法院不予支持。

③混淆使用有一定影响商品的名称、包装、装潢等标识行为的认定。下列行为为混淆使用：（ⅰ）经营者擅自在相同或类似商品上使用与有一定影响商品的名称、包装、装潢等相同或者视觉上基本无差别的商品名称、包装、装潢等标识，此类仿冒混淆行为原则上限于相同或者类似商品上的使用，但如果在非类似商品上的使用足以引人误认为具有关联关系，仍可按照反不正当竞争法保护。这里的“使用”指的是在我国境内商业活动中的所有使用行为，包括将有一定影响商品特有的名称、包装、装潢用于商品、商品包装以及商品交易文书上，或者用于广告宣传、展览以及其他商业活动中。（ⅱ）其他足以使相关公众对商品的来源产生误认的行为，包括误认为与知名商品的经营者具有许可使用、关联企业

关系等特定联系。认定与有一定影响商品特有名称、包装、装潢相同或者近似的要素，可以参照商标相同或者近似的判断原则和方法。原告不仅要对被告使用的商品名称、包装、装潢等标识与自己的相同或者近似承担举证责任，而且也应当对这种使用是否会造成混淆误认承担举证责任。下列行为为正当使用，不构成不正当竞争：（ⅰ）有一定影响力的商品特有的名称、包装、装潢等标识中含有本商品的通用名称、图形、型号，或者直接表示商品的质量、主要原料、功能、用途、重量、数量以及其他特点，或者含有地名，他人因客观叙述商品而正当使用的。（ⅱ）在不同地域范围内使用相同或者近似的有一定影响商品特有的名称、包装、装潢等标识，在后使用者能够证明其善意使用的。这种情形下，在后使用者负有举证责任，必须证明其不知道在先使用的存在，且两者分别存在于不同的地域。同时，为平衡在先使用者和在后使用者的利益，维护正常的市场竞争和保护消费者的合法权益，因后来的经营活动进入相同地域范围而使其商品来源足以产生混淆的，在先使用者有权请求责令在后使用者附加足以区别商品来源的其他标识，如附加醒目的文字、图形等。

（2）擅自使用他人有一定影响的企业名称、社会组织名称、姓名。企业和社会组织的名称（包括字号、简称等）以及自然人的姓名是经营者活动的外在特征，体现商品（服务）经营者的商业信誉和商品声誉。擅自使用他人有一定影响的企业名称、社会组织名称（包括字号、简称等）或者姓名，引人误认为是他人的商品的行为或者与他人存在特定联系的行为为不正当竞争行为。在文化市场领域，使用笔名、艺名、译名等的情形较为常见，笔名、艺名、译名等与姓名具有同样的商品来源识别意义。因此，反不正当竞争法将具有一定的市场知名度、为相关公众所知悉的自然人的笔名、艺名、译名等，纳入反不正当竞争法规定的自然人"姓名"范围。需要注意的是，反不正当竞争法对企业和社会组织的名称以及自然人的姓名的保护不是立足于民法意义上的人身权保护，而是作为商业标识进行保护，因此，具有一定影响力，具有市场价值是企业名称、社会组织名称、姓名等受反不正当竞争保护的前提条件，判断其有一定影响力的认定标准和考量因素与商品名称、装潢等商业标识相同。

（3）擅自使用他人有一定影响的域名主体部分、网站名称、网页等。域名、网站名称、网页等互联网商业标识具有唯一性、专有性、排他性、识别性、无形性和稀缺性，权利人经过一段时间的使用和维护，网络标识会产生一定的商业价值。2017 年修改《反不正当竞争法》时增加了对互联网商业标识的法律保护，规定擅自使用他人有一定影响的域名主体部分、网站名称、网页等，引人误认为是他人的商品的行为或者与他人存在特定联系的行为为不正当竞争行为。与商品名称等商业标识相同，互联网商业标识受反不正当竞争保护的前提条件是该互联网商业标识在其经营领域具有一定影响力，判断其有一定影响力的认定标准和考量因素与商品名称、装潢等商业标识相同。

（4）其他足以引人误认为是他人商品或者与他人存在特定联系的混淆行为。此为兜底性的条款，以规制擅自使用各类商业标识导致混淆的行为，让禁止混淆行为的规定在实践中涵盖的范围更为广泛。

【法律责任】经营者违反规定实施混淆行为的，由监督检查部门责令停止违法行为，没收违法商品，可以并处罚款。情节严重的，吊销营业执照。经营者违反规定实施混淆行为给权利人造成损害的，还应当承担民事赔偿责任，权利人因被侵权所受到的实际损失、侵权人因侵权所获得的利益难以确定的，由人民法院根据侵权行为的情节判决给予权利人500万元以下的赔偿。经营者违法实施混淆行为情节严重，构成犯罪的，依法追究刑事责任。

7.1.5 虚假或引人误解的宣传行为

【定义】虚假或引人误解的宣传行为是指经营者利用广告或者其他方法，对商品的性能、功能、质量、销售状况、用户评价、曾获荣誉作不真实或者引人误解的商业宣传，欺骗、误导消费者的行为。是否构成虚假或引人误解的宣传行为，应当根据日常生活经验、相关公众的一般注意力、发生误解的事实和被宣传对象的实际情况等因素进行认定。

【表现形式】（1）对商品作片面的宣传或者对比；（2）将科学上未定论的观点、现象等当作定论的事实用于商品宣传；（3）以歧义性语言或者其他引人误解的方式进行商品宣传；（4）经营者通过组织虚假交易等方式，帮助其他经营者进行虚假或者引人误解的商业宣传。（5）误导性宣传的帮助行为。针对当前多发的商业销售中网上“刷单”、网下雇“托”等虚假宣传行为，《反不正当竞争法》新增加规定了禁止误导性宣传的帮助行为，即经营者通过组织虚假交易等方式，帮助其他经营者进行虚假或者引人误解的商业宣传行为。

【法律责任】经营者违反规定对其商品作虚假或者引人误解的商业宣传，或者通过组织虚假交易等方式帮助其他经营者进行虚假或者引人误解的商业宣传的，由监督检查部门责令停止违法行为，可以并处罚款；情节严重的，吊销营业执照。

给权利人造成损害的，还应当承担赔偿责任，赔偿数额按照其因被侵权所受到的实际损失确定；实际损失难以计算的，按照侵权人因侵权所获得的利益确定。

7.1.6 侵犯商业秘密

商业秘密是一种重要的无形财产，对商业秘密的法律保护是知识产权法律制度的重要组成部分。参见本节7.2。

7.1.7 诋毁他人商业信誉的行为

【定义】 诋毁他人商业信誉的行为是指经营者通过编造、传播虚假信息或者误导性信息等不正当手段对竞争对手的商业信誉、商品声誉进行恶意诋毁、贬低，以削弱其竞争能力的行为。又称诋毁他人商誉行为。

【客体】 诋毁他人商业信誉的行为指向的客体是竞争对手的商业信誉、商品声誉。商业信誉和商品声誉是社会对经营者或对其商品的积极评价。良好的商业信誉、商品声誉成为经营者重要的无形资产，可为其带来巨大的经济效益和竞争优势，应该受到法律保护。

【表现形式】 诋毁他人商业信誉的行为手段表现为捏造、散布虚伪事实。所谓捏造虚伪事实，是指编造与竞争对手商业信誉、商品声誉客观情况不相符的虚假信息或者误导性信息等，包括无中生有和恶意歪曲。散布虚伪事实，是指以各种可以使他人得知的方法传播其所捏造的虚假信息或者误导性信息等虚伪事实，包括向不特定的多数人散布，也包括向特定的共同客户或同行业的其他竞争者散布。常见的手法有刊登对比性广告、声明性广告、发布商业信息、唆使或收买某些人以客户或消费者名义投诉等方式，对竞争对手的商品质量进行诋毁。

【法律责任】 经营者违反规定损害竞争对手商业信誉、商品声誉的，由监督检查部门责令停止违法行为、消除影响，可以并处罚款。

经营者诋毁他人商业信誉构成侵权的，应当承担赔偿责任，赔偿数额按照其因被侵权所受到的实际损失确定；实际损失难以计算的，按照侵权人因侵权所获得的利益确定。

➢东阿阿胶股份有限公司诉东阿一品堂阿胶生物有限公司不正当竞争案

原告东阿阿胶股份有限公司（以下简称东阿公司）自2010年9月起在阿胶产品上使用长方体黑色扁铁盒包装，包装正面左上标注“东阿阿胶”标识，正面右侧有较宽红色竖条向后延伸至盒盖、上书黑色大字体“阿胶”文字，正面盒盖有突出的暗纹，背面为小字体说明书，东阿公司就该产品包装获得了外观设计专利。经东阿公司长期对该包装装潢的持续性使用，使其产品包装装潢在大量销售活动中为相关公众所熟知并将其与东阿公司的阿胶产品相关联。2017年，被告山东东阿一品堂阿胶生物有限公司（以下简称一品堂公司）销售的山东东阿一品堂阿胶片驴皮阿胶块ejiao阿胶可打粉礼盒使用了与原告产品相近似的包装装潢，经比对，被告生产的涉案产品与原告东阿股份公司的东阿阿胶产品的相同之处在于，均采用长方形黑色扁铁盒包装，包装正面均有较宽红色竖条向后延伸至盒盖，红色竖条中均竖向排列三排字，其中包括大字体“阿胶”文字及“ejiao”拼音（拼音存在大小写之别），包装上有红色方形的印章式文字，盒盖上也有突出的暗纹且纹路形状也基本相同，背面为小字体说明书且均采用白色字体等，尤其是包装盒整体形状、红黑区域分布、纹路、字体排布的视觉特征完全相同；区别在于红色方形印章文字位置相反，且文字稍有不同，其中东阿公司书写有“东阿阿胶”，位于盒体左上方，被控侵权产品上书写有“东阿特产”，位于盒体左下方，红色竖条背景上的文字不完全相同，另被控侵权产品左上角有汉方一品堂的商标标识以及下方书写一品堂企业名称。原告以被告的行为构成不正当竞争为由向法院起诉。

法院认为：被告涉案产品的包装、装潢与原告东阿公司主张权利的包装虽然在文字内容等细节上存在差异，但两者在形状、红黑图案分布组合、盒盖上的底纹纹路及书写的阿胶文字、红色方形印章式文字等消费者容易观察到的主要、显著视觉特征上相同，足以使得相关公众对商品来源产生混淆或误认，应当认定为近似包装、装潢。阿胶属于药食同源，民间历来有食用阿胶进补的习惯，因此，虽然东阿公司、一品堂公司各自采用的不同的审批体系取得相应批号，但是所售商品同源，显然具有竞争关系。综上，被告一品堂公司擅自使用与原告东阿公司有一定影响的商品的近似包装装潢，损害了东阿公司的商业利益，依法构成不正当竞争。判决被告立即停止生产、销售使用涉案侵权包装、装潢的阿胶产品并销毁库存侵权包装；赔偿原告经济损失。（浙江省杭州市余杭区人民法院［2019］浙0110民初5597号）

裁判要点如下：在本案中，原告的产品“东阿阿胶”具有较高的知名度，而被告在与原告相同的商品上使用的包装、装潢与原告主张权利的包装、装潢近似，容易导致消费者误认误购，其行为违反了《反不正当竞争法》第5条第2款的规定，一、二审法院正是从这些方面认定被告的行为构成不正当竞争。

7.2 商业秘密

7.2.1 商业秘密基础

【定义】商业秘密，是指不为公众所知悉、具有商业价值并经权利人采取相应保密措施的技术信息、经营信息等商业信息。商业秘密是国际上通用的法律术语，法国、德国等国家称为工商秘密，世界贸易组织《与贸易有关的知识产权协议》将其称作未披露信息，世界知识产权组织公布的《反不正当竞争法保护的示范法》中使用了秘密信息一词规定了对商业秘密的保护。

【立法体例】目前，各国及国际组织对商业秘密没有形成一个统一的定义。

立法例上有列举式定义、内涵式定义和折衷式定义三种方式，如德国将商业秘密列举为：顾客名单、材料来源、价格表、成本核算、生产数据、制造工艺等。日本的《不正当竞争防止法》第1条则将商业秘密定义为："商业秘密是指经营活动中实用的技术上和经营上的情报。"美国《统一商业秘密法》第1条对商业秘密所下的定义是：商业秘密指信息，包括配方、式样、汇编、程序、设计、方法技术和工序。这些信息：（1）因其不为公众周知，不能很容易地用正当理由和手段轻易取得，而具有独立的实际或潜在的经济价值；（2）已尽合乎情理的努力保持其秘密性。该定义从概念的内涵和外延两个方面对商业秘密作出定义，特别是以"信息"概括出商业秘密的属性，对国际条约及其他国家的立法有较大影响。2017年，我国新修改的《反不正当竞争法》第9条以内涵式定义方式对商业秘密作出了规定："本法所称的商业秘密，是指不为公众所知悉、具有商业价值并经权利人采取相应保密措施的技术信息、经营信息等商业信息。"这个定义将商业秘密范围界定为不为公众所知悉、具有商业价值并经权利人采取相应保密措施的技术信息、经营信息等商业信息。

【类型】（1）技术信息。技术信息是指未公开过，与产品生产和制造有关的技术诀窍、生产方案、工艺流程、设计图纸、配方、质量控制等方面的技术知识。技术信息可以是未申请专利而处于保密状态的技术发明，也可以是某项专利技术的补充，即所谓"专利说明下的技术秘密"，以及其他处于保密状态下的技术措施、方案。（2）经营信息。经营信息是指能够为经营者带来经济利益或竞争优势的用于经营活动的各类保密情报和信息，如客户名单，进货渠道，企业资信状况，资产购置计划，经营战略，投资计划，招标、投标中的标底及标书内容等。

7.2.2 商业秘密的构成要件

【秘密性】秘密性是指作为商业秘密的信息必须是非公开的，不为公众所知晓。这是构成商业秘密的核心条件，是商业秘密与专利技术、公知技术和公共信息相区别的最显著特征。

（1）秘密性要求是指成为商业秘密的技术信息和经营信息具有独特性，即该信息是非显而易见的，具有一定的技术高度或具有一定的难度，是研究或经验的成果，有别于公有领域的信息和知识。故一般的常识、同行或同专业普通技术人员都知晓的经营方法、技术知识，公有领域的信息、资料等，都不属于商业秘密。商业秘密的独特性体现了商业秘密中所包含的权利人的智力创造劳动，保护商业秘密的实质是保护权利人的智力创造性劳动。当然，对商业秘密的独特性要求并不如对专利那般严格，是一种最低限度的独特性，只要求相关信息不是本行业领域内众所周知的常识，能与常识性信息保持最低限度的不同。

（2）商业秘密的秘密性是一种客观秘密性，即作为商业秘密的信息在客观上没有被公众了解或没有进入公有领域，不能从公开渠道直接获得。这种“不为公众所知悉”是一种客观事实，与信息合法控制人的主观认识无关。但是，这里的“公众”范围需考虑其行业范围和地域范围，有相对性，应具体问题具体分析，不能一概而论。按照《不正当竞争解释》的规定，有关信息不为其所属领域的相关人员所普遍知悉和容易获得的，即可认定为“不为公众所知悉”。下列情况属于公众知悉的信息情形：①该信息为其所属技术或者经济领域的人的一般常识或者行业惯例；②该信息仅涉及产品的尺寸、结构、材料、部件的简单组合等内容，进入市场后相关公众通过观察产品即可直接获得；③该信息已经在公开出版物或者其他媒体上公开披露；④该信息已通过公开的报告会、展览等方式公开；⑤该信息从其他公开渠道可以获得；⑥该信息无须付出一定的代价而容易获得。

（3）商业秘密的秘密性要求信息的所有人主观上有保密意识，客观上采取了适当的、合理的保密措施，使信息处于秘密状态。保密措施有多种形式，如对雇员规定保密义务，限制非有关人员进入商业秘密的场地，制定各种保密规则，配置必要的防盗设备等。但保密性并非要求信息所有人采取的保密措施万无一失，按照《不正当竞争解释》的规定，权利人为防止信息泄漏采取了与其商业价值等具体情况相适应的合理保护措施，就应当认定为采取了“保密措施”。认定保密措施合理性的考虑因素包括所涉信息载体的特性、权利人保密的意愿、保密措施的可识别程度、他人通过正当方式获得的难易程度等。只要权利人采取了合理的、适当的保密措施，使商业秘密在合法条件下不至于被泄密就应当认为该商业秘密具有秘密性。商业秘密的秘密性又是相对的，商业秘密的所有人在保密的前提下，可以在一定范围内将其秘密向其雇员透露，或者根据约定转让给他人使用，该商业秘密并不因此而丧失其秘密性。同时，秘密性也不等于独一无二，作为商业秘密的信息可以同时为数个主体所独立掌握和控制，只要他保守秘密，就不破坏该信息的秘密性。

【价值性】价值性是指作为商业秘密的信息能够给权利人带来现实的或潜在的经济利益或者竞争优势。商业秘密的价值性体现了保护商业秘密的内在原因所在，也是商业秘密所有人对其采取措施的根本原因。一旦商业秘密的价值性丧失，商业秘密所有人无必要再对其保密，法律也不会再对其予以保护。商业秘密价值性的本质在于所有人因使用自己所掌握的技术秘密或商业信息而能够在竞争中取得优势地位。这种价值性包括现实价值和潜在价值，那些尚未付诸实践但具有潜在价值的信息，同样构成商业秘密。因此，不管是现实的可直接使用的商业秘密，还是正在研究、试制、开发中而具有潜在的、可预期的价值的信息，也不管是对生产、销售、研究、开发等生产经营活动直接有用的信息，还是在生产经营中有利于节省费用、提高经营效率的信息，如某些失败的技术研究资料和经营信息等，对权利人改进科学实验或者经营思路具有重要价值，对竞争对手也十分重要，其本身蕴涵着潜在的经济利益，可以带来竞争优势，都属于商业秘密。新修订的《反不正当竞争法》取消对商业秘密实用性的要求，使商业秘密的保护领域得以扩张，反映了知识经济发展对商业秘密保护范围扩展的客观要求，更为贴近国际条约的规定，与国际社会保持一致。

7.2.3 商业秘密权

【定义】商业秘密权是指商业秘密的所有人依法对其商业秘密所享有的权利。

【特征】（1）不具有排他性。商业秘密的权利人只拥有相对的专有权，不能阻止他人在他之后合法开发、掌握该信息。并且当其他人以合法方式如自己研制而取得同一内容的商业秘密时，其对此商业秘密同样享有商业秘密权，形成多个主体对同一商业秘密同时独立拥有商业秘密权的状况，而各个权利人的地位是平行的，互不排斥，任何权利人不得限制其他权利人对其商业秘密的使用、许可使用及处分行为。（2）权利范围具有不确定性。作为商业秘密的技术信息或经营信息等信息始终处于秘密状态，法律一般并不事先确定商业秘密的内容和权利归属，只能对侵权损害做事后补偿，这使得商业秘密的保护范围不可能事先确定，不可能为公众所了解和把握。这一点与专利权、商标权大相迥异，而商业秘密的独占权也主要凭靠权利人保守秘密而维持。（3）没有法定保护期。商业秘密权没有确定的法定保护期，权利人对商业秘密的独占权期限完全取决于权利人的保密措施和其他同样拥有商业秘密权的权利人的意志。一项商业秘密可能由于保密人的保密措施得力和技术本身的应用价值而延续很长时间，例如，美国“可口可乐”饮料配方，因保密得当，已有上百年历史而始终未泄露。相反，商业秘密也可能由于他人合法的公开行为而很快丧失独占权。

【内容】商业秘密权作为一种无形财产权，具有以下内容：（1）占有权，权利人有权对商业秘密进行控制、管理，防止他人采取不正当手段获取、泄露、使用。（2）使用权，权利人有权将自己的商业秘密付诸工商业活动中进行使用并从中受益。（3）许可使用权，权利人有权将商业秘密作为无形资产许可他人使用并获得报酬。（4）处分权，权利人有权处分自己的商业秘密，包括转让、赠予、放弃、无偿公开等。

7.2.4 商业秘密的保护

【侵害商业秘密的主体】《反不正当竞争法》规范的各种不正当竞争行为的实施者，绝大多数要求其具有经营者的身份，而侵犯商业秘密的人则不受该限制，侵犯商业秘密的行为主体可以是经营者，也可以是其他人。《反不正当竞争法》第 9 条第 2 款规定：“经营者以外的其他自然人、法人和非法人组织实施上述所列违法行为的，视为侵犯商业秘密。”第 3 款规定：“第三人明知或者应知商业秘密权利人的员工、前员工或者其他单位、个人实施本条第 1 款所列违法行为，仍获取、披露、使用或者允许他人使用该商业秘密的，视为侵犯商业秘密。”该规定将商业秘密的侵权行为主体明确为包括权利人的员工、前员工、其他单位、个人在内的一切主体，并增加第三人侵权行为形式，加强了雇主责任，强化了商业秘密的保护力度。同时，为保护职工的个人价值和客户的自由交易权，《不正当竞争解释》规定：“客户基于对职工个人的信赖而与职工所在单位进行市场交易，该职工离职后，能够证明客户自愿选择与自己或者其新单位进行市场交易的，应当认定没有采用不正当手段，但职工与原单位另有约定的除外。”

【侵害商业秘密的表现形式】《反不正当竞争法》第 9 条对侵害商业秘密的行为作出了规定。

（1）以不正当手段获取商业秘密。是指以盗窃、贿赂、欺诈、胁迫、电子侵入或者其他不正当手段获取权利人的商业秘密，如采用不为他人所知悉的方式监听、模拟、照相、复印等手段获取他人的商业秘密或以洽谈业务、联营、贸易谈判等为幌子套取权利人的商业秘密。这里列举的不正当手段是未穷尽的，除了盗窃、贿赂、欺诈、胁迫等常见的不正当手段以外，其他不符合商业道德、采取超出正当合理的方法而获取他人商业秘密的行为，均以不正当手段论处。

（2）披露、使用或允许他人使用以不正当手段获取的商业秘密。这种侵权行为建立在第一种行为的基础上，往往是不正当获取行为的目的行为，至于行为的主观动机则不影响侵权性质的认定。所谓披露，是指将不正当取得的商业秘密向他人扩散，使公众知晓该商业秘密的内容。所谓使用，是指行为人将不正当获取的商业秘密应用于自己的生产经营中，以获取经济利益。允许他人使用，是指行为人将不正当手段获取的商业秘密提供给第三人使用，这种提供可以是有偿的，也可以是无偿的。

（3）违反保密义务或者违反权利人有关保守商业秘密的要求，披露、使用或者允许他人使用其所掌握的商业秘密。在这类行为中，行为人获取和掌握权利人的商业秘密的手段是合法的，往往是通过合同或者工作关系等正当途径取得或掌握了商业秘密，他们本应遵循合同约定的保密义务，不得违反权利人有关保守商业秘密的要求，或按照诚实信用原则恪守保密义务，但行为人却不履行义务，将知悉的权利人的商业秘密予以披露、使用或将商业秘密披露给第三人，允许第三人使用，其行为构成对商业秘密的侵害，亦构成违约。

（4）第三人帮助侵权或共同侵犯他人商业秘密的行为。这里的第三人特指与商业秘密所有人没有保密关系或者没有使用不正当手段获得该项商业秘密的人，生活中这类第三人一般情况下是同行业竞争者。第三人的侵权行为是指第三人明知或者应知提供商业秘密的行为人实施了侵害权利人商业秘密的违法行为，仍帮助其侵权或共同侵犯他人商业秘密的行为，第三人的上述行为也是对权利人商业秘密的侵犯。这类行为表现为：教唆、引诱、帮助他人违反保密义务或者违反权利人有关保守商业秘密的要求，获取、披露、使用或者允许他人使用权利人的商业秘密。

【民事责任】民事责任主要是停止侵权行为和赔偿损失。责令停止侵权行为的内容包括禁止使用、扩散、责令保密等。侵权人侵犯商业秘密的行为给权利人造成损害的，应当承担损害赔偿责任。因不正当竞争行为受到损害的经营者的赔偿数额，按照其因被侵权所受到的实际损失确定；实际损失难以计算的，按照侵权人因侵权所获得的利益确定。经营者恶意实施侵犯商业秘密行为，情节严重的，可以在按照上述方法确定数额的 1 倍以上 5 倍以下确定赔偿数额。赔偿数额还应当包括经营者为制止侵权行为所支付的合理开支。权利人因被侵权所受到的实际损失、侵权人因侵权所获得的利益难以确定的，由人民法院根据侵权行为的情节判决给予权利人 500 万元以下的赔偿。

【行政责任】对侵害商业秘密的行为，监督检查部门可以责令停止侵权行为，没收违法所得，处 10 万元以上 100 万元以下的罚款；情节严重的，处 50 万元以上 500 万元以下的罚款。

【刑事责任】根据《刑法》第 219 条，侵犯商业秘密，给商业秘密的权利人造成重大损失的，处 3 年以下有期徒刑或者拘役，并处或者单处罚金；造成特别严重后果的，处 3 年以上 7 年以下有期徒刑，并处罚金。

➢成都吉联讯通科技有限公司诉四川中达智通科技有限公司、邓某侵害商业秘密案

成都吉联讯通科技有限公司（以下简称吉联公司）系与聚芯汇科技有限公司等企业存在长期业务关系，包含这些企业的经营信息构成吉联公司的经营秘密。2016 年 7 月邓某在吉联公司任职，担任技术员，2017 年 12 月离职。2017 年 11 月，邓某与他人共同出资成立了四川中达智通科技有限公司（以下简称中达智通公司），该公司的主营业务与吉联公司相同，邓某在该公司任职并担任法定代表人。2017 年 9 月至 11 月，邓某在为吉联公司客户做吉联设备的升级维护过程中，以中达智通公司总经理名义，向这些客户推销中达智通公司产品，在推销产品时有诋毁吉联公司产品的行为，想以此达到让上述公司采购中达智通公司产品的目的。因多年合作关系，这些客户将此情况告知吉联公司，吉联公司以中达智通公司和邓某侵犯其商业秘密为由向法院起诉。

法院认为：吉联公司在生产经营过程中通过花费时间、金钱和劳动等代价获

得了相关客户的经营信息并稳定往来，这些客户信息并不是行业内普遍知悉的信息，也不易从公开渠道直接获得；吉联公司获得的经营信息具有现实的或潜在的商业价值，能够为吉联公司带来经济利益；同时，吉联公司为上述经营信息采取了与技术员签订保密条款等保密措施。故吉联公司的客户名单信息构成其商业秘密。

邓某在吉联公司处担任技术员期间，其了解和掌握作为吉联公司商业秘密的客户资料等经营信息。但其利用职务便利，违反保密要求，诋毁吉联公司，在职期间擅自向吉联公司的客户推销中达智通公司的业务，构成对吉联公司商业秘密的侵犯，应当承担侵权责任。邓某在吉联公司工作期间即担任中达智通公司的法定代表人，中达智通公司的经营范围与吉联公司的经营范围具有重合内容，且中达智通公司与吉联公司所联系的客户在较短时间内即发生了业务交易关系，中达智通公司未能举证证明其业务往来系客户自行要求，故推定中达智通公司使用了邓某所掌握的为吉联公司所拥有的商业秘密。根据《侵权责任法》第 8 条“二人以上共同实施侵权行为，造成他人损害的，应当承担连带责任”的规定，可以认定中达智通公司、邓某对吉联公司的商业秘密构成共同侵权。（成都市武侯区人民法院［2018］川 0107 民初 7792 号）

裁判要点如下：本案涉及原告吉联公司涉案的客户信息是否为商业秘密以及被告中达智通公司和邓某的行为是否构成侵犯商业秘密问题。在本案中，原告吉联公司相关客户的经营信息符合商业秘密“不为公众所知悉”“价值性”“保密措施”三个构成要件，构成其商业秘密。邓某为吉联公司员工，违反保密要求，在职期间担任与吉联公司业务相同的中达智通公司法定代表人，擅自向吉联公司的客户推销中达智通公司的业务，诋毁吉联公司。中达智通公司成立不久就与吉联公司的客户发生业务交易，未能举证证明其业务往来系客户的自行要求，故推定中达智通公司使用了邓某所掌握的为吉联公司所拥有的商业秘密。中达智通公司、邓某对吉联公司的商业秘密构成共同侵权。

7.3 商号

7.3.1 商号基础

【定义】 商号，又称字号，是经营者在经营活动中用于标示自己并区别于其他经营者的名称，是经营者人格化特定化的标记。如我国久负盛名的“同仁堂药店”“六必居酱菜园”等。

【功能】商号一般由文字构成，是使各种经营者得以互相区别的符号，是经营者人格化的外部标记，和自然人的姓名一样，商号代表着一个特定的经营者。经营者将商号广泛用于商品及包装材料上，或用于各种广告宣传媒介上，表示商品或服务的来源，与生产同类商品的其他经营者相区别，并树立经营者形象。社会公众则通过商号对经营者进行识别和辨认，对其商品和服务进行评价。因此，商号与商标、地理标记一样，是重要的识别性标记，并成为经营者商誉的载体，是重要的无形资产。如“同仁堂药店”“六必居酱菜园”等老字号的商业信誉经久不衰，对消费者具有巨大的吸引力。

【特征】（1）唯一性。一个经营者只能有一个商号，无论该经营者拥有多少项营业，其商号都必须是唯一的。（2）排他性。在同一登记机关辖区内，同行业的经营者不能有相同或类似的名称，避免引起混淆，误导消费者。但是，商号只在注册登记的地域范围内受法律保护，且限制在“同行业”范围。在对商号实行分级管理的情况下，并非所有商号都能在全国范围内发生对抗第三人的效力。（3）构成要素具有单一性。商号应由两个以上文字构成，不能使用图案、线条、字母、颜色等要素，表达上要求具有一定的显著性，能与其他商号相区别，以达到识别作用。（4）商号不具有时间性。商号的使用一般不受时间限制，与经营主体及其经营活动共始终。商号的时间积累也往往代表着极大信誉，历史悠久的商号往往对消费者有巨大的吸引力。

【商号构成要素的禁止规定】商号不得包含以下法律禁止的内容和文字：（1）有损于国家、社会公共利益的；（2）可能对公众造成欺骗或者误解的；（3）外国国家（地区）名称、国家组织名称；（4）政党名称、党政军机关名称、群众组织名称、社会团体名称及部队番号；（5）汉语拼音字母（外文名称中使用的除外）、数字；（6）其他法律、行政性法规规定禁止的。

7.3.2 商号与相关概念的区别

【商号与企业名称】商号与企业名称是较易混淆的概念，从有些国家的规定来看，商号与企业名称的内涵和外延大致相同，如日本《商法典》第 16 条规定：“商人可以以其姓、姓名或其他名称作为商号。”第 17 条规定：“公司的商号，应按照其种类，使用无限公司、两合公司或股份公司字样。”美国《商标法》第 45 条也认定商号是指被制造商、商人、农场经营者和其他人采用的，用以辨别其商业、行业或职业的一切名称。

从我国的相关法律规定来看，商号与企业名称是有区别的。在我国，企业名称是指企业及其他商事主体使用的用以表明企业注册地或营业地、商号、行业特点、财产责任形式、组织形式等的全称。国家工商管理局 1991 年发布的《企业名称登记管理规定》要求企业名称应当由四个部分组成：行政区划名称、字号

(或者商号)、行业或者经营特点、组织形式，例如，“广州鸿达化工股份有限公司”，其中“鸿达”是该公司的商号，“化工”是其所属行业，“股份有限公司”是其组织形式，“广州”是其公司所在地行政区划名称。在上述企业名称的构成要素中，唯有商号部分是经营者特定化人格化的标志，可由经营者自主选择，独占使用，其他部分不可能为经营者所独占使用。因此，在我国，商号只是企业名称的组成部分，是企业名称的核心部分，而企业名称是表明企业注册地或营业地、行业特点、财产责任形式、组织形式等的全称。企业对其名称享有名称权，名称权属于人格权范畴，商号则属于知识产权的保护对象。

【商号与商标】商号和商标都是与工商业经营者密切相关的标志，都是商誉的重要组成部分，两者都具有表示商品或服务的来源、保证质量、广告宣传等功能，都是企业重要的无形资产，为了更好发挥两者的商誉效应，一些企业将其商标同时作为商号使用，也有不少企业将其商号作为商标申请注册，如同仁堂制药厂注册的“同仁堂”商标。然而，商号与商标仍然有着明显的差别，主要表现为以下几方面：（1）两种标志附着于不同的载体，具有不同的表示功能。商号代表商业主体，用来区别不同商业主体，与商业主体相联系而存在；商标使用在商品上，用来区别商品来源，与特定商品或服务相联系而存在。（2）商号应当由两个以上的字组成，只能用汉字来表示，数字、图形、拼音、英文字母等都被排斥在外。而商标的表现形式是复杂多样的，可以是文字、图形、字母、数字、三维标志和颜色组合，以及上述要素的组合，有的国家甚至认可声音、气味等也作为商标注册。(3) 一个生产经营者只能有一个商号，但可以有多个商标使用在其生产经营的商品上。(4) 商号权只在其登记注册的范围内有排他效力，在全国范围内有可能存在相同的商号；注册商标在全国范围有效，其权利人对其注册商标享有专有使用权。(5) 商号权无法定时间限制，商号权与权利主体并存，只要该主体存在，商号权就存在；而商标权受到法定期限的限制。

7.3.3 商号权

【定义】商号权是指法人或其他组织对自己使用或者注册的商号依法享有的专有权。从现行立法来看，我国只规定了名称权，而未设立商号权，目前，商号权作为独立权利的讨论尚处于理论层面，从应用角度所言的商号权是作为名称权的组成部分获得法律的保护。

【功能】商号对经营者的经营活动具有十分重要的作用，它是经营者信誉的载体，一个驰名商号代表了经营者的商誉和社会的承认，是经营者重要的无形资产。如果商号被盗用或混淆，就会损害经营者的合法权益，误导消费者，破坏社会经济秩序。因此，法律应对商号予以保护，其方式之一就是赋予企业对其商号享有商号权，使其对其商号拥有专有使用权。

【内容】（1）专有使用权。商号的专有使用权是指商号的所有人对其商号享有的专有、专用的权利。专有使用权具体表现在两个方面：一是企业对自己的商号有独占使用的权利，它可以在商品上、广告中、在营业中使用自己的商号；此外，商号权人有权通过与他人签订商号许可使用合同的方式，授权他人在一定的范围内使用其商号，原商号权人仍保留商号的专有权。我国目前商号使用许可的典型形式是特许经营许可。二是企业有权禁止他人在市场交易中以足以使人误解的方式使用其商号。在受到侵犯时可以寻求法律救济。专用权是商号权中最基本的核心权利，商号只有专有使用才能起到区分商品或服务来源的目的，才能更好地树立商号的信誉，创立品牌价值。由于商号权没有年限限制，而文字资源相对稀缺，为平衡利益以及实现经营中的多元化利益，大多数国家规定商号的专有使用权具有相对性，商号权人对其商号只在一定区域和所在行业拥有专有使用权，通常权利人仅在商号登记和注册的行业和地域范围内享有排除他人使用相同商号的权利。但随着驰名商号竞争价值的上升，一些国家的法律对驰名商号的保护已突破行业和地域范围的限制。

（2）转让权。转让权是指商号权人有权按照自己的意愿将其商号让与他人。关于商号权的转让，有两种立法主义：其一为绝对转让主义，即商号应当连同营业一起转让，禁止商号的单独转让。其二为自由转让主义，即商号可以单独转让，不必同营业一起。基于商号的标识功能和信誉价值，为维护交易安全和市场秩序，目前世界各国普遍采用绝对转让主义，如《德国民法典》第 23 条规定，“商号不得与使用此商号的营业分离而让与”。我国《企业名称登记管理规定》第 23 条规定：“企业名称可以随企业或者企业的一部分一并转让。企业名称只能转让给一户企业。由于我国采用的是商号核准注册制，企业名称的转让方与受让方应当签订书面合同或者协议，报原登记主管机关核准。企业名称转让后，转让方不得继续使用已转让的企业名称。”

7.3.4 商号权的取得

【立法体例】商号权的取得有主要有以下三种体例：（1）使用取得。是指商号一经使用，使用者即可取得该商号的专用权而无须履行法定登记手续，这种意义上的使用有严格的要求限制，需要符合面向社会大众的、公开的，并足以让相关公众知悉的条件。如在法国，商号权即来自于使用而非注册。《巴黎公约》也实行使用取得，其第 8 条明确规定：“商号应在本同盟一切成员国内受到保护，无须申请或者注册，也无论其是否为商标的组成部分。”此种制度的商号权的合理性体现在借助商号的公开的、面向大众的使用可以使得商号与特定的商事主体联系起来，并使相关公众对此联系熟知。但其弊端也比较突出，这种方式会使得商号权的权利范围不确定、权利效力不稳定；发生纠纷时难以确定谁是最先使用的人，目前大陆法系只有少数国家采用这种制度。（2）登记生效。是指商号只有经过登记才可使用，才具有排他性的专用权。这种制度将商号与特定的法定程序相联结，使得商号权使用范围明确，法律效力稳定，有利于维护交易秩序和交易安全。该制度在德国、瑞士实行。我国采取登记生效主义，《企业名称登记管理规定》规定企业名称经工商行政管理机关核准登记注册后方可使用，在规定的范围内享有专用权。（3）登记对抗。是指商号权的取得无须登记，但未经登记则不足以产生对抗第三人的效力，该制度主要体现在日本、韩国的商法中。

7.3.5 商号的法律保护

【国际公约】 商号的知识产权国际保护起源于《巴黎公约》。《巴黎公约》将商号与商标、发明专利、制止不正当竞争等并列作为工业产权的保护对象，明确提出了保护商号的最低限度要求，规定商号应在联盟一切成员方受到保护，无论申请或注册，也不论是否为商标的组成部分。并规定了一系列保护措施。如各成员方对一切非法带有在该地受法律保护的商标或商号的商品，应在其进入该地时予以扣押；各成员方通过制止不正当竞争行为，为商号提供保护等。《巴黎公约》之后，另一个涉及商号保护的国际组织文件是由世界知识产权组织为发展中国家制定的《发展中国家示范法》，该文件从制止不正当竞争的角度进一步阐明，商号保护的意义是使商号及其他商业标志不受混淆行为、损害商誉行为的侵害，并加大了对商号的保护力度，使带有良好名声的商号可获得类似于驰名商标的特别保护。在知识产权立国的战略思想指导下，近来，国际社会对商号的知识产权保护日益重视，不少国家在其国内法中通过商标法、反不正当竞争法或单独立法对商号进行知识产权保护。

【国内立法体例】 主要有三种立法例：一是用民法保护，将商号权作为一种民事权利予以保护，盗用、假冒他人的商号就是一种民事侵权行为，适用民事侵权制度。二是适用反不正当竞争法保护，把侵犯商号权的行为作为不正当竞争行为予以制裁。三是制定专门法律，将商号单列出来，对商号的申请、登记、权利内容、管理、纠纷解决、处罚等以单行法的形式作出全面系统的规定。我国目前相关法律未规定独立的商号权，亦未对商号单独立法。只设立了名称权，把商号作为企业名称的一部分加以保护，立法模式是复合式的，散见于《民法典》《商标法》《反不正当竞争法》《公司法》《产品质量法》《消费者权益保护法》《企业名称登记管理规定》等法律文件中。

【保护措施】（1）我国《民法典》是从人格权利的角度来对企业商号进行规定的，着眼于商事主体从事民事活动所具有的外在表征。根据《民法典》的规定，法人、非法人组织享有名称权。企业法人、非法人组织有权使用、依法转让自己的名称。法人、非法人组织的名称权受到侵害时，有权要求停止侵害、恢复名誉、消除影响、赔礼道歉，并可以要求赔偿损失。(2)《商标法》将商号权作为在先权利予以保护，针对实践中在先企业名称权（商号权）受到抢注商标的侵害等现象，规定申请商标注册不得损害他人的在先权利。这些他人合法取得的在先权利，主要包括人身权中的姓名权和肖像权，著作权，外观设计专利权，企业名称权，知名商品的特有名称、包装或装潢权，特殊标志权及奥林匹克标志专有权等。(3)《公司法》《企业名称登记管理规定》一类的商事法律，其对商号权的规制主要着眼于管理和监督的层面上。《企业名称登记管理规定》对企业名称登记的条件、程序等问题做了具体规定。其内容主要包括：①企业名称由字号（商号）、所属行业、组织形式构成，并在名称前冠以所在行政区划名称，在行政区划范围内享有专用权；②一个企业只允许使用一个名称，经核准登记的企业名称，受法律保护；③未经核准登记的企业名称，不得使用。同行业的企业名称不得混同；④企业名称可以同企业或企业的一部分一并转让，转让时由转让方和受让方订立书面协议，经市场监督管理机关核准后生效；⑤同一名称同一天申请的，由双方协商解决；⑥协商不成的，由登记机关裁定；⑦外国企业可以向国家市场监督管理局申请企业名称，经核准登记时，在全国范围内享有专用权；(4)《反不正当竞争法》《产品质量法》《消费者权益保护法》等市场规制法所关注的是在经营活动中商号对于市场秩序及交易安全的关系。《反不正当竞争法》将假冒、仿冒企业商号的混淆行为作为重点打击的不正当竞争行为，擅自使用他人有一定影响的企业名称、社会组织名称，导致引人误认为是他人商品或者与他人存在特定联系的混淆行为构成不正当竞争，被侵害的经营者可以向人民法院提起诉讼，要求停止侵权，赔偿所受到的损失。对此不正当竞争行为，监督检查部门有权责令停止违法行为，没收违法商品并处以罚款；情节严重的，吊销营业执照。《产品质量法》《消费者权益保护法》等也明文禁止伪造或者冒用他人的厂名、厂址，违者构成侵权的，应承担侵权责任，监督检查部门有权责令改正，没收违法生产、销售的产品，并处违法生产、销售产品货值金额等值以下的罚款；有违法所得的，并处没收违法所得；情节严重的，吊销营业执照。

目前，商号权作为一种独立的知识产权尚未在我国现行法律中得以提出和确立，相关法律、法规对于商号的规定较为零散、笼统，商号的定义、定性等在法律上没有明确和统一的注解，“商号”“字号”“企业名称”“企业品牌”等名词在实践中使用混乱。导致公众容易产生混淆，市场秩序混乱，对知名商号的保护力度也不够。为此，有学者建议制定《商号法》，给予商号全面完整的保护。

8　农业知识产权的国际保护

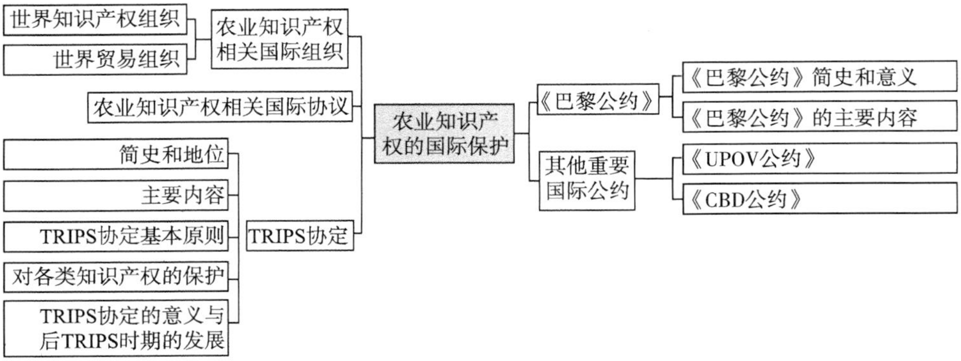

图 8－1　农业知识产权的国际保护内容导读

8.1　农业知识产权相关国际组织

8.1.1　世界知识产权组织

【简史】 作为联合国的专门机构，WIPO 来源于随早期知识产权国际公约而建立起来的两个组织机构，分别是 1883 年因缔结《巴黎公约》而设立的“巴黎联盟国际局”，以及 1886 年因缔结《伯尔尼公约》而设立的“伯尔尼联盟国际局”。1967 年在瑞典斯德哥尔摩召开知识产权国际会议时，与会代表一致希望在世界范围内促进专门知识产权保护，在会上发起并缔结了《WIPO 公约》，组建世界知识产权组织对保护工业产权和保护文学艺术作品等各个领域所成立的联盟进行现代化管理。1974 年，世界知识产权组织与联合国签订协议并成为联合国的一个专门机构。

【宗旨】 根据《WIPO 公约》第 3 条的规定，世界知识产权组织的宗旨为：(1) 通过国家之间的合作并在适当情况下与其他国际组织配合，促进世界范围内的知识产权保护；(2) 保证各知识产权联盟之间的行政合作。

【职责】 除了实现《WIPO 公约》第 3 条所述宗旨，世界知识产权组织的职责还包括：（1）促进和发展在全世界范围内对知识产权的有效保护，并协调各国在保护知识产权的立法措施，以使知识产权制度更加完善；（2）执行巴黎联盟、与巴黎联盟有联系的各专门联盟以及伯尔尼联盟的行政任务；（3）可以同意担任或参加任何其他旨在促进保护知识产权的国际协定的行政任务；（4）鼓励缔结旨在促进保护知识产权的国际协定；（5）对于在知识产权领域内请求法律——技术援助的国家给予合作；（6）收集并传播有关保护知识产权的情报，从事并促进该领域的研究，并公布这些研究成果；（7）维持有助于知识产权国际保护的服务机构，在适当的情况下提供该方面的注册及有关注册的公开资料；（8）采取一切其他的适当行动。

【管理知识产权的国际公约】世界知识产权组织作为专门性国际组织，同时作为联合国的专门机构，在国际知识产权保护领域发挥着核心作用。截至2019年，世界知识产权组织管理涉及知识产权各方面条约共26项。除了《世界知识产权组织公约》之外，其余公约分为三类：第一类是建立国际知识产权保护的条约，属于实质性法律规范，是其他类条约的基本法律依据；第二类是有关专门类知识产权国际注册或申请的程序性条约（也称“全球保护体系条约”）；第三类是对发明专利、商标和工业品外观设计进行分类的条约，属于程序性规范。这些知识产权公约或协定确立了知识产权的标准、体系、范围、制度，是国际技术贸易的基础，如表8－1所示。

表8－1　世界知识产权组织管理的条约

序号/类别	知识产权保护实质性规范	全球保护体系条约	分类条约
1	《视听表演北京条约》	《布达佩斯条约》	《洛迦诺协定》
2	《伯尔尼公约》	《海牙协定》	《尼斯协定》
3	《布鲁塞尔公约》	《里斯本协定》	《斯特拉斯堡协定》
4	《产地标记马德里协定》	《商标马德里协定》	《维也纳协定》
5	《马拉喀什视障者条约》	《马德里议定书》	
6	《内罗毕条约》	《专利合作条约》	
7	《巴黎公约》		
8	《专利法条约》		
9	《录音制品公约》		
10	《罗马公约》		
11	《商标法新加坡条约》		
12	《商标法条约》		

续表

序号/类别	知识产权保护实质性规范	全球保护体系条约	分类条约
13	《华盛顿条约》		
14	《世界知识产权组织版权条约》		
15	《世界知识产权组织表演和录音制品条约》		

（截至 2020 年 4 月）

【争端解决机制】 根据 1993 年 9 月 WIPO 大会决定，WIPO 于瑞士日内瓦建立了仲裁与调解中心（AMC），旨在通过法院外争议解决办法，为私人之间涉及国际商事纠纷提供仲裁与调解的服务。为保障中心在解决纠纷的过程中将始终保持其国际性、独立性与中立性，WIPO 仲裁与调解中心设置了一个支持其运作的咨询委员会，由来自 WIPO 会员方的仲裁员、调解员和专家组成仲裁与调解中立人，这些中立人成员包括在专利、商标、版权、设计或其他形式的知识产权领域具有专业知识的高度专业的从业人员和专家，以及经验丰富的商业纠纷解决专家。此外，WIPO 仲裁与调解中心将大量资源集中用于建立一个管理与互联网和电子商务有关的争端的法律性服务体系，自 1999 年 12 月起正式开始对外提供网络域名纠纷解决服务，成为 ICANN 认可的全球第一家依据 UDRP 解决域名争议的国际仲裁机构。WIPO 仲裁与调解中心不仅提供调解、仲裁、快速仲裁和专家裁定让私人当事方可以在法院外有效解决国内或跨境知识产权与技术争议，还提供一系列特定行业替代性争议解决服务以及域名争议解决服务。至 2018 年，WIPO 仲裁与调解中心的案件申请总量超过了 4.2 万件，其中包括域名案件约 7.8 万件。

【成员方】 目前，WIPO 共有 192 个成员方、250 个成员单位，总部设在瑞士的日内瓦。WIPO 在全球 7 个国家设立了驻外办事处，目前正式开办起来的有巴西里约热内卢、中国北京、俄罗斯莫斯科以及新加坡 4 个。中国于 1980 年 6 月 3 日加入世界知识产权组织，并于 1985 年加入《巴黎公约》。至 2019 年，中国共加入了该组织管辖的 15 个条约。

8.1.2 世界贸易组织

【简史】 世界贸易组织（WTO）的建立是乌拉圭回合多边贸易谈判中一个意外的重大成果。1948 年成立的关税与贸易总协定（GATT）在成立之初实际上是美国借以维持战后世界贸易秩序的工具，随着战后世界贸易和经济一体化的发展，各国经济实力发生了巨大变化，原有的 GATT 框架不再适应国际经济环境变化的需求。在 1990 年乌拉圭回合谈判期间，欧共体轮值主席意大利代表首次提出了一个多边贸易组织的倡议，并得到美国、加拿大等国的支持，于1993年11月形成“建立多边贸易组织协议”，后来根据美国的动议，把“多边贸易组织”改名为“世界贸易组织”。1994年4月15日，“乌拉圭回合”参加方在摩洛哥马拉喀什通过了《建立世界贸易组织协定》。1995年1月1日，世界贸易组织协定正式成立。

【与国际知识产权保护】世界贸易组织的基本目标是通过建立一个开放、完整、健全、持久的多边贸易体制，以促进世界货物贸易与服务贸易的发展。除了沿袭关贸总协定的核心协议以外，世界贸易组织还增加了一些新的专门领域——知识产权、服务、纺织品、农业，目标是建立一个更完整的，涵盖货物、服务、与贸易有关的投资及知识产权等内容的，更具活力、更持久的多边贸易体系。在这次乌拉圭回合谈判中，与贸易有关的知识产权问题被纳入谈判议题并最终促成了TRIPS协定，成为世界贸易组织框架的一部分，保护与贸易有关的知识产权成为世界贸易组织的一项重要工作。农业知识产权是在农产品国际贸易和国际技术、服务贸易中发展起来的。农产品的贸易问题一直是国际贸易中十分重要也容易引发争议的问题，随着经济全球化和科学技术的发展，与农业贸易等有关的农业知识产权的保护问题越来越受到各国的重视，WTO因此也在国际知识产权保护中扮演着越来越重要的角色，并且与WIPO建立了紧密的合作关系，在一定程度上促成了国内法律规范在某些领域内的统一。

【职能】根据《建立世界贸易组织协定》第4条，世界贸易组织设立3个理事会，即货物贸易理事会、服务贸易理事会和与贸易有关的知识产权协定理事会（以下简称TRIPS协定理事会），这些理事会均在总理事会的指导下开展工作。其中，与贸易有关的知识产权协定理事会作为总理事会指导下的三个理事会之一，根据TRIPS协定第68条的规定，负责监督TRIPS协定的执行情况，具有以下6项职能：（1）监督TRIPS协定的实施，尤其是对成员履行本协议规定的义务的情况进行监督；（2）为成员提供与贸易有关的知识产权问题进行磋商的机会；（3）履行成员指定的其他职责；（4）应成员的请求就争端解决程序为成员提供援助；（5）与有关各方进行磋商并向其获取必要资料；（6）在与WIPO进行磋商时，理事会应谋求在其第一次会议的1年内作出与WIPO进行合作的适当安排。

【争端解决机制】关于TRIPS协定的争议解决，与WTO为其成员设定的其他义务一样，TRIPS协定规定的义务也需通过世界贸易组织争端解决机构（DSB）强制执行。TRIPS协定第64条规定：（1）对于违法之诉，适用《关于争端解决规则和程序的谅解》（DSU）的规定；（2）对于非违法之诉和情势之诉不适用DSU的规定，而是在协定生效之日起五年内由TRIPS协定理事会提出这两类诉讼的范围和解决方法的建议，并将该建议提交部长会议供批准。部长会议批准此类建议必须经协商一致通过，且经批准的建议应对所有成员方生效，无须进一步正式接受程序。

【WTO 与 WIPO 的关系】为了协调国际贸易中的知识产权保护问题，TRIPS 协定第 68 条规定了 TRIPS 协定理事会在其第一次会议后的 1 年内寻求与世界知识产权组织合作的适当安排。经 TRIPS 协定理事会和 WIPO 共同努力，双方于 1995 年 12 月 22 日在日内瓦达成《世界知识产权组织与世界贸易组织间协议》，并于 1996 年 1 月 1 日生效。该协议规定了法律文本协助、处理《巴黎公约》第 6 条之三与 TRIPS 协定的关系、法律与技术支持与合作等，重点是帮助发展中国家在实施 TRIPS 协定过程中进行的相关法律和政策改革，协助机构能力建设，为发展中国家提供所需的技术援助和合作项目。TRIPS 协定确立了相比此前所有国际知识产权公约标准更高的知识产权国际条约，这就意味着在某些方面 WTO 超越了 WIPO 的职能，并在 WIPO 之外形成了一个新的知识产权国际保护体制。然而，总体而言，WTO 和 WIPO 仍然是目前知识产权国际保护领域中最为重要的国际组织，在这一领域的国际协调中，这两个组织分别发挥着不可替代的作用。就两机构的职能和目标而言，两者侧重点不同，互相促进：WTO 作为当代最重要的国际经济组织之一，成员贸易总额达到全球的 98%，其框架下对知识产权的保护旨在减少国际贸易中的障碍因素，侧重于对贸易中的知识产权保护；WIPO 作为联合国专门机构，其宗旨是通过国家合作并在适当情况下与其他国际组织配合，解决国际层面知识产权的获得、期限、效力及国际合作，侧重于促进世界范围内知识产权的保护。

8.2 农业知识产权相关国际协议

【简史】农业知识产权的国际保护是在经济全球化和科技进步不断加快的过程中发展起来的。国际上对知识产权的保护始于 19 世纪后期，由于第二次工业革命带来的科学技术的迅猛发展以及各国经济的快速发展，各个领域的创新成果开始打破地域限制，走出国界。然而，由于知识产权具有严格的地域性，各国法律制度存在较大差异，在一国取得的知识产权只受到该国法律保护，无法对抗其他国家领域内的侵权行为，因而技术间国际交流的障碍越来越突出。在这种情况下，科技发展水平领先的发达国家开始积极推动在国际范围内建立统一有效的法律规范。1883 年 3 月 20 日，由法国、比利时、巴西、危地马拉、意大利等 11 个国家在巴黎发起并缔结了《巴黎公约》，成为国际上第一个规范知识产权的多边公约。《巴黎公约》第 1 条就工业产权的范围也即工业产权的保护对象作了规定。同时，《巴黎公约》第 1 条第 3 款还规定："对于工业产权应作最广义的理解，不仅应适用于工业和商业本身，而且也应同样适用于农业和采掘业，适用于一切制成品或天然产品，例如，酒类、谷物、烟叶、水果、牲畜、矿产品、矿泉水、啤酒、花卉等。”强调了将农业领域相关知识产权也纳入公约保护的范围。

《巴黎公约》开启了国际上广泛开展知识产权国际保护的进程。同时，作为国际上第一部规范知识产权的综合性国际公约，《巴黎公约》确立了许多开创性的保护规范和机制，后来的许多条约都是建立在《巴黎公约》的基础上进行完善和补充，如《保护文学和艺术作品伯尔尼公约》（1886 年）、《商标马德里协定》（1891 年）、《世界版权公约》（1955 年）、《专利合作条约》（1970 年）等。1967 年，为加强世界范围内知识产权公约的管理和对知识产权的保护，各国在瑞典斯德哥尔摩缔结了《建立世界知识产权组织公约》，组建世界知识产权组织，并成为联合国的一个专门机构，推进了知识产权国际保护的统一化进程。世界知识产权组织以 1967 年 WIPO 公约为基础性文件，制定了一系列与农业知识产权保护有关的条约，主要包括 1977 年《布达佩斯条约》、1979 年修正的《斯特拉斯堡协定》等。

随着科学技术的迅速发展和全球经济一体化进程加快，各国政府和国际组织也竭力推动并促成了一系列农业知识产权国际保护规则的诞生。其中约束范围和影响力较大的主要有《UPOV 公约》。1994 年关贸总协定乌拉圭回合谈判达成的 TRIPS 协定，是世界上影响最大、内容最全面的国际知识产权多边公约，并确立了一套更高的知识产权保护标准，对知识产权国际保护迈向新台阶发挥了显著的促进作用。在农业知识产权方面，1994 年 TRIPS 协定第二部分第五节第 27 条第 3 款作了详细规定。根据相关规定，各国越来越重视农业知识产权的保护，许多国家相继出台了保护植物新品种的法律、法规，植物新品种的保护进入全球化时代。

【国际法体系】根据国际法渊源，农业知识产权的国际法保护包括国际条约和国际习惯，司法判例、国际法学说一般不作为农业知识产权的国际法保护的直接渊源。由于知识产权具有严格的地域性和独立性，各国通过谈判缔结或参加有关国际公约、条约和协定的形式达成协议，共同建立起国际统一的知识产权行为规则和运行机制。目前的知识产权保护国际公约和协定可以分为两大类：一类是专门性知识产权国际条约，就专门类型的知识产权所签署的条约，如《国际植物新品种保护公约》《生物多样性公约》等；另一类是综合性知识产权国际条约和协定，这类规范的保护范围涵盖多种知识产权类型，覆盖面较广，如《巴黎公约》《建立世界知识产权组织公约》TRIPS 协定等。

（1）专门性知识产权国际条约。按本书（第一章）农业知识产权的分类划分：①在涉农专利权领域，主要的国际条约有《专利合作条约》《斯特拉斯堡协定》（关于专利国际分类的协定）《洛迦诺协定》（关于工业品外观设计国际分类的协定）和《布达佩斯协定》。其中，《专利合作条约》是继《巴黎公约》之后专利领域最重要的国际条约，被认为是该领域进行国际合作最具有意义的进步标志；②植物新品种方面，主要的国际条约是《UPOV公约》，与TRIPS协定分别作为目前国际植物新品种专门保护和专利保护两种保护模式的所遵循的法律框架；③生物遗传资源在20世界70年代开始受到国际社会的广泛关注并开展了一系列的规则制定，形成的国际条约有《生物多样性公约》和《国际条约》；④涉农商标权和涉农著作权领域，主要调整的国际条约分别有《商标马德里协定》《马德里议定书》《尼斯协定》《伯尔尼公约》和《世界版权公约》。

（2）综合性知识产权国际条约。《巴黎公约》和TRIPS协定对涉农商业秘密、厂商名称、地理标志等其他类型的农业知识产权进行了有效的规范，这两个国际条约作为约束力广泛和影响巨大的综合性知识产权国际条约，在不同的历史阶段中对知识产权国际保护机制进行了开拓性的发展，故此将在下面章节中具体阐述。

8.3 TRIPS协定

8.3.1 简史和地位

【简史】TRIPS协定是关贸总协定乌拉圭回合谈判的最后文件之一，是世界贸易组织管理下的一项多边贸易协定。当时，随着20世纪下半叶战后各国经济恢复和科技进步，知识产权在不同领域的保护力度逐渐完善和加强。与此同时，各国特别是发达国家在出口贸易中的知识产权因素与日俱增，在这种情况下，发达国家加快了对外贸易中的知识产权保护。然而，现有的WIPO体系下的规则和体制保护水平不够，特别是争端解决机制难以发挥效用，无法适应技术发展和贸易全球化的需要。因此，发达国家寻求在WIPO框架之外建立一套更为严格有效的知识产权国际保护体制。1987年10月，美国在乌拉圭回合谈判中提出，不能把WIPO的各项决定作为知识产权保护的唯一基础，还应该通过乌拉圭回合谈判确立起更有效和统一的规范；同时表示："如果不把知识产权等问题作为新议题纳入，美国代表将拒绝参加第八轮谈判"。随着乌拉圭回合的推进，发展中国家也逐渐意识到，如果不接受美国关于知识产权保护的提议，那么谈判中涉及对发展中成员有利的一揽子协定就无法签订，因此必须作出妥协。1991年，GATT总干事提出了乌拉圭回合最后文本草案的框架，其中TRIPS协定基本获得各方通过，并于1994年正式签订。1995年1月1日，TRIPS协定生效，并成为同时成立的世界贸易组织管理下的一项协定。

【地位】1995年1月1日生效的TRIPS协定是目前国际知识产权保护领域中约束力最广泛、内容最为全面、保护标准最高的多边条约。同WTO一样，

TRIPS 协定是乌拉圭回合谈判达成的另一重要成果，其形成昭示着世界经济的重大变革——知识经济越来越成为各国综合实力中具有战略性意义的重要组成部分。在 TRIPS 协定实施的二十几年来，其在世界知识产权国际保护和贯彻落实方面发挥了极大的推动作用，至今仍主导着世界知识产权国际保护的法律框架。

8.3.2 主要内容

【基本原则】协议强调了国民待遇和最惠国待遇原则。在此援引了《巴黎协定》《伯尔尼公约》等知识产权国际公约，这是 TRIPS 协定的特点之一，即建立在其他国际公约的基础之上。同时，TRIPS 协定还吸收和借鉴了贸易领域的规则，比如将最惠国待遇原则和透明度原则纳入知识产权保护的基本原则范围之内，与传统知识产权公约相比更强化了国际知识产权保护的完善和公平。

【适用范围】TRIPS 协定适用于版权和领接权、商标、地理标志、工业品外观设计、专利、集成电路布图设计、未披露过的信息的保护，以及对许可协议中反竞争行为的控制。

【国内执法程序】TRIPS 协定要求各成员应确保其国内法提供协议所规定的执法程序，以有效打击任何侵犯知识产权的行为，包括可迅速组织侵权的救济措施和遏制进一步侵权的救济措施；执法程序应公平公正，不应无必要的复杂化、高收费、耗时或延误；对于行政机关的终局裁决，诉讼当事人应当有机会提请司法当局复审；等等。但在实施这些程序时，应避免对合法贸易造成障碍，并为防止其滥用规定有效的保障措施。

【与相关知识产权国际公约的关系】TRIPS 协定在第二部分（关于知识产权的效力、范围及使用标准）、第四部分（知识产权取得和保持及相关程序）和第七部分（机构安排和最后条款）中明确了与《伯尔尼公约》《巴黎公约》《罗马公约》和《关于集成电路的知识产权条约》的关系。根据协定，世界贸易组织成员必须遵守《巴黎公约》和《伯尔尼公约》中的实体性条款，但不包括协议明确排除的条款，也不包括上述两个公约的程序性条款。因此，TRIPS 协定关于工业产权和版权的保护，并非局限于协议本身，而且包括了《巴黎公约》和《伯尔尼公约》中的实体性条款内容。在处理与《罗马公约》和《关于集成电路的知识产权条约》的关系上，协议采取了另一种方式：只作列举、强调或修改这两个条约的某些内容。由此，实际上 TRIPS 协定关于邻接权和集成电路布图设计的保护只限于本协定规定的内容。成员国在适用邻接权和集成电路布图设计的规范时，就无须考虑《罗马公约》和《关于集成电路的知识产权条约》的规定。

8. 3. 3 TRIPS 协定基本原则

【国民待遇原则】 国民待遇原则是众多知识产权国际公约所确认的知识产权国际保护领域的首要原则，它是指在涉外知识产权保护方面，各成员国之间相互给予平等待遇，使成员国国民与本国国民享有同等待遇。该原则在《巴黎公约》《伯尔尼公约》《罗马公约》《关于集成电路的知识产权条约》（以下简称四公约）中都有所规定。TRIPS 协定在其第 3 条中将国民待遇原则作为首要原则。然而，区别于上述公约，TRIPS 协定的国民待遇原则具有以下显著特点。

（1）TRIPS 协定的国民待遇原则是对四公约的综合吸收。TRIPS 协定第 3 条第 1 款规定："在知识产权保护方面，在遵守 1967《巴黎公约》、1971《伯尔尼公约》、《罗马公约》或《关于集成电路的知识产权条约》中各自规定的例外的前提下，每一成员给予其他成员国民的待遇不得低于给予本国国民的待遇。"TRIPS 协定在该条中承认四公约中国民待遇原则和例外规定，并将其一并纳入原则的内容之中，尽可能追随现行的知识产权公约的约定，能够保障 TRIPS 协定不使现行的保护制度陷入混乱。

（2）TRIPS 协定的国民待遇标准更为灵活。TRIPS 协定第 3 条规定："每一成员给予其他成员国民的待遇不得低于给予本国国民的待遇"，此种"待遇"的定义不同于《WTO 协定》，也不同于 1967《巴黎公约》、1971《伯尔尼公约》、《罗马公约》或《关于集成电路的知识产权条约》中所规定的同等对待的要求，而是采用了"不得低于"的措辞。然而，不得低于待遇明确允许给予非本国国民更优惠待遇，从而可能导致所谓的反向歧视。

（3）TRIPS 协定国民待遇的受益人更为广泛。TRIPS 协定的国民待遇原则就可享受此待遇的主体的范围而言，是指"其他成员的国民"。根据 TRIPS 协定第 3 条的规定，"其他成员的国民"既包括符合 1967《巴黎公约》、1971《伯尔尼公约》《罗马公约》或《关于集成电路的知识产权条约》所规定的保护标准项下的自然人或法人，也包括 WTO 成员中没有参加上述公约的成员。因而，相比而言，在 TRIPS 协定框架下，WTO 成员方国民在国内可享受的权利更加具体和全面。

（4）TRIPS 协定对认可国民待遇的例外。《巴黎公约》《伯尔尼公约》《罗马公约》和《关于集成电路的知识产权条约》都规定了国民待遇的适用限制，TRIPS 协定也规定了各成员需遵守上述限制。但是，就表演者、录音制品制作者和广播组织而言，并不适用于罗马公约所确立的所有权利，国民待遇仅适用于 TRIPS 协定规定的权利。同时，TRIPS 协定规定各成员可以在司法和行政程序方面维持国民待遇例外，但把这些例外限定在"保证遵守与本协定规定不相抵触的法律和法规所必须，且这种做法的实施不会对贸易构成变相限制"的前提之下实施。

【最惠国待遇原则】 TRIPS 协定首次在国际知识产权保护领域提出了最惠国待遇原则。其第 4 条规定："对于知识产权保护，一成员给予其他国家国民的利益、优惠、特权或豁免，应立即、无条件的给予其他成员的国民。"根据该定义，最惠国待遇原则具有以下特征：（1）自动性。该条规定了当一成员给予其他成员国国民优惠时，应"立即、无条件地"给予其他成员国国民此优惠。这说明当一成员在知识产权保护上给予任何其他国家国民的优惠超过其他成员国国民享有的惠益时，所有其他成员国国民便自动地享有了这种惠益，不需要另行签订条约。（2）同一性。当一成员在知识产权保护上给予了其他国家国民某种惠益时，此种惠益将同时自动适用于其他成员国国民，因而对于全体成员国而言，此时的受惠标的是相同的。（3）广泛性。任一成员都要承担最惠国待遇规定的义务，"任何其他国家"在"任何一成员"中享有利益、优惠、特权或豁免时，"其他任何成员"在该"任何一成员"中均享有同样的利益、优惠、特权或豁免。该原则是以"任何其他国家"作为参照标准，相比于国民待遇原则中施惠方是"本国"的参照标准而言，无疑是扩大了参照范围。

TRIPS 协定第 4 条还规定了最惠国待遇的 4 种例外：（1）由一般性的，非专为保护知识产权的司法协助或国际协定所产生的；（2）依照 1971《伯尔尼公约》或《罗马公约》的规定所给予的，此类规定允许所给予的待遇不属于国民待遇性质，而属于在另一国中给予待遇的性质；（3）该协议未规定的表演者、录音制品制作者以及广播组织的权利；（4）WTO 协定生效之前已生效的知识产权保护国际协定所产生的，该类协定已经通知 TRIPS 协定委员会，且不构成对其他成员任意的或不公平的歧视。

最惠国待遇曾是 GATT1947 重要的多边贸易条款，至今仍是 WTO 的一个最基本的和非常重要的原则。TRIPS 协定首次把国际贸易中的最惠国待遇原则这一对商品的贸易原则延伸到知识产权保护领域，并设定了所有 WTO 成员方将所给予的特权立即无条件地延及其他所有成员的义务，作为国民待遇原则的重要补充。它的适用超出了传统国际贸易的范围，对知识产权领域中对某一特定国家国民的优待而歧视其他国家的国民行为予以法律规制，满足了知识产权国际保护的特殊需要，间接地维护了国际贸易的自由竞争，是国际知识产权保护制度的新发展。

【透明度原则】 TRIPS 协定第 63 条规定：各成员实施的有关 TRIPS 协定内容的法律、规章以及普遍适用的终局司法判决和行政裁决、与其他成员签订的双边协定，应以本国语言予以公布，或使公众可以获得的方式公布，同时，还应向 TRIPS 委员会通知。但是，各成员有权不披露那些会妨碍法律执行，或违背公共利益，或有损于公营或私营的特定企业的正当商业利益的机密资料。该条款首次将透明度原则全面引入知识产权领域，对知识产权的国际保护从各成员方法律的制定、执行再至结果的公开，都提出了透明的要求，一定程度上有助于营造一个法律和政策公开、透明的国际贸易环境。

【其他原则】 TRIPS 协定第 7 条明确了协定的宗旨在于促进技术革新、技术转让与技术传播，以有利于社会及经济福利的方式促进技术生产者与技术使用者互利、促进权利与义务的平衡。在此基础上，协定还规定了以下原则：（1）最低保护原则。TRIPS 协定第 1 条确立了最低限度保护原则。成员应履行 TRIPS 协定所确立的义务，实施该协定的规定。各成员可以，但无义务在其法律中实施比协定要求更广泛的保护，只要此种保护不违反本协定的规定。成员有权在其法律制度和实践中确定实施该协定所规定的适当方法。（2）权利用尽原则。TRIPS 协定第 6 条特别规定，本协定不得用于处理知识产权权利用尽问题。权利用尽是指，如果权利人同意或第三人征得权利人同意，已把承载有某项知识产权的货物或服务投入市场交易，知识产权持有人就用尽了该货物或服务上的专有权利。通俗地说，就是知识产权一次就用光了。这是知识产权领域颇有争议的问题：各国规则不同，所以 TRIPS 协定就此专门作了明文排除。

8.3.4 对各类知识产权的保护

【版权与邻接权】 对于版权保护的对象，TRIPS 协定在《伯尔尼公约》的基础之上还增加了“计算机程序和其他资料的汇编”的作品形式：计算机程序，无论是信源代码还是目标代码，应作为文献著作受到保护；数据或其他内容的汇编，只要对内容的选取和编排构成了智力创造，也应予以保护。（1）在版权保护的内容上看，TRIPS 协定所保护的权利只限于经济权利，排除《伯尔尼公约》第 6 条之二关于精神权利的保护；缩小对版权的限制范围，要求对作品独占权的限制和豁免应局限于不得与作品的正常使用相冲突。对于计算机程序、电影作品和录音制品，相比于《伯尔尼公约》，TRIPS 协定还规定了权利人享有出租权。（2）在保护期限上，TRIPS 协定规定计算机程序作为作品，保护期限为 50 年。同时，TRIPS 协定延长了录音制品的保护期，规定自录制、表演或广播发生之年年底起保护期为 50 年。而现有的《罗马公约》规定为 20 年。

【商标】 对于商标的保护，TRIPS 协定在《巴黎公约》的基础上规定了详尽的规范。TRIPS 协定第 15 至 21 条规定了商标保护的各项内容，包括保护事项、商标权的授予、驰名商标、商标独占权、商标的许可和转让、使用规定及保护期。同时更加强调对地理标志的保护，特别是对酒类地理标志的附加保护。

（1）商标的客体。TRIPS 协定第 15 条明确了商标权中可保护的客体类型：任何标志或标志的组合，只要能够将一个企业的商品或服务与其他企业的商品或者服务区分开，应能构成商标。协议规定，人名、字母、数字、图形和颜色组合等均可注册成为商标。如果商标本身不能区别有关商品或服务，各成员可以通过获得显著性作为注册条件。同时，成员国也可要求视觉上的可感知作为商标注册的必要条件之一。1967 年《巴黎公约》虽有提及保护服务商标的内容，却又没有把它放到与商品商标同等的位置，未要求必须给服务商标注册的保护。TRIPS 协定把服务商标与商品商标同等看待。这显然有利于对服务商标的保护。

（2）驰名商标。TRIPS 协定第 16 条第 2 款和第 3 款对驰名商标的特别保护进行了补充：首先。驰名商标原则上适用于服务；其次，保护范围突破了近似原则，即使是在不同的商品或服务上，也不得使用他人已注册的驰名商标，只要此种使用表明商品或服务与商标所有人之间存在联系，且此种使用有可能损害商标所有人的权益；最后，各成员在确定一个商标是否驰名商标时应考虑有关部门和公众对该商标的知晓程度，包括在该成员领域内因促销而获得的知名度。

（3）商标的许可与转让。TRIPS 协定第 21 条规定，成员可以自行确定商标的许可与转让条件，但自行确定条件时，对商标权不允许进行强制许可。注册商标所有人有权连同或不连同商标所属的经营一起转让其商标。另外，在贸易中可以转让的商标包括注册商标和未注册的实际使用了的商标。

（4）商标保护期限及商标的特殊使用。《商标马德里协定》规定注册商标权期限为 20 年，对商标的续展规定则不甚明确。TRIPS 协定规定商标权期限为 7 年，到期后可以续展。TRIPS 协定第 20 条对商标的特殊使用问题作了规定：“商标在贸易中的使用，不得为不合理的特殊要求所干扰”。该条列举了三种特殊使用：①要求与其他商标共同使用；②以特殊形式使用，如要求商标必须采用与包装相分离的加贴形式或商标必须印制在包装上；③以不利于商标将一个企业的商品或服务与其他企业的商品或服务区别开来的方式使用。

➢美国与印度尼西亚关于汽车工业措施的纠纷案

自 1993 年起，印度尼西亚（以下简称印尼）发布了一系列行政令以对其汽车工业施行激励计划，其在 1996 年 2 月计划的措施中规定，凡设备所有权、商标使用和技术方面达到规定标准的印尼汽车公司，可授予其“先锋”公司或国产公司的称号，并对其免除国产汽车的奢侈品税和进口零部件的关税。美国对印尼相关措施提出了指控，认为印尼国有汽车项目在商标使用方面违反“国民待遇”原则以及 TRIPS 协定第 20 条关于商标使用的规定。美国提出，国有汽车项目仅令使用唯一的为印尼国民所有的印尼商标的汽车受益，这造成了对外国人拥有商标及其所有者的歧视，构成了为 TRIPS 协定第 20 条所禁止的“在贸易中使用商标的特殊要求”。美国认为，第一，由于国有汽车项目所采用的模式，那些计划进入该项目的外国公司将会被阻止继续使用那些在其他国家使用的商标；第二，认为在印尼国有汽车项目下生产的使用印尼商标的汽车从该项目所获得的补贴等优惠使非印尼汽车公司处于竞争劣势，这会阻碍其使用他们的商标。

对于美国对印尼国有汽车项目违反 TRIPS 协定第 20 条的有关指控，专家组依据上述理由均予以了否定。针对第一个理由，专家组强调，这种难以继续使用其商标的情况是该外国公司自愿选择的，当它作出试图申请该项目的优惠的决定时，依据该项目的要求，完全可以预见其难以继续使用其商标的结果，这种自愿的选择不能被解释为 TRIPS 协定第 20 条中所要禁止的“特殊要求”。对于第二个理由，专家组承认国家给予本国企业的在关税、补贴等方面的支持措施会令受益人受惠，而使不能享受该支持的公司在经营以及与此相关的商标使用方面受到影响。但不能将 TRIPS 协定第 20 条中所规定的义务解释为阻止有关支持措施的实施。

裁判要点如下：根据印尼的国有汽车项目的要求，美国指控中所提到的结果是可能的。但判断印尼是否违反 TRIPS 协定义务的关键是，这种阻碍是否构成 TRIPS 协定第 20 条所禁止的由“特殊要求”所造成“无理阻碍”？TRIPS 协定第 20 条没有明确定义何为“不合理的特殊要求”，专家组在本案中也没有对的“特殊要求”进行正面的解释，但其从反面对第 20 条的内涵和所指有所提示——根据第 20 条所列举的情况：“要求与另一商标一起使用”“以特殊形式使用”以及“以损害将一企业的商品或服务区别于另一企业的商品或服务能力的方式使用”，构成对商标使用的不合理的特殊要求，这些行为都是针对商标使用的方式列举，而本案中印尼给予本国企业的在关税、补贴等方面的支持措施，则不能等同认为是商标使用方面的政策措施。到目前为止，尚没有 WTO 对 TRIPS 协定第 20 条的“合理性”明确予以解释的争端案例。在这种情况下，很多学者在研究中参考 GATT 第 20 条的规定对 TRIPS 协定第 20 条的合理性进行解释。

【地理标志】“地理标志”一词是 TRIPS 协定首次提出、定义，并进行专门规定的一类知识产权。TRIPS 协定则将地理标志定义为：“标示出某商品来源于某成员地域内，或来源于该地域中的某地区或某地方，该商品的特定质量、声誉和其他特征，主要与该地理来源相关联。”TRIPS 协定是第一个提出“地理标志”概念，并对其保护作出系统安排的国际多边条约。TRIPS 协定不仅对地理标志国际保护建立起了全球性的最低标准，并且还针对不同类别的产品（普通产品和葡萄酒烈酒类产品），配置了差别化的保护体例。

（1）地理标志的侵权行为。TRIPS 协定第 22 条第 2 款、第 3 款和第 4 款规定了各成员国应提供保护地理标志的法律措施，以使利害关系人有权阻止以下几种侵权行为：一是不论以任何方式，在商品的称谓或表达上，明示或暗示有关商品来源于并非真正来源地、并足以使公众对该商品来源误认的；二是不论以任何使用方式，如依照巴黎公约有关规定构成不正当竞争的行为；三是如果商标中包含有或组合有商品的地理标志，而该商品并非来源于该标志所标示的地域，成员方应依职权或撤销该商标的注册，或依一方利害关系人的请求驳回或撤销该商标的注册；四是如果地理标志虽然在字面上真实地指明了商品的来源地，但仍然误导公众以为该商品来源于另一地域，则仍按上款处理。以上几项规定对地理标志的权利人提供了十分具体而详尽的法律保护，包括不当标示、不当注册、不当使用和不当竞争等诸多方面都在协议的禁止之列。

（2）对酒类地理标志的特殊保护。TRIPS 协定第 23 条还专门对葡萄酒和白酒地理标志的保护进行了补充规定，此部分篇幅占了地理标志保护内容的一半，可见酒类商品地理标志的保护在地理标志法律保护中的重要的意义。协议在酒类地理标志保护方面，首先，重申对酒类地理标志的保护适用一般地理标志保护规则，同时，提供了更加严格而具体的特殊保护措施；其次，不仅要求成员方制止用地理标志去标示并非来源于原产地的葡萄酒或白酒，这种指示包括翻译文字的表达；而且禁止在葡萄酒或白酒上使用“某某种”“某某类”“某某型”等表达方式比附地理标志的行为；最后，如果诸多葡萄酒使用多音字或同形字的地理标志时，则保护应及于每一标志。

（3）地理标志保护的例外。TRIPS 协定第 24 条还规定了以上有关对地理标志保护的适用的例外情况。一是在先和善意使用的例外。如果某一成员方的经营者在葡萄酒或白酒或服务上使用另一成员方在相同的商品或服务上的标志，只要符合在先使用或善意使用的任何一个条件，便可继续使用该标志。二是商标善意申请或善意注册例外。TRIPS 协定根据不同发达程度的国家享有的过渡期长短不一，各国在适用过渡期之前或该国根据协议保护地理标志之前某商标已善意申请或获得注册，或以通过善意使用商标权，TRIPS 协定的实施不得因该商标与某地理标志相同或相似而损害该商标注册的利益或效力，或损害该商标的使用权。三是通常用语的例外。如果只因通常用语与某个受保护的地理标志相同，就禁止一般人使用，会显得不合理；四是名称权例外。名称权是一种在先权利，协议不能为保护地理标志而阻止这种在先权利的行使；等等。这些例外的情形构成了对地理标志适当的合理使用，考虑到了利益关系的平衡，防止权利人对地理标志权的滥用故而对此作出专门规定，体现了 TRIPS 协定在地理标志知识产权保护方面的合理性。

【工业品外观设计】除了总条款和基本原则以及知识产权执法程序部分适用于外观设计的规定外，TRIPS 协定中专门规定外观设计的条款不多，仅有第 25 条和第 26 条 2 个条款的规定。但它在世界范围内统一了外观设计的高水平保护并确定了这个领域中的一些基本规则。

（1）保护要求。TRIPS 协定在第 25 条保护要求中为成员保护外观设计提供了 2 项立法选择：其一是关于新颖性或原创性的选择。该款规定，对独立创作的、具有新颖性或原创性的工业品外观设计，全体成员均应提供保护。新颖性是工业产权法术语，而原创性是版权法术语。TRIPS 协定为了照顾成员国有的以版权保护而有的以工业产权保护外观设计的差距，允许成员国对要求其提供保护的外观设计在必须满足新颖性或原创性条件之间进行选择。其二是对外观设计保护范围的选择。TRIPS 协定第 25 条第 1 款接着规定，成员可以规定外观设计之保护，不得延及主要由技术因素或功能因素构成的设计。

（2）关于外观设计权的限制。TRIPS 协定第 26 条第 2 款规定，成员可对工业品外观设计的保护规定有限的例外，但必须符合三个前提：①该例外应顾及第三方合法利益；②该例外并未与受保护设计的正常利用不合理地冲突；③该例外也未不合理损害受保护设计所有人的合法权益。这三个前提既照顾到社会公共利益和第三人的利益，也照顾到权利人的利益，体现了权利人、使用人和公共利益三者相平衡的原则。

【专利】TRIPS 协定在专利保护问题上，以《巴黎公约》为基础，扩大了对专利的保护范围，增加规定了专利权人的进口权，对各成员方实施强制许可规定作了严格限制。

（1）专利的客体。TRIPS 协定第 27 条第 1 款规定，在符合本条第 2 款和第 3 款规定的前提下，不论产品发明还是方法发明，只要具有新颖性、创造性，并且能够在产业上应用的，都可以获得专利。对于专利保护的客体要符合以下条件：第一，产品发明和方法发明均应享有专利。承认方法专利，有助于利用新方法制造产品。第二，能够授予专利的发明，必须具有新颖性、创造性和实用性。第三，授予专利权的例外：出于对保护公共秩序和社会公德的目的；对人类或动物的医学治疗的诊断、治疗和外科手术方法；除微生物之外的植物和动物，非生物和微生物生产方法以外的动物或植物的视为生物的生产方法，可以不授予专利权。

（2）授予的权利及例外。TRIPS 协定第 28 条为“授予的权利”，规定了专利权人的专有权。对专利产品，专利权人有权制止第三方未经其许可，制造、使用、许诺销售、销售或为上述目的进口该产品；对专利方法，专利权人有权制止第三方未经其许可使用该方法，或使用、许诺销售、销售或为上述目的进口至少是依照该方法直接获得的产品。TRIPS 协定第 30 条则只是以一般性措辞界定了“授予权利的例外”：“各成员可以对专利赋予的专有权规定有限的例外，只要这种例外不会不合理地与对专利的正常利用发生冲突，也不会不合理地损害专利所有人的合法利益，同时考虑到第三方的合法利益。”按照这种规定，成员在其国内立法中界定授予例外的种类和范围方面享有相当大的自由。

➢加拿大药品专利保护案

1997 年 12 月 19 日，欧共体向加拿大提出磋商请求，声称加拿大现行专利法有关规定未能按照TRIPS协定第27条第（1）项、第28条和第33条规定的保护要求和期限，对专利药品发明提出充分的保护，违背了TRIPS协定的有关义务。因未能协商达成协议，欧共体要求成立专利组。澳大利亚等国保留作为第三人的身份。案件争议涉及加拿大专利法多个条文，其中，第55条第（2）项第①目为欧共体重点指控的一项，该项规定："按照规范产品的制造、制作、使用或销售的任何加拿大联邦法和各省法以及其他国家的法律，任何人若在开发和提供所需要的信息方面，只为合理利用目的而制造、制作、使用或者销售某项专利发明，就不构成对该专利的侵害。"该条又称为"强制审查例外"，实际上规定的是受强制性法规管控的产品，为了从有关政府审批机关获取该产品的销售许可，任何人均可以为开发和提供审批所需要的产品和资料，此类行为为"合理利用"，可视为专利侵权行为的例外对待。

专家组裁决认为，《加拿大专利法》第55条第（2）项第①目规定的强制审查例外并不违反TRIPS协定第27条第（1）项，同时也符合TRIPS协定第30条的例外规定，因而也不违背TRIPS协定第28条第（1）项。按照强制审查例外，专利所有人的潜在竞争者被允许在专利保护期限内，为获取政府的销售许可，在未经专利所有人授权的情况下，使用该发明专利，以便在该专利期满前，在与专利所有人的竞争中将拥有强制许可销售。对于TRIPS协定第30条的三个因素之间的关系，专家组指出，第30条的实质是调整专利利用的经济影响问题，但在这三个因素中有不同的体现。第一个条件"有限例外"与经济影响本身没有关系，其他两个条件直接涉及经济影响。

案例要点如下：TRIPS协定第30条规定了专利侵权例外之三个条件，但没有列举被豁免侵权的具体行为，因此专利权例外的种类及其范围取决于对这三个条件的解释。从目前审结的有关TRIPS协定例外条款的WTO争端案例来看，上述三个条件主要作以下解释：第一个条件，一项例外是否"有限"，应根据专利权人的专有权利被削减的程度来衡量，而不应根据经济影响的范围或规模来衡量。但专家组不同意根据受到影响的专利权能的数量来衡量。对于第二个条件，专利的"正常利用"指的是"专利权人利用其专利权获取经济价值的商业活动"，包括专利期限内的正常利用，也包括专利期限结束后一段时期内专利权人所获得的市场优势。从理论与实践来看，专家组认为这些附加的市场利润属于权利的范围。第三个条件是"考虑第三方的合法利益"。这一条件不是直接确定某一例外是否不合理地损害专利权人的合法利益，而是要求考虑第三方的合法利益来进行确定。由此可以得出，与专利权授予的法律利益本身不同，此处的合法利益是公共政策上的或其他社会规范支持的意义上的合法利益，体现了专利权人的利益与整个社会利益的协调、平衡。

(3) 专利强制许可。强制许可关系到专利权、专利制度的法律稳定性。为此，TRIPS 协定第 31 条对世界贸易组织成员颁发强制许可令规定了严格的法律规则。这些条件包括：在全国出于紧急状态或者其他非常情况，成为非商业性的公共目的而使用该专利，应尽快通知所有权人；授权使用应一事一议；只有在此前合理时间内，以合理商业条件要求授权而未获成功，才能申请强制许可；授权应给予适当的报酬等。

8.3.5 TRIPS 协定的意义与后 TRIPS 时期的发展

【TRIPS 协定的意义】 作为迄今为止约束力最为广泛、内容最为全面、保护标准最高的国际知识产权保护多边性条约，TRIPS 协定实际上是在 WIPO 体制下重新建立了一套更为全面的国际知识产权保护体制，与 WIPO 组织下的知识产权国际公约相比，TRIPS 协定对知识产权执法提出了更高的要求，反映了发达国家对知识产权国际保护的新需求，在一定程度上也预示了国际知识产权保护体制的新动态和新趋势。

(1) 推动国际知识产权保护水平提高。TRIPS 协定从立法体制上确立了国际知识产权保护的更高标准。首先，TRIPS 协定扩大了知识产权保护的范围，首次在国际条约中把集成电路布图设计和商业秘密作为知识产权的保护对象；其次，延长了计算机软件、专利、集成电路布图设计的最短保护期限；再次，规定了禁止保留条款，提高了知识产权的整体保护标准。最后，通过加强执法措施和争端解决机制有效促进了世界范围内知识产权保护水平的提高。

(2) 强化国际知识产权执法与制裁。TRIPS 协定制定了较详细的执法规则，加强了对知识产权的执法，并通过 WTO 争端解决机制强化法律实施和监督。协议要求各缔约国的知识产权执法部门必须严格执法程序，以更有效地把知识产权侵权活动遏制于最小状态，详细规定了“海关措施”和其他“临时措施”的申请、执行等运作程序，比以往其他知识产权条约规定了更加严格的执法规则。对于国际知识产权争端的问题，TRIPS 协定规定了适用于 WTO 的争端解决机制，并在第 64 条中规定了应适用总协定的程序和规范，从而对缔约方产生较大的法律约束力，推动缔约国加快国内知识产权制度建设，强化了国际知识产权保护。

(3) 完善现行知识产权国际保护体制。TRIPS 协定的缔结使得 20 世纪的国际知识产权保护形成以 WIPO 和 WTO 两大国际组织领导的、互为补充的知识产权保护体制，改变了先前以 WIPO 主持下的三大国际公约为核心，而条约间有时互相冲突的弊端，是对知识产权国际保护体制的完善。TRIPS 协定将众多国际公约纳入同一体系，对公约之间的内容进行统一，并确立了 TRIPS 协定理事会作为职能机构负责监督执行，从而进一步总结提升了 19 世纪和 20 世纪的知识产权保护体制，同时为 21 世纪的知识产权发展奠定了坚实的基础。

【后 TRIPS 协定时期的国际知识产权制度的发展】 随着 WIPO 和 WTO 双轨制的国际知识产权保护体制的确立，国际知识产权的保护手段和保护标准都发生了显著变化，TRIPS 协定体制下的高水平的知识产权私权保护与公共利益特别是公共健康问题也变得更加突出。与此同时，发达国家不断提高的高标准和新要求，对发展中国家造成了一系列负面影响，发展中国家面临着越来越严峻的发展压力。

（1）双边协议和区域性协议推动知识产权保护制度的强化。后 TRIPS 协定时代的知识产权国际保护是以 TRIPS 协定为基础的，但却不仅限于 WTO 多边场合。由于发达国家主导的多边领域的知识产权谈判在发展中国家的抵制下逐渐陷入僵局，美国和欧盟等发达国家和地区越来越转向双边谈判和区域性论坛，通过与发展中国家签订双边或区域贸易协定，推动建立符合自身利益的知识产权保护规则。这些协定确立的知识产权保护标准超出了 TRIPS 协定规定的最低保护标准，从而被称为“TRIPS－plus”。

（2）公共健康问题受到更多关注。高标准的知识产权保护和严格的执行措施，使得发展中国家的公共健康问题越来越难以对抗知识产权人的专有权。尽管 TRIPS 协定第 31 条允许官方通过强制许可解决本国的公共健康问题，但依据该条款生产的药品只能用于本国市场。对于缺乏药品生产能力的发展中国家成员来说，该条款无济于事。在全球舆论和发展中国家的力争下，WTO 在多哈部长会议上通过了《与贸易有关的知识产权协议与公共健康宣言》。2003 年，世界贸易组织总理事会通过《执行〈TRIPS 协定与公共健康宣言〉第 6 段的决定》，免除强制许可下的药品应主要供应国内市场的义务，准许此类药品向正在遭受公共健康危机的国家出口。从决议的总体内容来看，其对 TRIPS 协定专利制度的限制作出突破，但是在具体使用上仍有限制性规定，且只是临时性措施。

8.4 《巴黎公约》

8.4.1 《巴黎公约》简史和意义

【简史】 19 世纪下半叶，第二次工业革命引起了欧洲工业技术和其他科学领域技术的快速发展，国际技术贸易日益繁盛。1873 年，奥匈帝国政府在维也纳举办了一场有关发明和商标的世界商品博览会（也称万国博览会），邀请各国参加，然而大多数受邀的国家都不愿意参加，因为他们担心自己展品的发明或者商标在展览会上得不到相关法律保护，为其他国家所利用。为了解决这一问题，奥地利政府制定了一项特别法，对博览会展品的发明和商标给予临时性保护，并与各西方国家代表在维也纳召开了讨论专利权国际保护、进行“专利改革”的国际会议。就此展开了建立一套统一的工业产权国际保护制度的讨论。

1883 年，比利时、巴西、法国、危地马拉、意大利、荷兰、葡萄牙、萨尔瓦多、塞尔维亚、西班牙和瑞士共 11 个国家在巴黎召开了一次正式外交会议，并在会上共同签署了《巴黎公约》，同时成立保护工业产权巴黎联盟（以下简称巴黎联盟）。1884 年 7 月 1 日公约生效时，成员方增至 14 个。至 19 世纪末，成员方为 19 个。直到第二次世界大战之后，巴黎公约的成员方才有了显著的增加。

《巴黎公约》缔结之初，各国的意图是使公约成为国际上统一的工业产权法，但由于各国国内立法差异较大，利益关系错综复杂，因而只建立起一个框架。为完善工业产权的保护，《巴黎公约》先后经历了 8 次修订，形成 6 个修订版本。目前绝大多数国家都适用 1967 年斯德哥尔摩文本，TRIPS 协定也是以《巴黎公约》1967 年文本为基础。我国于 1985 年 3 月加入巴黎条约。截至目前，《巴黎公约》共有 177 个成员方。

【意义】《巴黎公约》是国际知识产权领域的第一个多边性条约，也是知识产权保护领域成员方最广泛的国际公约。作为工业产权领域第一个国际多边条约，《巴黎公约》的诞生具有里程碑的意义，其代表了知识产权保护开启了更为广泛、统一的国际保护进程，首次确立起国际工业产权保护的范围和总体规则，是知识产权领域最为基础和重要的国际公约。

8.4.2 《巴黎公约》的主要内容

《巴黎公约》1967 年文本（斯德哥尔摩修订本）共 30 条，其第 1 至 12 条为成员方的权利与义务方面的实质性内容之规定，第 13 至 30 条涉及有关行政和体制问题。

【保护范围】对于工业产权的保护对象，《巴黎公约》第 1 条以列举的方式规定：“工业产权的保护对象有专利、实用新型、工业品外观设计、商标、服务标记、厂商名称、货源标记或原产地标记，和制止不正当竞争。”同时在第 2 款强调需对“工业产权”进行广义理解：“对工业产权应作最广义的理解，它不仅适用于工业和商业本身，而且也应当适用于农业和采掘业，适用于一切制成品或天然产品，例如，酒类、谷物、烟叶、水果、牲畜、矿产品、矿泉水、啤酒、花卉和谷类的粉。”

【基本原则】（1）国民待遇原则。该原则是《巴黎公约》的一个重要的基本原则。根据《巴黎公约》第 2 条和第 3 条，其含义是，各成员方必须给予其他成员方国民与本地国民同等待遇，非缔约方国民在某一成员方国内有住所或有实际的营业所的，也应给予相应的同等待遇。国民待遇是《巴黎公约》为了解决各成员之间无法达成跨国可执行的实质性标准这一问题，而最终选择的一种处理方法，其有效地促进了各方知识产权贸易时平等互惠，成为后来其他的许多知识产权公约借鉴和明文规定的基本原则，被称为“国际知识产权公约中最古老和最完善的规则”，也是《巴黎公约》沿用至今仍具生命力的重要原因。(2) 优先权原则。该原则规定于《巴黎公约》第 4 条，也是《巴黎公约》的一个具有开创性意义的知识产权国际保护规则。根据公约的规定，申请人在任何一个成员方正式提出专利（或商标注册）申请后，在特定时间内（发明和实用新型为 12 个月，外观设计和商标为 6 个月）又将同一发明创造向其他成员方提出申请的，可以将其首次的申请日作为有效的申请日，即首次申请在一定期间内享有优先权利益。优先权原则解决了申请人可能因在多个国家和地区申请保护而使其申请的新颖性、创造性受到影响的问题，对于专利的国际保护具有重要意义。需要注意的是，优先权原则仅适用于发明专利、实用新型专利、工业品外观设计专利和用于商品上的注册商标，对于服务商标、厂商名称、商誉、原产地名称等则不适用。

【关于专利的规定】(1) 定义。根据《巴黎公约》第 1 条对工业产权的范围的定义，《巴黎公约》所指的“专利”指的是发明专利，是与实用新型、工业品外观设计和商标等知识产权并列的一类工业产权。(2) 专利独立原则。《巴黎公约》认可了知识产权的地域属性，规定了专利的独立性原则。其第 4 条规定：“本联盟成员国的国民向成员国申请的专利，与其在本联盟的其他成员国或非本联盟的国家为同一发明所取得的专利是相互独立的。”因此，成员方国民就同一专利在各缔约方国内所获得的法律保护是相互独立的，专利权在某成员方之内的产生、终止或被宣告无效，并不必然导致该权利在其他成员方的产生、终止或无效。(3) 强制许可。《巴黎公约》第 5 条规定：“巴黎联盟成员方都有权采取立法措施规定授予强制许可，以防止由于行使专利所赋予的专有权可能产生的滥用，如未能实施专利。自提出专利申请之日起 4 年届满以前，或授予专利之日起 3 年届满以前，以后满期的期间为准，不得以不实施或不充分实施为理由申请强制许可；如果专利权人的不作为有正当理由，应拒绝强制许可。这种强制许可是非独占性的，而且除与利用该许可的部分企业或与商誉一起转让外，不得转让，包括以授予许可证的形式也在内。”根据该规定，已取得专利权的发明创造，若自专利申请日起满 4 年或自专利批准日起满 3 年，不实施或没有充分实施该专利，又无正当理由的，成员方可以根据任何其他人的申请，实行该发明创造的强制许可。此种强制许可是非独占性的。同时，取得强制许可方应给予专利权人合理的报酬。

【关于商标的规定】《巴黎公约》制定时，国际上在商标的注册问题上形成使用取得制和注册取得制的两种制度，各方的协调难以全面和深入，因此《巴黎公约》并未对商标注册阶段的使用要求进行统一，只对商标注册维持阶段的使用要求作了简单规定。

（1）商标注册独立原则。同专利申请的原则一样，《巴黎公约》也规定了各国和地区商标注册的独立性。《巴黎公约》第 6 条第 1 款规定：“商标的申请和注册条件，在本联盟成员方内由其本国法律决定。”第 6 条第 2 款和第 3 款规定了商标在不同成员方内注册和受保护的独立性：“本联盟任何国家对本联盟国家提出的商标注册申请，不得以未在原属国申请、注册或续展为理由而予以拒绝，也不得使注册无效。”“在本联盟一个国家正式注册的商标，与在联盟其他国家注册的商标，包括在原属国注册的商标在内，应认为是相互独立的。”

（2）商标使用要求。《巴黎公约》第 5 条 C 款对注册商标的使用作出限制，包括撤销注册的情形、商标使用的形式、商标共有人的使用。商标的撤销事由是指：如果注册商标的使用在任何国家和地区是强制的，那么注册商标可以因为在适当期间内的无正当理由不使用而遭到撤销。根据该条，注册商标的撤销要遵循两个要点：其一，注册商标因不适用而被撤销的前提是，该注册商标在各个国家和地区法律规定之下具有强制使用的义务，该种强制性使用的条件由各方法律所规定，《巴黎公约》不予设定；其二，注册商标被撤销的原因是由于其经过一定时间未投入使用，而具体参照的未投入使用时间的长短，由各成员方国内法确定。因此，在该条款的设定上，可以看出《巴黎公约》具有明显的灵活性和选择性，对商标的使用要求实际上也是只做了原则性、框架性的规定。

对于商标共有人注册商标的问题，《巴黎公约》规定：“根据保护地国家的本国法认为商标共有人的几个工商企业，在相同或类似商品上同时使用同一商标，在本联盟任何国家内不应拒绝注册，也不应以任何方式减少对该商标所给予的保护，但这种使用未导致公众产生误解，而且不违反公共利益。”因此，商标共有人注册商标应同时遵循三个规则：首先，使用同一商标的数个企业应该是根据成员方国内法认为是商标共有人的情形；其次，商标共有人对拟注册商标的使用不会导致公众误解；最后，商标共有人的商标注册不会违反公共利益。

另外，《巴黎公约》第五条 C 款规定了注册商标使用的形式，如果注册商标使用人实际使用的商标与注册商标在形式上的某些要素不同，但并没有改变商标的显著性，应当不认为导致商标无效，也不能因此减少对该商标的保护。

【与《巴黎公约》有关的国际知识产权公约】《巴黎公约》还明确了可以在本公约的基础之上缔结辅助性专门条约的规定。《巴黎公约》第 19 条规定：“本联盟国家在与本公约的规定不相抵触的范围内，保留有相互之间分别签订关于保护工业产权专门协定的权利。”根据该规定，成员方在《巴黎公约》的基础之上签订了一系列辅助性条约或子条约，包括 1925 年《海牙协定》、1968 年《建立工业品外观设计国际分类洛迦诺协定》、1970 年《专利合作条约》（PCT）、1971 年《斯特拉斯堡协定》（IPC）、1977 年《布达佩斯条约》等，形成了一个以《巴黎公约》为基础的工业知识产权国际条约体系。

《巴黎公约》在19世纪末诞生的时候还是很先进的。但是，许多评论人士认为，随着时间的推移，《巴黎公约》的缺点越来越显著：一方面，除了国民待遇最低保护，公约没有规定出可供其签约方在各自国内专利制度中推行的实体性专利法标准；另一方面，公约欠缺有效的执行机制。尽管一个成员方可以在国际审判法院起诉另一成员方违背公约，但由于国际法院缺乏执行权，因此这一途径在理论上的可行性远远大于实际的执行情况。在公约实施的一个多世纪历史中，这样的诉讼还没有发生过。最后，修改《巴黎公约》需要获得成员方的一致同意。随着签约方的逐渐增加，这种一致同意越来越难以达成。因此，改进国际专利制度的机遇也就只能留给其他载体包括PCT、《北美自由贸易协定》以及TRIPS协定。

8.5 其他重要国际公约

8.5.1 《UPOV公约》

植物新品种保护（PVP）是农业知识产权保护的重点领域，是TRIPS协定中农业知识产权领域内最重要的组成部分。根据TRIPS协定的规定，植物新品种保护采取专利保护、专门保护或二者结合的保护，大多数国家采取专门保护的立法形式。随着农业科学技术以及生物技术的发展，农作物优良品种对促进农业生产发展发挥着越来越重要的作用，植物新品种作为知识产权的一种，已成为各国保障农业安全，实施国家知识产权战略的重要组成部分。

【简史】1961年12月，以英国、荷兰、德国等国家为主要的发起者在法国巴黎缔结了《UPOV公约》，并在此基础上成立了“国际植物新品种保护联盟”（UPOV）。《UPOV公约》规定了国家和地区之间保护植物新品种权的基本准则，通过协调各个成员方之间有关植物新品种保护的法律、法规，来保证育种者的植物品种专有权。《UPOV公约》分别在1972年、1978年和1991年经过三次修订。现在国际上使用比较普遍的两个《UPOV公约》文本是1978年文本和1991年文本。1997年，我国颁布了《品种条例》，该条例基本反映了《UPOV公约》1978年文本的要求。我国于1999年加入《UPOV公约》，成为该组织的第39个成员方，并适用1978年文本。截至2017年，《UPOV公约》共有75个成员方。

【主要内容】（1）《UPOV公约》基本原则。《UPOV公约》1978年文本第2条规定了“双重保护禁止”原则。而公约1991年文本第35条规定：“成为本公约的成员方时，已经是1978年文本的成员方，以及通过工业产权而不是育种者权对无性繁殖的品种给予保护的成员方，有权继续使用其原有的保护，对这些品种可以不适用本公约。”这表明《UPOV 公约》在一定程度上已经放弃了“双重保护禁止”。(2)《UPOV 公约》植物新品种权的授予条件和内容。根据公约第 6 条，申请植物新品种应满足的条件包括新颖性、特异性、一致性、稳定性和适当的命名。如果育种者得到某个品种的植物新品种权，那么就有权限制其他人的以下活动：①与繁殖材料有联系的行为。生产或繁殖、为繁殖为目的的其他行为、许诺销售、出口、进口以及用于上述目的的储存。②与收获材料相关的活动。指的是利用繁殖材料中的得到的植物所收获的材料，包括整个植株或植株的一部分与直接制作的产品有关的活动。③对实质性衍生品种的保护。(3)《UPOV公约》对植物新品种权的限制。根据公约的规定，育种者权利在以下情况不适用：①合理使用，适用于私人的非商业活动、为实验目的的活动、为了培养其他品种进行的活动，或者对该品种的应用。②农民特权，指如果涉及农民对品种的使用，育种者的权利可能会受到一定的限制，而是否受到限制主要取决于农民所在缔约方的国内法的相关规定。相对于 1978 年文本来说，《UPOV 公约》1991 年文本弱化了农民特权的规定。③权利用尽，指如果权利人拥有的新品种权物品已经合法出售，权利人就不再拥有该权利，也就无法律上的依据去控制该品种的各种行为。④为公共利益的免责，指如果利用某品种是为了公共利益的需要而进行的，那么权利所有人就不可以主张该权利，但使用该品种应当尽力采取必要措施给予育种者相对公平的报酬。

【《UPOV 公约》1978 年文本与《UPOV 公约》1991 年文本的区别】与 1978 年文本相比，虽然 1991 年公约文本的保护范围更广、时间更长、保护水平更高，大大加强了对育种者的保护，但是为了保护社会公共利益，1991 年文本也对育种者权利进行了限制。总体来看，1991 年文本是最科学和最严谨的。这反映了《UPOV 公约》确立的法律制度本身的发展和完善，也反映了世界范围内对植物品种的保护和重视，在一定程度上代表了植物品种保护制度未来的发展方向。

(1) 植物新品种的保护方式。1978 年文本第 2 条规定了缔约方如果承认专门的植物新品种权或专利权，则只能提供其中一种保护方式；1991 年文本对是否应采取其中一种或两种兼用未做规定，实际上取消了对同一植物品种只能提供一种保护方式的限制。

(2) 农民特权。1978 年文本规定，农民特权强制应用于所有的植物属或种，除了为商业目的的生产外，其他生产活动是被允许的。而 1991 年文则规定：农民特权的应用在政府的控制之下。缔约方可以在合理的范围内，在保护育种者合法权益的条件下，对品种权进行限制。允许农民使用在自己土地上种植的保护品种的收获产品，在自己的土地上为繁殖的目的而进行的生产活动。这表明，UPOV 成员政府可以自行规定农民特权，条约不再对此有强制性要求，实际上为加强育种者权利提供了更大的空间。

（3）植物新品种的属、种数量的规定。1978 年文本对保护植物属和种的数量要求比较低，对具有约束性的规定，如实施保护的属或种的数量和逐步扩大保护范围的期限比较宽容和弹性（第 4 条）；修订后的 1991 年公约文本则要求：最迟自受公约约束之日起，至 5 年期满时，适用于所有植物属或种；对新成员方则要求自受公约约束之日起，至少适用于 15 个植物属或种；最迟自受公约约束之日起，至 15 年期满时，适用于所有植物属或种。

（4）对品种权的保护内容范围。对收获材料的保护：1978 年文本规定可以自由选择是否对收获材料进行保护，而 1991 年文本则做了明显扩展：规定了保护品种繁殖材料在生产或繁殖、为繁殖而进行的处理、许可销售、销售或其他市场销售、出口、进口以及出于上述目的的储存，均需要育种者的授权；未经授权使用受保护品种的繁殖材料而获得的收获材料，包括整株和植株部分，应得到育种者的授权，但育种者对繁殖材料已有合理理由行使其权利的情况除外。可以看出 1991 年文本显著扩展了植物品种权的范畴，加强了育种者的权利。

8.5.2 《CBD 公约》

【简史】《CBD 公约》是世界上保护生物多样性与生物资源可持续利用方面最具影响力的国际公约，为世界环境保护领域中的植物、动物和微生物保护工作以及国际合作提供了法律依据和政策指南。《CBD 公约》于 1992 年 5 月 22 日由联合国环境规划署发起的政府间接谈判委员会第七次会议在肯尼亚内罗毕讨论通过。1992 年 6 月，在巴西里约热内卢联合国环境与发展大会上，有 153 个国家签署了这份文件。公约于 1993 年 12 月 29 日正式生效。目前公约共有 194 个缔约方，在世界范围内得到广泛认可。我国于 1993 年 1 月 5 日加入，成为最早批准公约的缔约方之一。

【目标】《CBD 公约》宗旨在于全面规范全球生物多样性保护和可持续利用，促进各国公平合理的分享利用生物资源，实现资源的可持续利用与利益公平分享的有机结合，达到二者的共赢。《CBD 公约》提出三大目标：（1）保护生物多样性；（2）可持续地利用生物多样性组成部分；（3）公平公正地分享因利用遗传资源而产生的惠益。将“公平惠益分享”作为《生物多样性公约》的目标之一，是发展中国家的普遍要求，他们认为，发达国家的生物技术公司常常以非正当方式从发展中国家获得遗传资源及相关传统知识，并利用其生物技术优势，将这些资源开发成专利产品，再从提供资源的国家牟取暴利。为切实履行《CBD 公约》第 15 条和第 8 条（j）款，发展中国家强烈要求就建立一项有关遗传资源及相关传统知识获取与惠益分享的国际制度而开展谈判。经过 10 年左右的艰苦谈判，2010 年 10 月在日本名古屋召开的第 10 次缔约方大会通过了具有历史意义的《名古屋议定书》，惠益分享成为公约明确的一项重要原则。《名古屋议定书》

的达成是《CBD 公约》新的重大里程碑。

【原则】《CBD 公约》对遗传资源保护采用的是国家主权原则。其在序言中写道："各国对它自己的生物资源拥有主权权利，也重申各国有责任保护它自己的生物多样性。并以可持续的方式利用它自己的生物资源。"第 15 条指出："各国对其自然资源拥有主权权利，可否取得遗传资源的决定权属于国家政府，并依照国家法律实行。"表明在认可国家对于遗传资源享有主权的同时也强调国家对保护和可持续利用遗传资源的责任。

【机制】公约设立了一系列意义深远的有关生物多样性保护和可持续利用的机制，以加强国家行动在保护和可持续利用中的作用。

（1）一般措施。《CBD 公约》第 6 条和第 10 条 a 款对缔约国提出了两个要求：其一，每一缔约方应当制定或变通国家战略、计划或方案，以便将《CBD 公约》所规定的有关生物多样性和可持续利用的措施付诸实施。其二，缔约方应当将生物多样性的保护和可持续利用纳入有关部门或跨国计划、方案和政策。这表明，公约强调通过综合有效的途径，比如卫生保健、开发、贸易、经济政策等多部门的计划、方案和政策对生物多样性问题予以考虑，才能保证生物多样性的保护及其组成部分的可持续利用发挥效力。

（2）查明和监测。《CBD 公约》第 7 条向缔约方提出了四个方面的查明和监测要求：查明对保护和可持续利用生物多样性至关重要的生物多样性组成部分；监测根据第 7 条 a 款查明的生物多样性组成部分，将监测重点放在需要采取紧急保护措施以及具有重大可持续利用潜力的部分之上；需查明对保护和可持续利用的生物多样性将产生或已产生重大不利影响的活动，通过抽样调查和其他技术监测这些影响；以各种机制维持和整理前述三点查明和监测所获得的数据。

（3）就地保护。根据《CBD 公约》第 2 条的定义，就地保护是指生态系统和自然环境的保护，以及物种的有生存力种群在其自然环境中的保持和复原，对于驯化和栽培物种而言，指的是在它们发展出特性的环境中的保持和复原。为保障就地保护，《CBD 公约》第 8 条设立了一组保护生物多样性的义务，涉及保护区的建立、生态系统、野生物种和基因多样性的保护问题，还涵盖人类育成的植物品种和动物品种的保护、传统知识的保护等，这些义务有 12 项之多，可见《CBD 公约》将就地保护作为生物多样性保护的重中之重。

（4）移地保护。根据《CBD 公约》第 2 条的规定，移地保护是指在生物多样性组成部分的自然环境之外对其加以保护，也就是在基因库、动植物园区、水族馆等人工创设的设施和环境中保护。《CBD 公约》第 9 条使用了"主要为辅助就地措施起见"的表述，说明易地保护是保护生物多样性的辅助性方法，此项下设定了四项有关易地保护的义务。

（5）技术的取得与转让。为了促进遗传资源的公平分享、保护和开发，公约规定，缔约方应当承诺向其他缔约国提供和/或便利其取得并向其转让生物多样性保护和持久使用方面的技术，或利用遗传资源而不对环境造成重大危害的技术。缔约国必须采取措施，让提供遗传资源的缔约方参与到此种活动中，并赞助和促进这些国家和地区在公平的基础上优先取得基于其提供的资源的生物技术所产生的成果和惠益。为了保障技术转让的顺利进行，公约规定发达国家缔约方采取一定措施的义务，包括采取立法、行政或政策措施等。考虑到发展中国家的需求，该公约设置了促进向发展中国家技术转让的规定。第一，按公平和最有利的条件提供或给予便利，为此，公约首次要求发达国家提供资金以使他们从公约有关技术转让和获得利益的规定中受益，并建立一种财务机制，以管理缔约方提供和其他国家和地区捐助的资金。第二，为了遗传资源的研究开发成果能与提供遗传资源的缔约方公正、公平地分配，发达国家有采取适当的立法、行政或政策上的措施的义务。

【影响与发展】从公约的上述规定可以看出，《CBD 公约》针对生物多样性和遗传资源的问题做了诸多颇具挑战性的规定，公约提出“保护生物多样性、可持续地利用其组成部分、公平公正地分享因利用遗传资源而产生的惠益”三大目标，国际制度的框架上确立起具有法律约束力的生物多样性保护规范和基本履约机制框架，是全球范围内针对物种、生态系统和基因等问题共同采取行动取得的重大成果。公约关于技术转让与财务机制的设立都照顾到了发展中国家的需要，对于加强全球资源保护和公平利用发挥了不可或缺的作用。为了推进实现公约确立的目标，公约自签订以来加强补充与细部立法，特别是关于遗传资源获取和惠益分享制度的构建与实施。目前，公约框架下已通过《卡塔赫纳生物安全议定书》《名古屋—吉隆坡关于责任与赔偿的补充议定书》和《关于遗传资源获取与惠益分享的名古屋议定书》。公约还通过了一系列的工作计划、准则、指南、倡议等规范文件，如《2011—2020 生物多样性战略计划》为全球生物多样性规划了蓝图。《CBD 公约》的最高决策机制是 CBD 缔约方大会（COP），自公约生效至今，公约已经召开了 14 届缔约方大会，通过了 400 多项决定。2016 年 12 月，我国获得了 COP15 主办权。COP15 是一次具有里程碑意义的大会，将审议 2021—2030 年全球生物多样性框架，确定 2030 年全球生物多样性新目标。

9　农业知识产权的边境保护

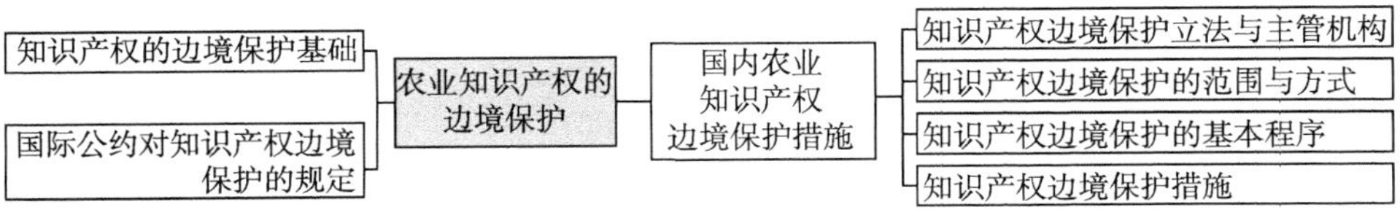

图 9-1　农业知识产权的边境保护内容导读

9.1　知识产权的边境保护基础

【定义】知识产权的边境保护又称为知识产权的边境措施、知识产权的海关保护，是指海关依据国家法律的授权，在边境采取的制止侵犯知识产权的货物进境或者出境，使侵权产品不能进入国际市场流通的执法行为。农业知识产权边境保护是知识产权边境保护的重要组成部分，是针对农业领域的知识产权进行边境保护，非知识产权中的独立概念。

【简史】19 世纪中叶，国际贸易中的货物进出口环节出现越来越多的盗版、假冒行为，给知识产权权利人造成了严重损害，扰乱了一国正常的贸易秩序，有关国际公约开始涉及知识产权边境措施的内容，《巴黎公约》要求成员方对非法标有商标或厂商名称的商品、带有假冒原产地和生产者标记的商品进口时予以扣押；《伯尔尼公约》规定录音制品，如果未经有关方面许可进口，认为此录音制品侵犯本国版权的成员方可以实施扣押。知识产权边境保护开始进入法律范畴，但是这些国际公约的相关规定比较零星。美国《1930 年关税法》第 337 节的“进口贸易中的不公平做法”规定美国国际贸易委员会可以对有关于知识产权的不正当贸易做法颁布禁止进口令，并由海关执行，成为当今各国知识产权保护边境措施法律制度的雏形。1995 年的 TRIPS 协定专节规定“与边境措施相关的特殊要求”，对成员方实施知识产权边境措施提出了最低标准，是国际社会首次就知识产权的执法达成的协议，世界海关组织为此拟定《为履行〈TRIPS 协定〉而赋予海关权力的国内立法示范法》，自此，专门的知识产权边境保护法律体系在国际法和国内法层面建立起来。

9.2 国际公约对知识产权边境保护的规定

【巴黎公约】《巴黎公约》最早对知识产权边境保护进行了规定。《巴黎公约》第9条、第10条对商号、地理标记规定了一系列保护措施，规定各成员方对一切非法标有虚假商号或虚假地理标记的商品，各成员方可在该商品输入时予以扣押；扣押应按各国和地区法律规定进行，依相关机关或当事人的请求执行。《巴黎公约》对知识产权的边境保护有了初步规定。

【TRIPS 协定】1994年世界贸易组织的TRIPS协定，对“边境措施”作出了专章规定。根据该协议的规定，对冒牌或盗版货物，可采取如下边境措施：(1) 知识产权所有人如有证据怀疑某批进口产品属于侵权货物时，可以向有关当局司法机关提出申请，要求海关扣留乃至销毁货物。同样，权利所有人也可要求海关扣留被怀疑侵权的出口货物，阻止其进入国际市场。(2) 为了保护另一方当事人的合法利益，在申请上述措施时，申请人应交纳一定的保证金或担保物。在一般情况下，自申请人发生扣留通知之日起计算，海关最长可扣留货物10天，特殊情况下可延长到20天。(3) 有关当局也可以依照职权主动采取上述扣留行为。(4) 上述边境措施可以延伸到标注厂商名称、服务标记、地域指示的产品，以及专利侵权产品。即版权和商标权成为TRIPS协定规定必须保护的客体，而其他知识产权的其他权利则成为选择性保护的客体。(5) 各成员国的海关将成为国际知识产权侵权案件和重要执行机构，其他主管机关也可成为边境执法的主体。TRIPS协定为知识产权的边境保护提供了一个基本框架，其立法方面只是做了最低界定，各国立法规定的保护措施不得低于此限，但可以制订更为严重的保护措施。

【反假冒贸易协定】《反假冒贸易协定》（ACTA）。是一个旨在加强国际贸易中知识产权执法标准的多边国际条约，2011年10月1日由美国、日本等8个国家首批签署，欧盟及其22个成员方随后签署，但至今未生效。虽然《反假冒贸易协定》并未生效，但在一定程度上反映了当前发达国家知识产权边境执法标准的趋势和动向。《反假冒贸易协定》对边境保护措施的规定更加详尽和严格，主要表现如下：(1) 扩大了知识产权边境保护措施的保护范围，将边境保护措施适用的知识产权类型强制性的规定为版权及相关权利、商标、地理标志、外观设计和集成电路布图设计（拓扑图），即成员方对上述知识产权的边境保护承担一种强制性的义务，(2) 降低了权利人申请边境保护的条件，只要求权利人需提供其知识产权遭受侵权的初步证据和主管机关可以合理辨识涉嫌货物的信息，提供充分信息的要求不应造成对援用边境执法措施的不合理阻碍，在一定程度上降低了主管机关采取保护措施的门槛。(3) 主管机关的救济措施更为严格，规定侵权货物应该以销毁为主要处置方式，只有在特殊情况下才采取“禁止进入商业渠道”的方式，对侵权货物的处置显得更加严格。并增加了行政处罚措施，即主管机关裁定货物侵权后，必要情况下可以对侵权人进行行政处罚。(4) 对申请人实行更为宽松的保证金制度，并允许用担保书的方式进行担保，简化了对担保条件的要求，强调要求权利持有人进行担保的规定不得对边境保护措施构成不合理阻碍，而对于货物所有人对涉嫌专利侵权货物提供担保获释责任则规定了更为详细的条件。

9.3 国内农业知识产权边境保护措施

9.3.1 知识产权边境保护立法与主管机构

【立法】我国1995年颁布了《海关保护条例》以及《中华人民共和国海关关于知识产权保护的实施办法》(2004年修订，2009年再次修订)，2000年修订的《海关法》将海关对知识产权的保护措施正式纳入，使上位法与下位法形成完整的海关知识产权保护法律法规体系。2003年12月2日，国务院颁布新的《海关保护条例》，该条例是在1995年《海关保护条例》的基础上重新修订的，于2004年3月1日起施行。新《海关保护条例》对知识产权保护程序中海关的职能、担保数额、海关扣留侵权嫌疑货物的时限、侵权货物的处置等作出了调整和设定。新《海关保护条例》的颁布使我国对知识产权边境保护的标准进一步与TRIPS协定的要求接轨。2010年，针对近年来知识产权海关保护中出现的新情况、新问题，国务院再次对《海关保护条例》进行了修订，进一步完善了我国知识产权海关保护法律制度。目前，以《著作权法》《专利法》《商标法》等知识产权基本法为依据，《海关法》《对外贸易法》《海关保护条例》中有关知识产权边境保护的规定构成了我国知识产权边境保护制度。

【主管机构】我国建立了知识产权边境保护的组织机构：在海关总署政法司设有知识产权处；在大多数直属海关法规部门设有知识产权科；在一些业务量小的直属海关设有专人负责知识产权事务。

9.3.2 知识产权边境保护的范围与方式

【保护范围】我国海关对知识产权保护的范围较齐全，不仅保护商标专用权、著作权，而且保护专利权，并根据《奥林匹克标志保护条例》《世界博览会标志保护条例》的规定，对奥林匹克标志专有权、世界博览会标志专有权进行知识产权边境保护。在保护环节，对进口和出口货物都予以保护。根据 TRIPS 协定规定，各国应当在进口领域禁止假冒和盗版。因此，TRIPS 协定中所保护的为商标专用权和著作权，对专利权并没有强制要求实施边境保护。同时，TRIPS 协定第 51 条中对于进口与出口的边境保护的规定是不同的，其表述是："成员均应在符合下文之规定的前提下，采用有关程序，以使有合法理由怀疑假冒商标的商品或盗版商品的进口可能发生的权利持有人，能够向主管的司法或行政当局提交书面申请，要海关中止放该商品进入自由流通。各成员可针对涉及其他知识产权侵权行为的货物提出此种申请，只要符合本节的要求，各成员还可制定关于海关中止放行其领土出口的侵权货物的相应程序。"因此，按照 TRIPS 协定的规定，成员方只需对进口货物采取边境保护措施，而对于出口货物的边境保护是带有选择性的，并不是强制要求。我国海关对知识产权保护的范围已超过了 TRIPS 协定的精神。

【保护方式】在知识产权的边境保护方式上，各国地区海关有依申请被动保护和依职权主动保护两种。依申请被动保护是要求知识产权权利人向海关提出申请，海关依据其申请对其知识产权实施保护。依职权主动保护则是海关依据法律赋予的职权，主动保护知识产权。有不少国家和地区采取主动保护与被动保护相结合的方式，我国海关采取的是主动与被动相结合的保护方式，但主动保护仅限于海关作为进出境监督管理机关，发现进出口货物有侵犯备案知识产权嫌疑时，应当立即书面通知知识产权权利人，并且只在程序上履行通知职责，不会主动扣留侵权嫌疑货物，必须由权利人向海关提出扣留侵权嫌疑货物的申请，海关根据申请扣留嫌疑货物。因此，权利人的申请是海关扣留侵权嫌疑货物的前提。这是因为知识产权是一项民事权利，海关根据国家法律采取知识产权保护措施时，也必须考虑到知识产权权利人的意愿，海关扣留侵权嫌疑货物应当以知识产权权利人的申请为依据。

9.3.3 知识产权边境保护的基本程序

【备案申请】知识产权保护的备案是指知识产权权利人事先将有关的知识产权的情况以书面形式告知海关，以便日后在侵犯其知识产权的货物即将进出境时，海关能够及时采取禁止措施并对违法行为进行查处。知识产权权利人或其代理人申请知识产权海关保护备案的，应当向海关总署提交书面申请。申请书应写明知识产权的号码、内容及有效期限，权利人及许可使用人，与知识产权有关的货物的名称及产地，主要进出境海关等情况并附送知识产权的证明文件，备案无需缴纳费用。

【核准】海关总署应当自收到全部申请文件之日起 30 日内书面通知申请人

是否准予备案。海关总署准予备案的，发给知识产权海关保护备案证书；不予备案的，应当说明理由。有下列情形之一的，海关总署不予备案：（1）申请文件不齐全或者无效的；（2）申请人不是知识产权权利人的；（3）知识产权不再受法律、行政法规保护的。

【期限】备案的有效期为10年，凡自备案生效之日起知识产权的法律保护期不足10年的，备案的有效期以知识产权的法律保护期为准。备案有效期满需续展备案的，应在期满前6个月内向海关总署申请续展备案，续展备案的有效期为10年，凡自备案续展生效之日起知识产权的法律保护期不是10年的，续展备案的有效期以知识产权的法律保护期为准。

【变更或注销】知识产权备案后备案情况发生了改变，知识产权权利人应当自知识产权备案情况发生改变之日起30个工作日内向海关总署办理备案变更或注销手续。需要注意的是，不仅是备案的知识产权权利本身发生改变，知识产权权利人应及时向海关总署申请办理变更或者注销备案手续，备案的其他内容如果发生改变，知识产权权利人也应向海关总署申请办理变更或者注销备案手续。即只要知识产权备案中任何一项内容发生改变，如知识产权权利人变更、权利人联系方式变更、知识产权许可使用情况发生变化等，知识产权权利人都应及时向海关总署申请办理变更或者注销备案手续。知识产权权利人未依照规定办理变更或者注销手续，给他人合法进出口或者海关依法履行监管职责造成严重影响的，海关总署可以根据有关利害关系人的申请撤销有关备案，也可以主动撤销有关备案。

【失效】知识产权海关保护备案有效期届满而不申请续展或者知识产权不再受法律、行政法规保护的，知识产权海关保护备案随即失效。海关发现知识产权权利人申请知识产权备案未如实提供有关情况或者文件的，海关总署可以撤销其备案。

【保护申请】知识产权权利人或其代理人请求海关就即将进出境的侵权嫌疑货物采取保护措施的，应当向货物的进出境地海关提交书面申请。权利人在申请中需向海关提供较详细的侵权信息，如侵权嫌疑人的名称、住所、侵权嫌疑货物名称、规格、侵权嫌疑货物可能进出境的口岸、时间，收货人、发货人等情况，提交有关侵权的证据，按照海关的要求附交有关侵权嫌疑货物的实物，图片或其他证据。提交申请时，应注明请求海关采取的措施。侵权嫌疑货物涉嫌侵犯备案知识产权的，申请书还应当包括海关备案号。权利人请求海关扣留侵权嫌疑货物的，应当向海关提交不超过货物等值的担保，用于赔偿可能因申请不当给收货人、发货人造成的损失，以及支付货物由海关扣留后的仓储、保管和处置等费用。知识产权保护申请是海关扣留侵权嫌疑货物的关键程序，海关扣留侵权嫌疑货物必须以权利人的申请为基础。

【保护申请的撤回】权利人要求撤回其采取保护措施的申请的，应当在海关作出扣留侵权货物的决定前向海关提交书面申请。海关在此期间接到权利人撤回扣留侵权嫌疑货物的申请的，应当放行被扣留的侵权嫌疑货物。为了防止权利人滥用撤回申请的权利，影响行政执法秩序或者损害收发货人的合法权益，对于权利人在海关作出货物构成侵权的认定结论后提出的撤回申请，海关将不予接受。

【保护的受理】知识产权权利人向海关申请扣留侵权嫌疑货物，其申请书符合规定，并按规定提供担保的，海关应当扣留侵权嫌疑货物，书面通知知识产权权利人，并将海关扣留凭单送达收货人或者发货人。知识产权权利人向海关申请扣留侵权嫌疑货物，其申请书不符合规定，或未按规定提供担保的，海关应当驳回申请，并书面通知知识产权权利人。

9.3.4 知识产权边境保护措施

【扣留侵权嫌疑货物】在下列两种情况下，海关应知识产权权利人的申请扣留侵权嫌疑货物：（1）知识产权权利人发现侵权嫌疑货物即将进出口，向货物进出境地的海关申请扣留侵权嫌疑货物，并提交规定的担保的；（2）海关发现进出口货物有侵犯备案知识产权嫌疑并通知知识产权权利人，权利人向海关提出扣留侵权嫌疑货物的申请并提交规定的担保的。权利人请求海关扣留侵权嫌疑货物的，应当向海关提交担保，用于赔偿可能因申请不当给收货人、发货人造成的损失，以及支付货物由海关扣留后的仓储、保管和处置等费用。担保的形式不限于担保金，还包括银行保函等形式。担保的最高额为与申请扣留的货物等值，但实际交纳数额由海关根据具体案情决定。对于权利人直接与仓储商签订协议，直接向仓储商支付仓储、保管费用的，海关不再收取这一部分担保。海关扣留侵权嫌疑货物期间，经海关同意，知识产权权利人和收货人或者发货人可以查看有关货物。海关扣留侵权嫌疑货物，知识产权权利人应当支付有关仓储、保管和处置等费用。知识产权权利人未支付有关费用的，海关可以从其向海关提供的担保金中予以扣除，或者要求担保人履行有关担保责任。侵权嫌疑货物被认定为侵犯知识产权的，知识产权权利人可以将其支付的有关仓储、保管和处置等费用计入其为制止侵权行为所支付的合理开支。知识产权权利人请求海关扣留侵权嫌疑货物后，海关不能认定被扣留的侵权嫌疑货物侵犯知识产权权利人的知识产权，或者人民法院判定不侵犯知识产权权利人的知识产权的，知识产权权利人应当依法承担赔偿责任。

【侵权调查】海关发现进出口货物有侵犯备案知识产权嫌疑并通知知识产权权利人，知识产权权利人向海关申请扣留侵权嫌疑货物的，海关应在扣留侵权嫌疑货物之日起 30 个工作日内对被扣留的侵权嫌疑货物是否侵犯知识产权进行调查、认定。当事人对侵权有争议的，应将争议提交人民法院处理。海关对被扣留的侵权嫌疑货物及有关情况进行调查时，知识产权权利人和收货人或者发货人应当予以配合。海关请求知识产权主管部门提供协助时，知识产权有关主管部门应当提供协助。

【放行被扣留的侵权嫌疑货物】下列情况下，海关应放行被扣留的侵权嫌疑货物：(1) 收货人或者发货人认为其货物未侵犯知识产权权利人的知识产权，向海关提出书面说明并附送相关证据，海关认为收货人或者发货人有充分证据证明其货物未侵犯知识产权权利人的知识产权，应当放行被扣留的侵权嫌疑货物。(2) 涉嫌侵犯专利权货物的收货人或者发货人认为其进出口货物未侵犯专利权，在向海关提供货物等值的担保金后，海关放行其被扣留的侵权嫌疑货物；知识产权权利人未能在合理期限内向人民法院起诉的，海关应当退还担保金。(3) 知识产权权利人未能在合理期限内向人民法院起诉。对于知识产权权利人主动发现并申请海关扣留的侵权嫌疑货物，海关只在程序上对侵权嫌疑货物予以扣留，不负责对货物是否侵犯知识产权进行调查和审理。并且海关只扣留 20 个工作日，等待进入司法程序。知识产权权利人在向海关提出采取保护措施的申请后，可以依照《商标法》《著作权法》《专利法》或者其他有关法律的规定，在起诉前就被扣留的侵权嫌疑货物向人民法院申请采取责令停止侵权行为或者财产保全的措施。海关收到人民法院有关责令停止侵权行为或者财产保全的协助通知的，应当予以协助。海关自扣留之日起 20 个工作日内未接到人民法院协助执行通知的，海关应当放行被扣留的侵权嫌疑货物。(4) 海关经调查认定未侵权。海关发现进出口货物有侵犯备案知识产权嫌疑并通知知识产权权利人，知识产权权利人向海关申请扣留侵权嫌疑货物，海关自扣留之日起 50 个工作日内未接到人民法院协助执行通知的，并且经调查不能认定被扣留的侵权嫌疑货物侵犯知识产权的，海关应当立即通知知识产权权利人并放行被扣留的侵权嫌疑货物。

【没收侵权货物】有侵犯备案知识产权嫌疑被扣留的侵权嫌疑货物，经海关调查后认定侵犯知识产权的，由海关予以没收。海关没收侵犯知识产权货物后，应当将侵犯知识产权货物的有关情况书面通知知识产权权利人。被没收的侵犯知识产权货物可以用于社会公益事业的，海关应当转交给有关公益事业机构用于社会公益事业；知识产权权利人有收购意愿的，海关可以有偿转让给知识产权权利人。被没收的侵犯知识产权货物无法用于社会公益事业并且知识产权权利人没有收购意愿的，海关可以在消除侵权特征后依法拍卖；拍卖进口假冒商标的货物，海关将采取严格的限制条件，除特殊情况外，不能仅清除货物上的商标标识即允许其进入商业渠道；

【销毁侵权货物】有侵犯备案知识产权嫌疑被扣留的侵权嫌疑货物，经海关调查后认定侵犯知识产权，其侵权特征无法消除的，海关应当予以销毁。

【移送公安机关处理】海关实施知识产权保护时发现涉嫌犯罪案件的，应当将案件移送公安机关处理。进口或者出口侵犯知识产权货物，构成犯罪的，依法追究刑事责任。

➢青岛海关查获出口侵犯专利权风扇案

戴森技术有限公司（以下简称戴森公司）是一家专门从事高端家电产品生产研发的国际知名公司，在全球首创了“无叶风扇”产品，并于2012年经国家知识产权局授权获得了“风扇组件”的发明专利。

2013年7月14日，青岛海关接到戴森公司举报，称其发现威海海欣进出口有限公司（以下简称海欣公司）即将在威海出口侵犯专利权的无叶风扇，请求海关采取保护措施。青岛海关立即向威海海关下达指令。

威海海关按照专利权人提供的集装箱编号进行布控。考虑到主动布控无法即时生效，为防止货物在布控生效前出口，海关人员决定启动监管区域全程监控模式，确定重点监控码头，最终锁定目标集装箱准确位置。但在审核报关单时，没有发现申报商品中包含无叶风扇，于是对该集装箱进行开箱检查。海关开箱后检查了码放在该集装箱外侧的货物，发现装载的都是日用品，并没有发现无叶风扇。办案人员决定继续进行掏箱作业，对箱内侧货物进行查验，在箱体中部发现了夹藏在其他货品中的504台无叶风扇。经过与专利权人比对，确定了该批无叶风扇正是戴森公司举报的侵权产品。

为追究侵权人的法律责任，戴森公司决定向济南市中级人民法院提起民事诉讼并请求法院对威海海关扣留的504台无叶风扇予以查封。2013年8月1日，济南市中级人民法院派员到威海海关对该批无叶风扇实施了司法扣押。

2013年12月9日，济南市中级人民法院作出判决，责令海欣公司停止销售侵害戴森公司专利权的无叶风扇产品、销毁侵权产品并向戴森公司赔偿各类经济损失25万元。

裁判要点：此案是海关履行口岸监管有效保护专利权的典型案例。青岛海关积极履行国家赋予海关的知识产权边境保护职责，根据专利权人的申请，依法有效开展了保护专利权的执法措施，及时制止了侵权货物的出口，积极配合法院对侵权产品实施扣押和销毁，实现了海关边境执法与民事司法的衔接，为专利权人维权提供了全方位的法律保障。

10　农业知识产权管理与服务

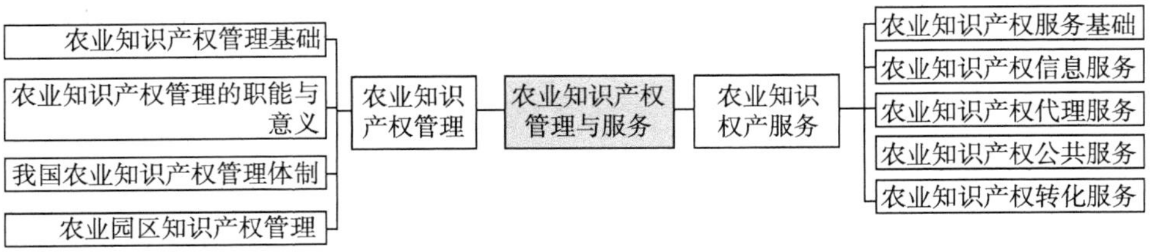

图 10－1　农业知识产权管理与服务内容导读

10.1　农业知识产权管理

10.1.1　农业知识产权管理基础

【定义】一般而言，农业知识产权管理是指政府相关部门围绕着既定目标，针对农业知识产权的创造、运用、服务以及保护等活动所进行的计划、组织、领导和控制。

【构成要素】（1）管理目标。集中体现为保障知识产权法律、法规及规章制度的贯彻和实施，促进农业知识产权的创造和运用，实现农业知识产权经济效益的最大化，并保护农业知识产权人的合法权益以及社会公益。（2）管理主体。农业知识产权管理主体分为公权部门和私权主体两大类，二者各有分工。具体而言，公权部门是指国家涉农知识产权主管部门，包括国家行政机关和司法机关，主要负责农业知识产权的宏观管理工作。而私权主体则包括社会法人和自然人，针对农业知识产权进行微观层面的管理活动。（3）管理客体。农业知识产权管理客体涵盖涉农知识产权整体，例如，涉农专利、涉农商标和商号、植物新品种权、生物遗传资源、农产品地理标志、农业著作权、农业商业秘密和技术秘密、农村传统知识与民间文化、涉农域名等。（4）管理方式。农业知识产权管理方式主要有目标管理和过程管理两种。目标管理是指通过事先设置一定目标，使得接下来的工作中心始终围绕着该目标而展开，并以该目标作为定期检测各项工作成效的评价指标，实现及时纠偏。过程管理则是根据农业知识产权管理活动的客观规律，将其细分为若干个具体环节，并结合各项环节的具体特征实施动态指引和控制，促进管理活动的有序及有效推进。

【特征】 农业知识产权具有知识产权的普遍特征，与物权相比较，农业知识产权在管理上具有以下三个特征：（1）管理客体具有无形性。物权所依附的物，属于有形载体。而农业知识产权则依附于无形的智力成果，由此决定了农业知识产权的管理客体具有无形性，该特征使得农业知识产权管理比物权管理显得更为复杂。（2）保护期间具有时限性。物权保护一般没有时间限制，当然他物权（如留置权、抵押权、典权）除外。而农业知识产权则与之相反，除了少数权利（如地理标记、商号、商业秘密、经延展而无限延长的商标）以外，绝大多数农业知识产权在保护期限上都具有时间限制，如品种权，藤本植物、林木、果树和观赏树木为20年，其他植物为15年。（3）保护空间具有地域性。根据涉外物权平等原则，物权具有域外效力，财产所有权的转移一般都受所在国法律的统一保护，因此可以说物权保护并没有严格的地域限制。而知识产权则具有显著的地域性，除了双边条约或者国际公约有约定的以外，一般只在所在国领域内具有法律效力，超过该国范围则不再受到法律保障。

在知识产权体系内，农业知识产权又具有一定的特殊性，因而农业知识产权管理相较于其他知识产权管理而言具有明显的特征：第一，农业知识产权管理更加强调利益平衡原则。农民群体一方面具有相对的弱势性，另一方面则在农业发展中具有突出的贡献，基于这两个因素的考量，在农业知识产权管理过程中需要特别强调知识产权的私权利益和农业发展的社会公共利益两者之间的平衡。第二，农业知识产权的保密难度相对更大，其缘由主要在于农业知识产权的创造过程具有一定的公开性和分散性。第三，农业知识产权的财政保障尤为关键。现阶段，依靠国家财政支持为主的科研和教学单位仍然是我国农业知识产权创造的重要主体，因此，我国需要继续大力投资农业科研和生产，以财政激励方式鼓励农业知识产权的创造、应用和保护，为国家实施农业知识产权发展战略保驾护航。

10.1.2　农业知识产权管理的职能与意义

【职能】（1）计划。即在搜集、整理、分析和预测有效信息的基础上，对研发主题、研发路径、成果申报等进行指导，从而避免重复研究并提高转化效率，有计划地实现农业知识产权的开发。（2）组织。即通过一定的标准和程序（如招投标）选择实施对象和交易伙伴，组织交易谈判，实施权利移转，履行法律手续，促进农业知识产权合法、有序和顺利实施。（3）指挥。即根据技术发展趋势和市场需求状况，结合自身特点，指导优势科研成果创新，引导劣势知识产权成果退出，实现农业知识产权的优胜劣汰。（4）协调。即在发生农业知识产权纠纷后，通过专业化的沟通协调寻找问题的根源及其解决方法，挽回损失，维护名誉，减少诉讼成本，保持农业知识产权运营的畅通性。（5）控制风险。即通过预警系统对可能发生的成果抢注与侵权进行防范，对已经出现的贸易制裁等紧急情况进行应对，实现农业知识产权风险的可控性。

【意义】（1）有利于发展现代农业。加强农业知识产权管理，有利于激发科技人员的创造积极性，形成尊重知识、尊重人才、尊重创造、尊重劳动的良好氛围，促进优质、高产、高效、生态、安全农业科技成果的产出，为现代农业发展提供技术支持。（2）有利于应对国际竞争形势。作为日益重要的知识产权领域，农业知识产权逐渐成为各国抢滩国际市场的新战场，一些农业跨国公司也通过其资金和技术优势，在生物技术领域进行“跑马圈地”，建立以农业知识产权为基础的垄断格局。因此，加强农业知识产权管理，对于我国避免知识产权资源的流失，提升国际竞争力，积极分享国际市场与资源具有重大的意义。（3）有利于实现国家知识产权战略。作为知识产权的重要组成部分，加强农业知识产权管理有利于提高农业知识产权创造的数量和质量，提升企事业单位运用和转化农业知识产权的能力，强化农业知识产权的保护，形成创造、运用、保护和管理紧密衔接的四位一体结构，为国家实施并实现知识产权战略目标提供保障。

10. 1. 3　我国农业知识产权管理体制

【定义】是指农业知识产权管理系统的结构和组成方式，即采用怎样的组织形式以及如何将这些组织结合成为一个合理的有机系统，并以怎样的手段、方法来实现农业知识产权管理的任务和目的。具体而言，农业知识产权管理体制是规定中央、地方、部门、企业、研究机构等管理单位各自的管理范围、权限、职责、利益及相互关系的准则，其核心在于农业知识产权管理机构的设置。

【国家农业知识产权管理体制】我国知识产权实行“一体多元”式管理。农业知识产权管理与工业知识产权管理基本上适用同一套管理体制，即农业知识产权管理也由国家知识产权局、国家知识产权局商标局、国家版权局、国家农业农村部、国家林业和草原局、国家自然资源部、国家市场监督管理总局等统一管理。（1）国家知识产权局。其主要职责是负责保护知识产权工作，推动知识产权保护体系建设，负责商标、专利、原产地地理标志的注册登记和行政裁决，指导商标、专利执法工作等。（2）国家知识产权局商标局。商标局是国家知识产权局所属事业单位，其主要职责为：承担商标审查注册、行政裁决等具体工作；参与商标法及其实施条例、规章、规范性文件的研究制定；参与规范商标注册行为；参与商标领域政策研究；参与商标信息化建设、商标信息研究分析和传播利用工作；承担对商标审查协作单位的业务指导工作；组织商标审查队伍的教育和培训；完成国家知识产权局交办的其他事项。（3）国家版权局。国家版权局是国务院著作权行政管理部门，主管全国的著作权管理工作。其主要职能包括：拟订国家版权战略纲要和著作权保护管理使用的政策措施并组织实施；承担著作权涉外条约有关事宜，处理涉外及港澳台的著作权关系；组织查处著作权领域重大及涉外违法违规行为；组织推进软件正版化工作。（4）国家农业农村部。其主要职责是，统筹研究和组织实施“三农”工作战略、规划和政策，监督管理种植业、畜牧业、渔业、农垦、农业机械化、农产品质量安全，负责农业投资管理等。（5）国家林业与草原局。其主要职责是，监督管理森林、草原、湿地、荒漠和陆生野生动植物资源开发利用和保护，组织生态保护和修复，开展造林绿化工作，管理国家公园等各类自然保护地等。（6）国家自然资源部。其主要职责是，对自然资源开发利用和保护进行监管，建立空间规划体系并监督实施，履行全民所有各类自然资源资产所有者职责，统一调查和确权登记，建立自然资源有偿使用制度，负责测绘和地质勘查行业管理等。（7）国家市场监督管理总局。其主要职责是，负责市场综合监督管理，统一登记市场主体并建立信息公示和共享机制，组织市场监管综合执法工作，承担反垄断统一执法，规范和维护市场秩序，组织实施质量强国战略，负责工业产品质量安全、食品安全、特种设备安全监管，统一管理计量标准、检验检测、认证认可工作等。

【农业企业知识产权管理体制】（1）集中管理制，即研究开发的费用由总公司预付给子公司，知识产权及授权后所有事宜均由总公司知识产权管理部门统筹负责。这种体制可以最大限度地保护总公司的整体利益。（2）分散管理制，即充分授权给各个研究所和委员会，由其根据产品特性限制知识产权申请件数，决定知识产权的预算。待取得知识产权之后，则由知识产权本部统一管理知识产权的运用、纠纷处理、对外谈判、提出异议等事宜。（3）行列管理制，即按照技术类别、产品类别管理知识产权，其最大的优点是可以避免重复开发技术。

【农业科研单位知识产权管理体制】科研单位主要指农业研究机构、农业高等院校等。目前，我国农业科研单位对于知识产权主要采取挂靠式和独立式两种管理模式：（1）挂靠式管理机构，是指高等院校只对管理机构的职能进行简单的分工。农业知识产权管理机构一般挂靠在科技主管机构内部，并没有专门的农业知识产权办公室及专业管理人员。（2）独立式管理机构，是指设置独立的农业知识产权管理机构，并配置专门的经费及人员。独立式管理模式又可分为集中管理和分散管理两类。集中管理的特点是，农业知识产权管理机构按照统一的政策进行运作，主要体现在农业智力成果的产生和农业知识产权的形成、转移、许可、转化等都实行集中管理。分散管理的特点是，在学校农业知识产权管理机构的统一管理下，部分职能授权给各院系、科研部门、技术转化部门等，在取得农业知识产权后，相关的使用、转让、许可实施、处理纠纷等事宜则由农业知识产权管理机构负责。

10.1.4 农业园区知识产权管理

【定义】 农业园区目前还没有一个统一、标准的定义。一般而言，现代农业园区是为大力开发和提升农业，对一定区域给予较高的资金投入，引入现代技术和设施，采用先进的组织和管理方式，进行高效运作并具有一定规模的集约化农业园。

【类型】 农业园区种类繁多，以功能定位为划分标准的话，大致包括新农村家园、农业科技园区、农业旅游园区、农业产业化园区、城市型生态农业园、农产品物流园区、生态餐厅园区七大类型。

【发展简史】 农业园区是我国近年来出现的一种新的农业生产结构形式，是对原有的千家万户小农经济生产组织形式的突破，对于提高我国农业生产效益，改变农村落后状况，改善农民生活水平具有重要的促进作用。自 2001 年以来，国家知识产权局先后在中关村国家知识产权制度示范园区、苏州工业园区、杨陵农业园区、天津新技术产业园区等全国高新技术园区开展了知识产权试点工作。各试点园区全面实施知识产权战略，营造良好的知识产权保护环境，通过建立健全知识产权管理体系、政策体系和服务体系，园区创新能力显著提升，专利申请量快速增长，园区企业创造、运用、管理和保护知识产权的能力得到了全面提升，积累了实施知识产权战略的实践经验。

【代表性农业园区】（1）上海孙桥农业开发区。上海孙桥现代农业开发区成立于 1994 年，是全国第一个综合性现代农业开发区。园区自建立以来，伴随浦东开发和发展的进程，凭借良好的区位优势，按照把园区建设成为国外先进农业与中国农业接轨，传统农业向现代农业转变的“两座桥梁”的功能定位，形成了以工厂化农业为代表，以科技创新、先进农业技术组装集成和科技成果转化为重点，以科技研发为支撑的六大产业为主导，采用“企业科技 + 基地”的运作模式，取得了园区自我发展和服务全国的显著成效，实现了经济效益、生态效益和社会效益相统一的发展目标。截至 2008 年年底，入驻企业和研发检测机构达 60 余家。（2）杨凌高新技术产业示范区。杨凌农业高新技术产业示范区成立于 1997 年，是全国第一个农业高新技术产业示范区。围绕高新技术产业示范区的使命，依托杨凌在动植物生物育种、胚胎遗传、细胞工程、植物资源开发利用等方面独特的科技优势，形成了以生物工程、环保农资、绿色食（药）品为特色的产业格局。杨凌以“农科城”闻名于世，是国际上为数不多的农业科技力量、科技成果和农业高科技产业最密集的地区之一，其最大的特点和优势是在农业生产、绿色环保及生物工程等技术领域具有卓越的研发实力。

10.2　农业知识产权服务

10.2.1　农业知识产权服务基础

【定义】 根据2012年国家知识产权局等九部委发布的《关于加快培育和发展知识产权服务业的指导意见》，所谓知识产权服务，是指提供专利、商标、版权、商业秘密、植物新品种、特定领域知识产权等各类知识产权“获权－用权－维权”相关的服务及衍生服务，是促进智力成果权利化、商用化和产业化的新型服务。

【内容】（1）代理服务。主要指专利、商标、著作权、集成电路布图设计、植物新品种的申请、注册、登记、复审、无效、异议等代理服务，包括涉外代理服务。（2）法律服务。包括企业上市、并购、重组、清算、投融资等商业活动中的知识产权法律服务、知识产权尽职调查服务、中小微型企业知识产权法律援助服务、海外知识产权维权服务等。（3）信息服务。主要包括知识产权信息检索分析、数据加工、文献翻译、数据库建设、软件开发、系统集成等信息服务，以及利用互联网、云计算、物联网等新技术，建设专业化知识产权信息服务平台，开发高端知识产权分析工具等。（4）商用化服务。主要包括与知识产权转让实施相关的知识产权评估、价值分析、交易、转化、质押、投融资、运营、托管等服务。（5）咨询服务。主要包括知识产权战略咨询、政策咨询、管理咨询、实务咨询等。（6）培训服务。包括知识产权入门培训、岗位培训、提升培训、执业培训等。

10.2.2　农业知识产权信息服务

【定义】 农业知识产权信息服务，是针对海量的农业知识产权信息，快速有效地检索出蕴含其中的技术信息、经济信息、法律信息等，并展开科学系统的加工、整理与分析，进行深度挖掘与缜密剖析，形成具有较高技术与商业价值的科技情报，从而为战略决策服务。

【综合信息平台】 根据农业知识产权创造、管理、保护和利用四个环节的不同需要，农业知识产权综合信息平台主要包括信息提供、管理支撑和交易服务三大功能模块。而按照云计算原理及其信息处理流程，可具体建设为以下四个子系统：（1）数据采集系统。以现有的专利数据采集系统为依托，实现与欧洲专利数据库、美国专利数据库和中国专利数据库的稳定链接，从而具备针对全球专利数据进行采集、计算与分析的能力。同时整合国内外植物新品种、地理标志、遗传资源等数据资源，实现跨平台、多数据库联机检索。（2）数据加工系统。对数据采集系统收集到的原始数据进行整理、合并、分离和标准化改写，大规模转化为结构化的通用数据，建立知识产权专题数据库，利用门户检索技术，实现信息的智能检索。（3）信息管理系统。开发建立检索、统计分析、专家咨询评估、流程监控、人机互动等功能系统，开展信息分析、数据挖掘和管理服务。（4）信息提供系统。依据用户对象的不同，建立内部访问和外部浏览两个子系统，实现知识产权信息的可视化展示、定向传送、互动交流等。

【数据挖掘】针对农业科技数据庞大、种类繁多、受众面广等因素，农业技术信息需要因时、因地、因人进行有针对性的个性化推动才有价值，因此，农业知识产权数据挖掘意义重大。结合我国的实际情况，通过研究开发农业技术本体知识库、基于逻辑推理的综合相似度分析模型和基于约束的知识推荐算法等关键技术，重点解决农业技术大数据驾驭、知识挖掘和个性化信息推动中所面临的异结构数据集成、多媒体数据的高效管理和访问、多维异构数据综合相似度分析、技术生态系统分析，以及农业技术多元实时信息的高效匹配等重大理论和实践问题。（1）异结构数据转换集成。半结构化和非结构化数据集成中主要需要解决结构冲突及语义冲突问题。例如，中国科技大学开发的 KD－IRIS 系统实现了不同结构数据源间数据融合和信息处理需求，较好地满足了对查询数据的可用性和速度要求。（2）多维异构数据相似度分析。对包含文本、图像、生物基因片段等多种类型数据的农业技术信息进行综合相似性分析，需要首先解决单项信息相似度分析，然后解决将单项相似度综合的问题。（3）多元实时信息的高效匹配。多元实时信息获取和高效匹配是实现基于知识推荐的关键。所谓基于知识的推荐，不是建立在用户需要和偏好基础上，而是基于特定领域的规则和实例的推理进行推荐。

【信息分析】是指利用统计方法和计算机技术对来自专利说明书、专利公报、植物新品种申请说明书等各种知识产权文献中大量或个别的信息进行加工及组合，使这些信息具有纵览全局及预测趋势的功能，并且通过分析将原始的专利信息从量变到质变，使它们由零散的、普通的信息上升为对科技创新和企业经营具有战略价值的专业情报。知识产权信息分析主要以文献计量学为基础，借助于数理统计、计算机等科学知识和有关工具进行数据分析，其常用方法包括：（1）原文分析。即通过阅读专利说明书，掌握新产品、新技术的开发特点和权利要求范围，寻找发展空隙或技术改进方案。（2）简单统计分析。以专利信息分析为例，按照专利申请人、专利申请量、专利授权量、同族专利量等指标进行统计分析。通过计算相关指标，反映各国在某一技术领域的科技进步现状、技术研究热点、竞争情况及发展趋势，还可以反映不同主体在某一时间范围内的研发投入和产出情况，初步了解其专利质量的高低。或者通过统计关键词出现频率的高低，观测某一技术领域研究热点的转移规律等。（3）图表分析。包括时间序列图、空间分布图、技术生命周期图、研发分布图、份额图、技术功效矩阵等。（4）引文分析。通过对知识产权文献引用和参考文献的规律进行分析研究，揭示其数量特征和内在规律，据此预测技术发展趋势。（5）聚类分析。聚类分析可以采用层次凝聚法和平面划分法两种。层次凝聚法是将每个知识产权文本文件看成是一个具有单个成员的簇，计算每对簇之间的相似度，选取具有最大相似度的簇，合并这两个簇为一个新的簇，此过程反复进行，直到剩下一个簇为止。平面划分法则是将全部样品作为一类，然后按照某种原则分解成两类或三类，并对分解出的各类别再继续分解，直至到达分解的终止临界点，形成层次化的嵌套簇。

近年来，知识产权信息分析朝着自动化、智能化、可视化的方向发展，其中专利地图法和动态技术监测法发展尤为快速。（1）专利地图。是指将各种专利信息“地图化”，利用统计分析方法将各种与专利相关的资料信息加以缜密、精细地剖析，整理制作成各种可分析解读的图表信息，使其具有类似地图的可视化指向功能。（2）动态技术监测法。是指以科学技术信息、数据分析为基础，以数据挖掘、信息萃取、知识发现和数据可视化技术等为手段，对科学技术活动进行动态监测、分析及评估的方法。

10.2.3 农业知识产权代理服务

【定义】农业知识产权代理，是指专业代理公司、代理机构根据知识产权所有人的委托，并以其名义在代理权限范围内办理涉农专利、商标、著作、植物新品种等知识产权权利的申请、转让、咨询、诉讼等一系列服务行为。

【代理业务】知识产权代理包括下列内容：（1）提供知识产权的咨询检索服务；（2）代理商标、专利注册申请及商标续展注册；（3）处理知识产权纠纷，代为谈判、诉讼等；（4）办理知识产权转让手续；（5）接受聘请成为企业或科研机构的知识产权法律顾问；（6）代理知识产权贸易。

【专利代理制度】国外知识产权代理服务较为发达，例如，美国的专利代理分为专利代理人和专利律师，其人数为世界之首。在欧洲和日本也存在专利代理制度，其中日本的专利代理人称为“弁理士”。为了规范知识产权代理服务，我国曾经建立了专利、商标、植物品种等代理人考试和审批制度。但随着简政放权和行政审批制度改革，目前除了专利代理人制度以外，其他代理人制度均已取消，任何公司或个人都可以代理与商标、植物品种、地理标志等知识产权申请相关的事务。根据我国《专利代理条例》和《专利代理管理办法》，专利代理人实行双证制，即必须同时具有代理人资格证书和执业证书。设立专利代理机构的，应符合下列条件：具有符合法律规定的机构名称；具有合伙协议书或者章程；具有符合法律规定的合伙人或者股东；具有固定的办公场所和必要的工作设施。

10.2.4 农业知识产权公共服务

【定义】农业知识产权公共服务，是指政府部门、事业单位、知识产权服务机构、社会非营利机构等主体，不以营利为目的，运用公共权力和公共资源，围绕知识产权创造、运用、保护、管理的全过程，通过多种机制和方式的灵活运用，提供各种物质形态或非物质形态的公共物品，以不断回应社会公共需求偏好、维护社会公共利益，进而助推经济转型升级和社会可持续发展的服务。

【服务主体】长期以来，政府是我国知识产权公共服务最重要的提供主体。具体操作上，主要由知识产权行政部门的下属事业单位承担。早在专利制度尚未建立时，我国就已经出现了专利服务机构，享受国家事业经费拨款，从事与专利文献相关的服务工作。不过2001年专利代理机构已脱钩改制。与此同时，我国高等院校和科研院所也承担了知识产权人才培养和教育、知识产权理论研究和知识产权培训等公共服务职能。整体而言，我国知识产权公共服务供给主体具有明显的单一性。近年来，一些社会组织、专业机构和公益性团体加入这一队伍，作为政府和高校及科研院所的有益补充。在一些专业领域，国家知识产权局与专业机构加强合作，共同搭建专利技术转移和交易平台。与此同时，引入科技服务机构，发挥其专长，共同开发创新服务，满足市场主体需求。此外，政府不断深化知识产权国际合作，例如，与WIPO及相关国家和地区签署多边协议达199个，先后与23个国家和地区签订了“专利审查高速公路（PPH）协议”，为我国专利申请人提供了更加方便、快捷的专利审查服务。

【服务内容】知识产权公共服务内容主要包括：激发知识产权创造能力、促进知识产权运用能力、强化知识产权保护能力、规范知识产权管理能力、培育知识产权市场服务能力、推动知识产权信息化、中小企业知识产权定向服务和知识产权公共服务软环境建设。

10.2.5 农业知识产权转化服务

【定义】农业知识产权转化服务，实际上就是促进和保障农业科技成果得以实现商用化的服务。知识产权的转化可分为三种情况：一是产业化，即直接应用于生产；二是商品化，将知识产权作为交易对象；三是证券化或者金融化，比如以技术入股公司。

【法律渊源】在我国，大部分与农业科技成果转化相关的内容都规定在其他专业法律中，只有相对较少的一部分，如植物新品种、转基因食品等有了较为具体的法规条例，另有一些与农业科技成果转化相关的内容则出现在政策性或者纲要性的文本中。

【服务主体】（1）政府。我国目前的农业科技成果转化主要靠政府政策指导，实行强行推广模式。（2）企事业单位农业知识产权转化服务机构和人员。目前许多大型公司、高校和科研院所都配置了专门的知识产权商业转化机构与人员，其主要职责在于：挖掘研究中的知识产权，评估知识产权作为财产权的保护能力，评估知识产权的商业可行性，获得知识产权保护，制定商业化战略等。（3）知识产权中介服务机构。随着技术创新的高度复杂化，政府以及企事业单位知识产权转化机构和人员也难以仅仅依靠自身能力实现技术转化和商用化的全过程，其通常需要借助外部的知识产权中介服务机构来提升技术成果转移与市场化的效率。目前各类技术转化与商用化的服务机构遍布全球，他们与科研机构紧密联系，努力识别出具有商业价值的研究项目，并为如何开发技术和发明而制定相关战略。

【服务内容】推进农业知识产权的转化，主要包括：（1）推动财政资助形成的农业知识产权的转化。建立健全国家科技重大专项和国家科技计划项目成果报告制度与信息发布制度，落实项目知识产权推广和制定许可制度。（2）完善技术交易服务体系。充分发挥技术市场作用，创新技术交易服务形式，构建知识产权交易平台，保障企业能够通过市场化运作顺畅获得所需的科技成果或知识产权。（3）完善知识产权投融资体系，建立质押贷款、创业投资、资本市场等多层次的知识产权融资体系。

参考文献

1. 著作类

〔1〕王迁. 知识产权法教程［M］. 北京：中国人民大学出版社，2019.

〔2〕吴汉东主编. 知识产权法学［M］. 北京：北京大学出版社，2018.

〔3〕张玉敏主编. 知识产权法学［M］. 北京：法律出版社，2017.

〔4〕刘春田主编. 知识产权法［M］. 北京：高等教育出版社，2015.

〔5〕刘春田. 知识产权教程［M］. 北京：中国人民大学出版社，1995.

〔6〕郑成思. 知识产权法通论［M］. 北京：法律出版社，1988.

〔7〕郑成思. 知识产权与国际贸易［M］. 北京：人民出版社，1995.

〔8〕吴汉东. 知识产权基本问题研究［M］. 北京：中国人民大学出版社，2009.

〔9〕宋敏. 农业知识产权［M］. 北京：中国农业出版社，2018.

〔10〕李菊丹. 国际植物新品种保护制度研究［M］. 杭州：浙江大学出版社，2011.

〔11〕侯仰坤. 植物新品种权保护问题研究［M］. 北京：知识产权出版社，2007.

〔12〕胡潇潇. 植物新品种权法律基础［M］. 北京：知识产权出版社，2018.

〔13〕孙炜琳. 植物新品种保护制度研究［M］. 北京：中国农业科学技术出版社，2014.

〔14〕郭顺堂、张红莲. 现代农业知识产权概论［M］. 北京：中国农业大学出版社，2013.

〔15〕［美］罗杰·谢科特，约翰·托马斯著. 专利法原理［M］. 余仲儒，译. 北京：知识产权出版社，2016.

〔16〕黄勤南. 知识产权法教程［M］. 北京：中国政法大学出版社，2001.

〔17〕王曙光主编. 知识产权法［M］. 北京：中国政法大学出版社，2013.

〔18〕杨廷文主编. 知识产权法原理案例教程［M］. 成都：西南交通大学出版社，2012.

〔19〕唐广良、董炳和. 知识产权的国际保护修订版［M］. 北京：知识产

权出版社，2006.

〔20〕郑俊田编著．国际贸易理论与政策法规［M］．北京：中国海关出版社，2018.

〔21〕张乃根．国际贸易的知识产权法［M］．上海：复旦大学出版社，2007.

〔22〕［美］阿瑟·R. 米勒、迈克尔·H. 戴维斯．知识财产概要［M］．周林、刘清格，译．北京：知识产权出版社，2017.

〔23〕何隽．创新驱动的知识产权政策［M］．北京：知识产权出版社，2018.

〔24〕蒋言斌．知识产权原理、规则与案例［M］．长沙：中南大学出版社，2016.

〔25〕刘勇．农业知识产权保护与制度创新［M］．长沙：中南大学出版社，2015.

〔26〕丁超英．农业知识产权问题研究农业知识产权培训讲义［M］．北京：知识产权出版社，2017.

〔27〕冯晓青主编．知识产权法［M］．北京：中国政法大学出版社，2015.

〔28〕宁立志主编．知识产权法［M］．武汉：武汉大学出版社，2011.

〔29〕何忠伟、隋文香主编．农业知识产权教程［M］．北京：知识产权出版社，2009.

〔30〕陈晓军主编．农事法［M］．北京：中国法制出版社，2016.

〔31〕刘丽娟编．郑成思知识产权文集国际公约与外国发卷［M］．北京：知识产权出版社，2017.

〔32〕苑涛主编．中国对外贸易与世界贸易组织［M］．北京：对外经济贸易大学出版社，2012.

〔33〕王芳．TRIPS 协定下注册商标的使用要求［M］．北京：知识产权出版社，2016.

〔34〕郭寿康、章尚锦．郭寿康文集·章尚锦文集［M］．北京：知识产权出版社，2005.

〔35〕李秀丽．植物品种法律保护制度国际比较研究［M］．北京：知识产权出版社，2014.

〔36〕孙炜琳．植物新品种保护制度研究［M］．北京：中国农业科学技术出版社，2014.

〔37〕张乃根、陈乃蔚主编．生物技术开发与遗传资源保护知识创新与技术转移［M］．上海：上海交通大学出版社，2005.

〔38〕郑洁熹．国际商法［M］．武汉：华中科技大学出版社，2017.

〔39〕张晓君主编．国际经济法学［M］．厦门：厦门大学出版社，2017.

〔40〕［意］路易吉·柯斯塔托、费迪南多·阿尔彼斯尼．欧盟食品法［M］．孙娟娟，等，译．北京：知识产权出版社，2016.

〔41〕朱秋沅．知识产权边境保护制度国际化与本土化研究［M］．北京：知识产权出版社，2014.

〔42〕［美］弗雷德里克·M. 阿伯特、［瑞］托马斯·科蒂尔、［澳］弗朗西斯·高锐．世界经济一体化进程中的国际知识产权法（上）［M］．王清，译．北京：商务印书馆，2014.

〔43〕漆苏．支撑强国建设的知识产权公共服务体系研究［M］．上海：同济大学出版社，2019（1）.

2. 期刊论文

〔44〕宋秉斌．试论我国农业知识产权的法律保护［J］．安徽农业科，2008（1）.

〔45〕施晓琳．加强我国农业知识产权保护探讨［J］．安徽农业科学，2007（1）.

〔46〕谢根成、刘娜．国外农业知识产权保护的方法及对我国的启示［J］．管理学刊，2011（2）.

〔47〕耿邦．美、日、欧植物新品种权限制的立法与借鉴［J］．河南师范大学学报（哲学社会科学版），2015（1）.

〔48〕王立平、刘平、吕波、张新明、周建仁．我国农林植物新品种保护现状与展望［J］．中国农业科技导报，2010（6）.

〔49〕左安磊．UPOV 公约下中国植物新品种法律保护的发展［J］．中国种业，2012（3）.

〔50〕崔野韩、杨扬．欧盟植物新品种保护制度概述及其借鉴［J］．中国种业，2018（12）.

〔51〕万志前、冉光清．专利权与品种权的共存：问题与解决［J］．私法，2018（2）.

〔52〕李剑．植物新品种权的权利限制［J］．电子知识产权，2008（6）.

〔53〕赵萍．国际农产品地理标志保护模式分析［J］．世界农业，2016（8）.

〔54〕谢冬伟．我国地理标志保护制度的历史与发展［J］．工商行政管理，2003（11）.

〔55〕李嵴．地理标志和集体商标、证明商标申请要求和审查标准的介绍［J］．中华商标，2018（6）.

〔56〕李菊丹、宋敏．美国基因专利权利用尽原则的适用与启示［J］．知识

产权，2015（2）.

〔57〕李长健、徐海萍．我国转基因植物专利保护的法律问题研究［J］. 中国科技论坛，2008（8）.

〔58〕孙英伟．商标起源考［J］. 知识产权，2011（3）.

〔59〕卢纯昕．反不正当竞争法在知识产权保护中适用边界的确定［J］. 法学，2019（9）.

〔60〕宋红松．反不正当竞争与知识产权保护［J］. 烟台大学学报（哲学社会科学版），2002，15（03）.

〔61〕张伟君．从“金庸诉江南”案看反不正竞争法与知识产权法的关系［J］. 知识产权，2018（10）.

〔62〕王太平、袁振宗．反不正当竞争法的商业标识保护制度之评析［J］. 知识产权，2018（5）.

〔63〕王雪．新“反不正当竞争法”对商业秘密保护之管窥［J］. 江南大学学报（人文社会科学版），2018，17（05）.

〔64〕张鸽、黄琳琳．以知识产权管理体系保护企业商业秘密［J］. 上海商学院学报，2018，19（2）.

〔65〕张乃根．欧美海关保护知识产权：新发展及其挑战与应对［J］. 海关法评论，2015（1）.

〔66〕王春燕．论知识产权地域性与知识产权国际保护［J］. 中国人民大学学报，1996（3）.

3. 学位论文

〔67〕王琪．我国商号法律制度的完善［D］. 暨南大学，2018.

〔68〕张浩环．我国知识产权边境保护制度研究［D］. 华南理工大学，2013.

〔69〕任楷．知识产权边境保护制度研究［D］. 山东大学，2012.

〔70〕党小芳．“反假冒贸易协定”中知识产权边境保护措施研究［D］. 暨南大学，2014.

4. 报纸类

〔71〕徐新．植物新品种权与品种审定制度［N］. 人民法院报，2017-06-15（007）.

〔72〕赖莹．从地理标志商标的正当使用看标志的设计［N］. 中国工商报，2017-08-22（007）.

附录1　最高人民法院、农业部典型农业知识产权案例索引

1. 安徽省太和县种子公司诉山东圣丰种业科技有限公司、温文玲侵害植物新品种权侵权纠纷案（最高人民法院（2014）民申字第50号）

关键词：民事/侵害植物新品种权/种子标签/许可合同

2. 甘肃省敦煌种业股份有限公司诉河南省大京九种业有限公司等侵害植物新品种权纠纷案（2014年中国法院50件典型知识产权案例之一，最高人民法院（2014）民申字第52号）

关键词：民事/侵害植物新品种权/主体资格/品种权许可协议

3. 敦煌种业先锋良种有限公司诉新疆新特丽种苗有限公司、新疆生产建设兵团农一师四团侵害植物新品种权侵权纠纷案（2014年中国法院50件典型知识产权案例之一，最高人民法院（2014）民提字第26号）

关键词：民事/侵害植物新品种权/证据保全程序/制止侵权合理费用

4. 安徽隆平高科种业有限公司诉田学军侵害玉米“L239”品种权侵权纠纷案（甘肃省高级人民法院（2015）甘民三终字第5号）

关键词：民事/侵害植物新品种权/自繁自用种子/证据保全程序

5. 陕西天丞禾农业科技有限公司诉陕西大地种业有限公司兴平分公司侵害小麦“西农979”品种权侵权纠纷案（最高人民法院（2015）民申字第1400号）

关键词：民事/侵害植物新品种权/证据收集程序/鉴定程序/鉴定结论

6. 天津天隆种业科技有限公司与江苏徐农种业科技有限公司侵害植物新品种权纠纷案（最高人民法院指导案例86号，南京市中级人民法院（2010）宁知民初字第069号）

关键词：民事/侵害植物新品种权/相互授权许可

7. 莱州市金海种业有限公司诉张掖市富凯农业科技有限公司侵害植物新品种权侵权纠纷案（最高人民法院指导案例92号，甘肃省高级人民法院（2013）甘民三终字第63号）

关键词：民事/侵害植物新品种权/玉米品种鉴定/DNA指纹检测/近似品种/举证责任

8. 北京华耐农业发展有限公司诉北京丰桥国际种子有限公司、兰州丽勤种

业有限公司侵害大白菜“华耐 B1102”品种权侵权纠纷案（甘肃省高级人民法院（2018）甘民终 18 号）

9. 河南金博士种业股份有限公司诉北京德农种业有限公司等侵害植物新品种权侵权纠纷案（河南省高级人民法院（2015）豫法知民终字第 00356 号）

关键词：民事/侵害植物新品种权/杂交植物新品种/亲本品种权/使用许可

10. 姚远请求宣告玉米新品种“龙聚 1 号”品种权无效案（农业部植物新品种复审委员会）

关键词：民事/侵害植物新品种权/在先申请/特异性/DNA 指纹鉴定/DUS 测试鉴定

附录2　与农业知识产权有关的律师资格考试、司法职业资格考试真题

一、综合

1. 某杂志社的期刊名称设计新颖，具有独特的含义，并且产生了广泛而良好的社会声誉，特咨询某律师其名称可以获得哪些法律保护。就该问题，该律师的下列哪种回答既符合法律规定又能最大限度地保护当事人的利益？（　　）

A. 著作权法，商标法，反不正当竞争法

B. 著作权法，商标法

C. 著作权法，反不正当竞争法

D. 商标法，反不正当竞争法

二、专利法

（一）授予条件

1. 下列哪种发明创造只需要符合新颖性要件即可申专利？（　　）

A. 发明　　B. 实用新型

C. 外观设计　　D. 计算机软件

2. 在一份撤销实用新型专利权的请求书中，列举了以下几项理由，其中哪一项符合专利法的规定？（　　）

A. 不属于专利法所称的发明创造

B. 说明书公开不充分，权利要求得不到说明书的支持

C. 与申请日以前已有的技术相比没有实质性的特点和进步

D. 侵犯了请求人的专利申请权

3. 某人于1996年5月8日向中国专利局提出发明专利申请，1997年5月6日就相同主题再次向该局提出申请，并声明要求优先权。对此，以下表述中何者为正确？（　　）

A. 该项发明的新颖性判断，以1996年5月8日为时间标准

B. 如果与1996年5月8日以后和1997年5月6日以前的已有技术相比，该

项发明缺乏突出的实质性特点和显著进步，则不能授予专利权

C. 自1997年5月6日起，在先申请视为撤回

D. 如果新申请的技术方案与在先申请的技术方案有实质性差别，则新申请应予驳回

4. 在下列何种情况下，申请专利的发明或实用新型，如在申请日以前有同样的发明或实用新型并不丧失新颖性。(　　)

A. 在国外出版物上公开发表过

B. 在国内出版物上公开发表过的

C. 在国外公开使用的

D. 在国内公开使用的

5. 中国学者王某在法国完成一项产品发明。1992年12月3日，王某在我国某学术研讨会上介绍了他的这项发明成果。1993年6月16日，出席过这次研讨会的某研究所工程师张某，将这项成果作为他自己的非职务发明，向中国专利局提出专利申请。1993年5月5日，王某以这项成果在法国提出专利申请。1994年4月28日，王某又以同一成果向中国专利局提出专利申请，同时提出要求优先权的书面声明，并提交了有关文件。关于本案的以下意见中，哪一个是正确的？(　　)

A. 张某申请在先，按照先申请原则，享有专利申请权

B. 王某享有国外优先权，故专利申请应属王某，其申请日为1993年5月5日

C. 王某是中国人，不应享有国外优先权，但张某不是真正的发明人，故专利申请权应属王某，其申请日应为1993年12月28日

D. 王某的发明已丧失新颖性，应驳回双方的申请

6. 关于专利撤销程序与专利无效宣告程序的区别。以下表述哪些是正确的？(　　)

A. 专利撤销请求只能由利害关系人提出，专利无效请求可以由任何人提出

B. 专利撤销请求应在专利授权公告之日起六个月内提出，专利无效请求应在专利授权公告之日起满六个月后提出

C. 专利撤销只适用于实用新型和外观设计专利，专利无效宣告适用于各种专利

D. 专利撤销请求由专利局审查，专利无效请求由专利复审委员会审查

（二）专利权的取得

1. 依据《专利法》的有关规定，下列哪些情况不授予专利权？(　　)

A. 甲发明了仿真伪钞机

B. 乙发明了对糖尿病特有的治疗方法

C. 丙发现了某植物新品种

D. 丁发明了某植物新品种的生产方法

2. 台湾人贾某发明一项专利，向我国专利局申请专利。我国专利局工作人员告知其应当委托人办理。请问，贾某应当委托何种机构代办专利申请？（　　）

A. 司法部指定的律师事务所

B. 在中国专利局登记公告的国内专利代理机构

C. 国务院以及国务院授权中国专利局指定的专利代理机构

D. 国家指定的会计师事务所

3. 甲因完成单位乙交付的任务而完成了一项发明。下列哪些说法是正确的？（　　）

A. 专利申请权属于甲，专利权属于乙

B. 乙在获得专利权后许可他人使用，应从收取的使用费中给予甲以奖励

C. 乙若转让该项专利，应从转让费中给予甲以奖励

D. 乙若转让该项专利，甲在同等条件下有优先受让的权利

4. 甲因完成单位乙交付的任务而完成了一项发明。下列哪些说法是正确的？（　　）

A. 专利申请权属于甲，专利权属于乙

B. 乙在获得专利权后许可他人使用，应从收取的使用费用中给予甲以奖励

C. 乙若转让该项专利，应从转让费中给予甲方以奖励

D. 乙若转让该项专利，甲在同等条件下有优先受让的权利

（三）专利权的保护

1. 甲公司研制开发出一项汽车刹车装置的专利技术，委托乙公司生产该刹车装置的专用零部件。乙公司在生产过程中擅自将该种零部件出售给丙公司，致使丙公司很快也开发出同种刹车装置并投科入生产。下列哪种说法是错误的？（　　）

A. 乙公司的行为构成违约行为

B. 丙公司侵犯了甲公司的专利权

C. 在甲公司提起的专利侵权诉讼中，丙公司应为被告，乙公司应列为第三人

D. 该案只能由特定的中级人民法院管辖

2. 甲公司的游戏软件工程师刘某利用业余时间开发的“四国演义”游戏软件被乙公司非法复制，丙书店从无证书贩手中低价购进该盗版软件，丁公司从丙书店以正常价格购买该软件在其经营的游戏机上安装使用。下列哪些说法是正确

的？（　　）

A. 甲公司应当对刘某进行奖励

B. 丙书店应当承担赔偿损失等法律责任

C. 丁公司不承担赔偿责任

D. 乙公司，丙书店应当承担共同侵权的民事责任

3. 甲公司2000年获得一项外观设计专利。乙公司未经甲公司许可，以生产经营为目的制造该专利产品。丙公司未经甲公司许可以生产经营为目的所为的下列行为，哪一项构成犯该专利的行为？（　　）

A. 使用乙公司制造的该专利产品

B. 销售乙公司制造的该专利产品

C. 许诺销售乙公司制造的该专利产品

D. 使用甲公司制造的该专利产品

4. 2000年1月甲公司的高级工程师乙研制出一种节油装置，完成了该公司的技术攻坚课题，并达到国际领先水平。2000年2月甲公司将该装置样品提供给我国政府承认的某国际技术展览会展出。同年3月，乙未经单位同意，在向某国外杂志的投稿论文中透露了该装置的核心技术，该杂志将论文全文刊载，引起甲公司不满。同年6月，丙公司依照该杂志的报道很快研制了样品，并作好了批量生产的必要准备。甲公司于2000年？月向我国专利局递交专利申请书。2000年12月丁公司也根据该杂志开始生产该节油装置。2003年5月7日国务院专利行政部门授予甲公司发明专利，2003年7月甲公司向法院提起诉讼，分别要求丙公司和丁公司停止侵害并赔偿损失－请回答以下各题。

（1）在丙公司已研制出样品，丁公司已开始生产的情况下，甲公司的发明为何仍因具有新颖性而被授予专利权？（　　）

A. 因该发明在申请日前未在国内公开

B. 团该发明在申请日前未在国际上公开使用

C. 因该发明的核心技术在论文中被透露未经甲公司同意

D. 因该发明达到国际领先水平

（2）甲公司能否要求丙公司停止侵害并赔偿损失？（　　）

A. 甲公司有权要求丙公司停止侵害并赔偿损失

B. 甲公司有权要求丙公司停止侵害，但无权要求赔偿损失

C. 甲公司无权要求，因丙公司有权在2004年5月7日前制造该专利产品

D. 甲公司无权要求，因丙公司有权在原有范围内继续制造该专利产品

（3）乙公司实施甲公司发明的行为是否构成侵权行为？（　　）

A. 构成侵权行为

B. 不构成侵权行为

C. 2003 年 5 月 7 日后的实施行为构成侵权行为

D. 2003 年 7 月后的实施行为构成侵权行为

(4) 甲公司可以在起诉前向法院申请采取什么措施保护自己的合法权益？(　　)

A. 申请诉前禁令

B. 申请诉前先予执行

C. 申请诉前财产休全

D. 申请诉前证据保全

5. 工程师赵某发明了一种制造饼干的方法并获得专利。下列行为中，哪些侵害了工程师赵某的专利权？(　　)

A. 某企业未经允许为了经营以该方法制造饼干

B. 某企业未经允许为了经营销售以该方法制造饼干

C. 某企业未经允许为了经营出口以该方法制造饼干

D. 某研究所为了试验使用该方法制造少量饼干

6. 下列行为哪些不视为侵犯专利权？(　　)

A. 不知是假冒专利产品而批发购进，事后得知实情，为避免损失，而予售出

B. 购进专利权人生产的专利产品，在未经专利权人许可的情况下，再行售出

C. 在专利权人的专利申请日以前已经从事相同产品的生产，现扩大该产品的生产规模

D. 为科学实验而使用了专利权人的专利方法，并以由此获得的成果独自申请专利

7. 甲的下列行为，哪些构成专利侵权？(　　)

A. 甲受专利实施许可合同的被许可人乙的委托，加工专利产品的部件

B. 甲在乙的指导下，生产了乙发明的新产品，后来乙取得该产品专利权

C. 甲本人从事发明创造，其发明覆盖了乙的专利的主要技术特征，甲在未与乙协商的情况下实施了自己的专利

D. 甲未经乙的许可，实施乙的专利

(四) 专利权的强制许可

1. 甲拥有一节能热水器的发明专利权，乙对此加以改进后获得重大技术 进步，并取得新的专利权，但是专利之实施有赖于甲的专利之实施，双方又未能达成实施许可协议。在此情形下，下述哪些说法是正确的？(　　)

A. 甲可以申请实施乙之专利的强制许可

B. 乙可以申请实施甲之专利的强制许可

C. 乙在取得实施强制许可后，无须给付甲使用费

D. 任何一方在取得实施强制许可后即享有独占的实施权

2. 国家专利局给予某工厂某项发明专利以实施强制许可。下列关于该工厂使用该专利发明的表述哪些是正确的？（　　）

A. 该工厂可以不向专利权人支付使用费

B. 该工厂应当在产品上注明专利权人

C. 该工厂不得许可他人使用该专利

D. 该工厂可以许可他人使用该专利，但应当向专利权人补偿合理的使用费

三、著作权法

（一）著作权及其主体

1. 国画大师李某欲将自己的传奇人生记录下来，遂请作家王某执笔，其助手张某整理素材。王某以李某的人生经历为素材完成了自传体小说《我的艺术人生》。李某向王某支付了5万元，但未约定著作权的归属。该小说的著作权应当归谁所有？（　　）

A. 归王某所有　　　　B. 归李某所有

C. 归王某和张某共同所有　　　　D. 归王某，张某和李某三人共同所有

2. 甲，乙共同创作完成一部小说，甲主张发表，乙不同意。后乙死亡，有一继承人，后甲将该小说发表，下列说法哪一个是错误的？（　　）

A. 乙生前不同意发表该小说，甲无权发表

B. 发表该小说的稿费全部由甲获得

C. 该小说的使用权保护期应截止于甲死亡后第50年的12月31日

D. 甲不能剥夺乙的署名权

3. 红旗中学为了迎接建校50周年庆典，特委托某工艺美术院设计校徽，双方约定校徽著作权归红旗中学所有，工艺美术院在接受委托后组织实施中，因自己的设计人员设计稿不尽如人意，遂又委托在某广告公司工作的李某设计校徽，但对著作权的归属未约定。后工艺美术院将李某的作品交给红旗中学，红旗中学十分满意，将其确定为校徽。但是各方对著作权的归属发生了争议。本案中著作权应归属于何人？（　　）

A. 红旗中学　　　　B. 工艺美术院

C. 李某　　　　D. 三方共有

4. 画家吴某因要自费办画展，向朋友肖某借了5万元，并将自己的两幅代表画作质给肖某，并要肖好好保管别示于人，还钱时同时还两幅画，肖某对吴某的画享有哪些权利？（　　）

A. 对画的占有权　　　　B. 动产质权

C. 著作财产权之质权　　D. 优先购买权

5. 王某的短篇小说《活在都市》被程某改编成剧本，由甲剧团以话剧的方式演出，该话剧被乙公司录像并制作成光盘发售。该事例中包含哪些受著作权权保护的权利？（　　）

A. 乙作为录像制作的权利　　B. 甲作为表演者的权利

C. 程某作为改编者的权利　　D. 王某的著作权

6. 某厂技术员张某利用工作之便，编写了一本《机床修理与调试》。为该书的著作权归属问题张某与工厂发生争议。依照法律，该书的著作权归谁所有？（　　）

A. 归张某享有，与该厂无关

B. 该书是职务作品，著作权由张某享有，但该厂在两年内可以使用

C. 该书著作权由张某享有，该厂有权在其业务范围内优先使用

D. 该书是职务作品，但未经张某同意，该厂不得许可第三人优先使用

7. 为纪念"抗美援朝"50 周年，作家尚公于 2000 年 2 月写成报告文学《伟大的战略出击》一书的初稿，5 月修改定稿，7 月由出版社正式出版，9 月经版权登记。尚公从何时起取得正式出版的《伟大的战略出击》一书的著作权？（　　）

A. 2 月　　B. 5 月

C. 7 月　　D. 9 月

8. 著名学者甲于 1971 年被迫害致死，甲于临终前将其回忆录手稿赠送给好友乙。该手稿扉页上题有"吾将不久于人世，谨以此绝笔赠吾挚友，望珍藏密室，令其永不面世"的字样。乙依遗嘱秘藏之。1991 年乙病故，其继承人丙获得该手稿。1994 年丙将该手稿借于学者丁，供其研究甲的生平时参考。

丙在出借时声明"根据作者遗愿，手稿不得公之于世"，丁应允。1996 年，丁在征得甲的继承人戊同意后，将手稿以"内部资料"的形式刊印 400 册，在一定范围内散发。请根据以上事例回答下列问题。

（1）对有关当事人权利的认定，下列意见中何者为正确？（　　）

A. 甲虽已去世，但其著作仍受法律保护。

B. 丙享有手稿的所有权，但不享有手稿的著作权

C. 丁享有手稿著作权中的作品使用权

D. 戊作为甲的继承人，有权决定将手稿发表

（2）对有关当事人义务的认定，下列意见中何者为正确？（　　）

A. 丙在行使权利时，应当尊重甲的著作权

B. 丁在使用手稿时，应当尊重甲的著作权

C. 丁在使用手稿时，应当尊重丙的所有权

D. 丁在使用手稿时，应当尊重戊的发表权

（3）对有关当事人的行为的认定，下列意见中何者为正确？（　　）

A. 甲在手稿扉页上的表示，是行使著作权的行为

B. 丙将手稿出借与丁，侵犯了甲的著作权

C. 丁刊印手稿得到了戊的同意，属合法行为

D. 丁以“内部资料”形式刊印手稿，不属于发表行为

（4）对有关当事人责任的认定，下列意见中何者为正确？（　　）

A. 丁侵犯了手稿原件所有人乙的发表权，应当承担民事责任

B. 丁侵犯了手稿作者甲的发表权，应当承担民事责任

C. 丙侵犯了手稿作者甲的著作权，应当承担民事责任

D. 丁不构成侵权，不承担民事责任

9. 甲教授完成一本学术专著，现有以下人员主张自己也是该书的作者。其中谁的理由符合著作权法的规定？（　　）

A. 乙主任：“我曾经为这个课题申请经费进行了组织协调，并主持过这个课题的研讨会。”

B. 丙研究生：“我曾经为甲教授的这项研究查找资料，还帮他抄写过一部分手稿。”

C. 乙讲师：“我曾经撰写过该书的两章，尽管甲教授后来对这两章作了较大的修改，但基本保持了原稿的结构和平共处内容。”

D. 戊教授：“甲教授在研究这个课题时，曾多次与我讨论有关的学术问题，我提出的一些意见已被他采纳。”

10. 画家吴忠经常即兴作画，赠送好友谢某，几年后谢某已收藏吴忠画30多幅。谢某从中选出25幅，以《吴忠画册》为名出版了署名吴忠的25幅画，吴忠得知后十分气愤，认为谢某及出版社侵犯了自己的权利。依照法律，谢某侵犯了哪些权益？（　　）

A. 吴忠所赠画的财产所有权

B. 吴忠对赠画的发表权

C. 吴忠对赠画的展览权

D. 吴忠的姓名权，作品使用权和获得报酬权

（二）著作权的保护

1. 甲电视台获得2006年德国世界杯足球赛A队与B队比赛的现场直播权。乙电视台未经许可将甲电视台播放的比赛实况予以转播，丙电视台未经许可将乙电视台转播的实况比赛录制在音像载体上以备将来播放，丁某未经许可将丙电视台录制的该节目复制一份供其儿子观看。下列哪种说法是正确的？（　　）

A. 乙电视台侵犯了 A 队和 B 队的表演者权

B. 甲电视台有权禁止乙电视台的转播行为

C. 丙电视台的录制行为没有侵犯甲电视台的权利

D. 丁的行为侵犯了甲电视台的复制权

2. 甲网站与乙唱片公司签订录音制品的信息网络传播权许可使用合同，按约定支付报酬后，即开展了网上原版音乐下载业务。对甲网站的行为应如何定性？(　　)

A. 是合法使用行为

B. 构成侵权行为，因为该行为应取得著作权人的许可，而不是取得录音制作者的许可

C. 构成侵权行为，因为该行为还须取得著作权人，表演者的许可并支付报酬

D. 构成侵权行为，因为该行为虽然无须取得著作权人的许可，但必须取得表演者的许可

3. 某歌厅购买了若干正版卡拉 OK 光盘后，未经任何人的许可，直接将该光盘用于其经营活动。对该歌厅的行为应如何定性？(　　)

A. 合法使用　　B. 合理使用

C. 法定许可使用　　D. 侵权行为

4. 某影视中心在一电视连续剧中为烘托剧情，使用播放了某正版唱片中的部分音乐作品作为背景音乐。中国音乐著作权协会（音乐作品著作权人授权的集体管理组织）以该使用行为未经许可为由要求制片人支付报酬。该协会的要求被拒绝后，遂向法院起诉。下列说法哪些是错误的？(　　)

A. 播放行为是合理使用行为

B. 播放行为侵犯了音乐作品著作权人的表演权

C. 播放行为侵犯了录音制品制作者的播放权

D. 中国音乐著作权协会不是正当原告

5. 某刊物不愿让别的刊物随意转载其刊物上发表的文章，下列做法哪些是可行的？(　　)

A. 在刊物上发表不得转载的声明

B. 在每一篇文章都刊载作者不许转载的声明

C. 在刊物的声明中载明所有作者均已授予本刊专有使用权

D. 不须作任何声明

6. 某大学中文系英籍留学生马克用汉语创作了一篇小说，发表在《文学新星》杂志上，发表时未作任何声明。以下哪些行为是侵犯马克著作权的行为？(　　)

A. 甲未经马克同意将该小说翻译成英文在中国发表

B. 乙未经马克同意也未向其支付报酬将该小说团译成藏语在中国出版发行

C. 丙未经马克同意也未向其支付报酬将该小说改变成盲文出版

D 丁未经马克同意也未向其支付报酬将该小说收录进某网站供人点击阅读

7. 下列哪些行为不属于侵犯著作权的行为？(　　)

A. 某电视台为了报道油画展览的盛况，在电视新闻中播放了展览的油画

B. 某教授在世纪论坛上的演讲词被电台全文报道

C. 法院为了查证将张某发表的文章复制了3篇

D. 出版社将蒙文发表的作品翻译成汉文在国内出版发行

8. 陈某为撰写学术论文须引用资料，为避免引发纠纷，陈某就有关问题向赵律师咨询。赵律师的下列意见中哪些是可以采纳的？(　　)

A. 既可引用发表的作品，也可引用未发表的作品

B. 只能限于介绍，评论或为了说明某问题而引用作品

C. 只要不构成自己作品的主要部分，可将资料全文引用

D. 应当向原作者支付合理的报酬

9. 根据我国法律，在以下哪一种情况下，引用他人作品不构成侵权？(　　)

A. 引用目的在于填补引用人作品在某些方面的空白

B. 所引用部分构成引用作品的主要部分或实质部分

C. 引用时未注出处，足以使读者误以为被引用部分是引用者的见解

D. 引用目的是为了介绍该作品，但引用数量达到了被引用作品的1/4

10. 以下哪些行为可以不经著作人许可且不向其支付报酬？(　　)

A. 某剧团为捐助残疾人福利事业举行义演，表演他人已发表的剧本

B. 某大学为教学需要，将他人编写的教材复制后发给学生，收取工本费

C. 某作家将他人的汉字小说翻译成少数民族文字在国内出版发行

D. 某公司将公共广场的雕塑作品摄影后，制作成图片发行

11. 下列行为中，实施哪一个行为无须征得著作权人的许可？(　　)

A. 将外国法学著作译成中文后，编成教学参考资料出版发行

B. 为报道时事新闻，在报纸上引用已发表的作品

C. 报纸刊登其他报社采写但尚未登出的时事新闻

D. 电视台播放其他电视台制作的电视节目

12. 独立制片人甲自筹资金于1993年11月15日首次出版《敖扛威龙》电视剧录像带。甲于1996年10月21日去世。甲对该录像带享有的许可他人复制权和报酬请求权的保护期应于何时截止？(　　)

A. 2043年11月15日　　　　B. 2043年12月31日

C. 2046年10月21日　　　　D. 2046年12月31日

13. 某出版社 1997 年 4 月 Q 日收到某作家以挂号邮件寄来的一部小说书稿。至同年 10 月 9 日，出版社未给予任何答复。对上述情况，下列说法哪一个是正确的？（　　）

A. 出版社的沉默应视为已同意采用，该作家有权要求出版社正式签订合同

B. 出版社的沉默应视为不同意采用，该作家仅有权要求出版社退还原稿

C. 出版社还有 3 个月法定期间决定采用或不采用，该作家现在无权对出版社提出签约或退稿的要求

D. 出版社未在法定期限内作出采用或不采用的答复，该作家有权要求出版社退还原稿和给予经济补偿

14. 作者甲将自己创作的一部小说交乙出版社出版，但双方始终未签订出版合同。事后，该作者又与丙出版社签订了专有出版合同，将此书交丙出版。现乙对甲和丙提出异议。本案依法应如何认定？（　　）

A. 甲的行为属一稿多投，侵犯了乙的权利

B. 丙明知乙出版此书，仍与甲签订出版合同，属侵权行为

C. 甲一稿多投并不违法，乙不签订出版合同有悖著作权法的要求

D. 乙应当尊重丙的专有出版权，不得再出版此书

15. 著作权法第 2 条第 2 款规定："外国人的作品首先在国境内发表的，依照本法享有著作权"。以下各项中，哪些属于这一规定的范围？（　　）

A. 外国人未发表的作品以合法方式首先在中国境内出版的

B. 外国人作品在中国境外首先出版后，30 天内在中国境内出版的

C. 外国人已发表的作品经授权注释，整理后首先在中国境内出版的

D. 外国人未发表的作品经授权改编，翻译后首先在中国境内出版的

16. 甲经乙许可，将乙的小说改编成电影剧本。丙获得该剧本手稿后，未征得甲和乙的同意，将该电影剧本改编成电视剧剧本并予以发表。现问，应如何看待丙的行为？（　　）

A. 侵犯了甲的著作权，未侵犯乙的著作权

B. 侵犯了乙的著作权，书机未侵犯了甲的著作权

C. 同时侵犯了甲的著作权和乙的著作权

D. 不构成侵权

17. 出版者的下列行为中，哪些应当经作者许可？（　　）

A. 图书出版者对作品作文字性修改，删节

B. 图书出版者对作品的内容做修改，删节

C. 报社，杂志社对作品做文字性修改，删节

D. 报社，杂志社对作品的内容作修改，删节

18. 一部作者身份不明的文学作品，依照法律规定，对其使用权和获得报酬

权的保护期为？（　　）

A. 50 年，截止于作品首次发表后的第 50 年的 12 月 31 日

B. 作者终生及死亡后 50 年，截止于作者死亡后第 50 年的 1 月 1 日

C. 50 年，截止于最后死亡的作者死亡第 50 年的 12 月 31 日

D. 50 年，但作品自创阼完成后 50 年内未发表的不予保护

19. （判断题）黄某与贾某经分别采访，独立构思，以同一历史题材撰写小说，两部小说相比较，仅各自描写的某些历史事件相同。黄某的小说先行出版，贾某的小说后出版发行。贾某侵犯了黄某的著作权。（　　）

四、商标法

（一）商标的种类

1. “花果山”市出产的鸭梨营养丰富，口感独特，远近闻名，当地有关单位拟对其采取的保护措施中，哪些是不合法的？（　　）

A. 将“花果山”申请注册为集体商标，使用于鸭梨上

B. 将“花果山”申请注册为证明商标，使用于鸭梨上

C. 将鸭梨的形状申请注册为立体商标，使用于鸭梨上

D. 将“香梨”申请注册为文字商标，使用于鸭梨上

2. 某外资企业拥有“雨露”商标，使用的商品为啤酒。该商标未在中国注册，但被我国有关部门认定为驰名商标。该外资企业的下列哪些请求应当得到支持？（　　）

A. 请求禁止甲公司将“雨露”商标在葡萄酒上注册

B. 请求禁止乙公司将“雨露”商标在葡萄酒上使用

C. 请求禁止丙公司将“雨露”商标在啤酒上使用

D. 请求已将“雨露”商标在啤酒上使用的丁公司赔偿损失

3. 为了创造自己的品牌，某内衣专卖店注册了“活得好”商标，该商标的性质属于哪一类商标？（　　）

A. 服务商标　　　　B. 证明商标

C. 销售商标　　　　D. 制造商标

4. 下列商标，哪些可以经核准注册而受到法律保护？（　　）

A. 商品商标　　　　B. 服务商标

C. 集体商标　　　　D. 证明商标

（二）商标权的取得

1. 某律师在向客户介绍商标注册审查程序时，有如下一些说法，其中哪些存在错误？（　　）

A. “申请注册的商标，只要符合商标法的有关规定并具有显著性，商标局就会予以初步审定，并予以公告”

B. “对初步审定的商标，自公告之日起6个月内，任何人都可以提出异议”

C. “商标评审委员会审理后作出异议成立或不成立的裁定”

D. “当事人对异议成立或不成立的裁定不服的，可以在收到异议裁定通知之日起15天内申请商标局复审”

2. H国某公司打算到中国申请商标注册，向该国的一位律师咨询，得到如下意见。其中哪一说法不符合中国法律的规定？（　　）

A. “H国没有参加有关商标注册的国际公约，也没有与中国签订有关的协议，所以，贵公司不能直接在中国申请商标注册”

B. “贵公司可以到中国投资设立一家独资的公司，然后以这家公司的名义申请商标注册”

C. “贵公司投资设立的这家公司申请商标注册，可以自己的名义直接办理”

D. “贵公司也可以在中国直接收购一个注册商标，用它在中国市场销售自己的产品”

3. 1992年1月19日，甲企业就其生产的家用电器注册了“康威”商标。后来乙企业使用该商标生产冰箱，并在2002年4月开始销售“康威”牌冰箱。下面哪些说法是正确的？（　　）

A. 甲对其商标的续展申请应当在商标有效期届满后的6个月内提出

B. 乙企业对“康威”的使用为非法使用

C. 乙企业可以在2002年8月19日后在家用电器上申请获得注册“康威”商标

D. 甲企业在商标续展期内仍享有商标专用权

4. 某公司以“咖”作为计算机文字识别系统软件商标获得注册。“OCR”为计算机文字识别系统的国际通用名称。对此事的以下说法中，哪些是正确的？（　　）

A. 该项注册商标违反了商标法关于不该使用的文字，图形的规定

B. 任何单位或个人可以请求商标评审委员会撤销该注册商标

C. 该注册商标被撤后，应视为自始不存在，该公司以前通过该注册商标的使用许可取得收入应予返还

D. 在撤销以前人民法院做出的侵犯该注册商标的侵权案件判决尚未执行的，不再执行

5. 有关商标注册申请的如下表述中，哪些符合我国商标法的规定？（　　）

A. 同一申请人在两个不同类别的商品上使用同一商标的，应当提出两份注册申请

B. 同一申请人在同一类别的两个不同品种的商品上使用同一商标的应当提出两份注册商标

C. 同一申请人在两个不同类别的商品上使用两个不同商标的，应当提出两份注册申请

D. 同一申请人在同一类别的商品上使用两个不同商标的，应当提出两份注册申请

6. 商品使用未经核准注册商标的，根据我国商标法的规定应当如何处理？（　　）

A. 一律不得在市场上销售，违者应受行政处罚

B. 原则上不许在市场上销售，但商标法另有规定的除外

C. 一律可以在市场上销售，但其商标不受法律保护

D. 原则上可以在市场上销售，但商标法另有规定的除外

7. 甲国国民在我国进行商标注册时要求优先权，为此必须符合以下哪一条件？（　　）

A. 甲国为《保护工业产权巴黎公约》的成员国

B. 甲国为《商标国际注册马德里协定》的成员国

C. 甲国为《商标注册用商品与服务分类尼斯协定》的成员国

D. 甲国为《保护工业产权巴黎公约》,《商标国际注册马德里协定》和《商标注册用商品与服务分类尼斯协定》的成员国

8. 注册商标改变（　　）等内容时，应当提出变更申请。

A. 文字　　B. 图形

C. 注册人名义　　D. 注册人地址

（三）商标权的保护

1. 甲公司于2000年3月为其生产的酸奶注册了“乐乐”商标，该商标经过长期使用，在公众中享有较高声誉。2004年8月，同一地域销售牛奶的乙公司将“乐乐”登记为商号并突出宣传使用，容易使公众产生误认。下列哪种说法是正确的？（　　）

A. 乙公司的行为必须实际造成消费者误认，才侵犯甲公司的商标权

B. 即使“乐乐”不属于驰名商标，乙公司的行为也侵犯了甲公司的商标权

C. 甲公司可以直接向法院起诉要求撤销该商号登记

D. 乙公司的商号已经合法登记，应受法律保护

2. A市甲厂是某种饮料的商标注册人，在与B市乙厂签订的该商标使用许可合同中，特别约定乙厂使用甲厂商标的饮料全部使用甲厂的包装瓶，该包装瓶仅标注甲厂的名称和产地。该合同未报商标局备案即付诸履行。下列哪些说法是

正确的？（　　）

A. 该商标使用许可合同无效

B. 该特别约定无效

C. 乙厂使用甲厂的包装瓶侵犯了甲厂的企业名称权

D. 乙厂使用甲厂的包装瓶侵犯了消费者的知情权

3. 甲于1999年3月1日开始使用“建华”牌商标，乙于同年4月1日开始使用相同的商标。甲，乙均于2000年5月1日向商标局寄出注册“建华”商标的申请文件，但甲的申请文件于5月日日寄至，乙的文件于5月5日寄至。商标局应初步审定公告谁的申请？（　　）

A. 同时公告，因甲，乙申请日期相同

B. 公告乙的申请，因乙申请在先

C. 公告甲的申请，虽同时申请，但甲使用在先

D. 由商标局自由裁定

4. H市的甲公司生产啤酒，申请注册的“向阳花”文字商标被国家有关部门认定为驰名商标。下列哪些行为属于商标侵权行为？（　　）

A. 乙公司在自己生产的葡萄酒上使用“葵花”商标

B. 设在G市的丙公司将“向阳花”作为自己的商号登记使用

C. 丁公司将“向阳花”注册为域名，用于网上宣传，销售书籍等文化用品

D. 戊公司自己生产的农药产品上使用“向阳花”商标

5. 甲公司的一注册商标系乙画家创作的绘画作品。甲申请该商标注册时未经乙的许可。现乙认为其著作权受到侵害，与甲进行交涉。乙对于此事可采取的正确作法有哪些？（　　）

A. 向甲公司所在地基层法院提起著作权侵权之诉

B. 请求商标评审委员会裁定撤销甲的注册商标

C. 如对法院判决不服可以上诉但对商标评审委员会的裁定只能服从

D. 采取许可方式使甲继续使用该注册商标，但甲应赔偿损失和支付报酬

6. 商标法规定，对于商标违法行为，商标管理部门可以依照法律对注册的商标予以撤销。下列行为哪些是可处以撤销商标的商标违法行为？（　　）

A. 使用注册商标的商品粗制滥造，以次充好，欺骗消费者的行为

B. 未经批准将注册商标转让他人使用的行为

C. 连续2年停止使用注册商标的行为

D. 自行改变注册商标的文字

7. 注册商标许可使用合同的被许可人实施的下列哪一行为构成商标侵权行为？（　　）

A. 未经许可人同意，没有在使用该注册商标的商品上标明许可人的名称

B. 未经许可人同意，将该商标扩大使用到不同类的商品上

C. 未经许可人同意，修改了该商标的图形

D. 在商标许可合同期限届满后，未经许可人同意，继续使用该商标

8. 选项所列行为中，哪些构成侵犯注册商标专用权？（　　）

A. 擅自制造他人注册商标标识

B. 在同类商品上，将与他人注册商标相近似的文字作为商品名称

C. 以模仿方式将他人已为公众熟知的商标进行注册

D. 明知他人托运的货物是假冒注册商标的商品仍予以运送

9. 甲设计并雕刻了一尊造型别致的雄狮，置于当街店门口招揽顾客。下列哪一选项是正确的？（　　）

A. 甲将雄狮置于公共场所，视为放弃著作权

B. 乙以该雄狮为背景拍照纪念不构成侵权

C. 丙可以该雄狮为范本制作和销售纪念品

D. 丁可以该雄狮为立体造型申请注册商标

10. 甲公司获得了某医用镊子的实用新型专利，不久后乙公司自行研制出相同的镊子，并通过丙公司销售给丁医院使用。乙，丙，丁都不知道甲已经获得该专利。下列哪一选项是正确的？（　　）

A. 乙的制造行为不构成侵权

B. 丙的销售行为不构成侵权

C. 丁的使用行为不构成侵权

D. 丙和丁能证明其产品的合法来源，不承担赔偿责任

11. 徽南公司由甲乙丙 3 个股东组成，其中丙以一项专利出资。丙以专利出资后，自己仍继续使用该专利技术。下列哪一选项是正确的？（　　）

A. 乙认为既然丙可以继续使用，则自己和甲也可以使用

B. 甲认为丙如果继续使用该专利则需向徽南公司支付费用

C. 丙认为自己可在原使用范围内继续使用该专利

D. 丙认为甲和乙使用该项专利应取得自己的书面同意

12. 甲公司委托乙公司设计并制作产品包装盒，未签订书面合同。丙在市场上发现该产品包装盒上未经其许可使用了其画《翠竹》作为背景图案。如果该产品包装盒的整体设计也构成美术图案，下列哪些选项是正确的？（　　）

A. 产品包装盒的版权属于甲公司

B. 乙公司侵害了丙的复制权

C. 甲公司对乙公司的侵权行为不知情，但仍构成侵权

D. 甲公司不能对产品包装盒获得外观设计专利

13. 甲创作并演唱了《都是玫瑰惹的祸》，乙公司擅自将该歌曲制成彩铃在

网络上供免费下载。乙公司侵犯了甲的哪些权利？（　　）

A. 信息网络传播权　　B. 广播权

C. 表演者权　　D. 发行权

14. 甲提供资金，乙组织丙和丁以乡村教师戊为原型创作小说《小河弯弯》。在创作中丙写提纲，丁写初稿，丙修改，戊提供了生活素材，乙提供了一些咨询意见。下列哪些选项是错误的？（　　）

A. 甲提供资金是完成创作的保障，应为作者

B. 乙作为组织者并提供咨询意见，应为作者

C. 戊提供了生活素材，应为作者

D. 丁有权不经甲，乙，丙的同意发表该小说

15. 甲公司在纸手帕等纸制产品上注册了“茉莉花”文字及图形商标。下列哪些未经许可的行为构成侵权？（　　）

A. 乙公司在其制造的纸手帕包装上突出使用“茉莉花”图形

B. 丙商场将假冒“茉莉花”牌纸手帕作为赠品进行促销活动

C. 丁公司长期制造茉莉花香型的纸手帕，并在包装上标注“茉莉花香型”

D. 戊公司购买甲公司的“茉莉花”纸手帕后，将“茉莉花”改为“山茶花”重新包装后销售

16. 商标局受理了一批商标注册申请，审查过程中均未发现在先申请。商标局应当依法驳回下列哪些注册申请？（　　）

A. 将“红旗”文字商标使用于油漆商品上

B. 将“敌尔蚊”文字商标使用于驱蚊商品上

C. 将“光明”文字商标使用于灯泡商品上

D. 将“红高粱”文字商标使用于高粱酿制的白酒类商品上

17. 甲厂将生产饮料的配方作为商业秘密予以保护。乙通过化验方法破解了该饮料的配方，并将该配方申请获得了专利。甲厂认为乙侵犯了其商业秘密，诉至法院。下列哪些选项是正确的？（　　）

A. 乙侵犯了甲厂的商业秘密

B. 饮料配方不因甲厂的使用行为丧失新颖性

C. 乙可以就该饮料的配方申请专利，但应当给甲厂相应的补偿

D. 甲厂有权在原有规模内继续生产该饮料

五、国际保护

1. 某外商向律师咨询：“在中国已经参加的知识产权国际公约中，哪项国际公约的保护范围最广，保护水平最高，保护力度最大，制约力最强？”该律师的下列回答哪一个是正确的？（　　）

A. 世界知识产权组织公约　　　　B. 保护工业产权巴黎公约

C. 与贸易有关的知识产权协定　　D. 伯尔尼公约

2. 根据《保护工业产权巴黎公约》的规定，下列哪一标志可以在成员国之间取得优先权保护？（　　）

A. 商品商标　　　　B. 服务标记

C. 厂商名称　　　　D. 产地标记

3. 有关知识产权保护的国际公约中，《伯尔尼公约》保护的对象是什么？（　　）

A. 保护注册商标　　　　B. 保护文学艺术作品

C. 保护录音制品　　　　D. 保护表演者，唱片制作者和广播组织

4. 依《保护文学艺术作品伯尔尼公约》的规定，非该公约成员国的国民，其作品首次在公约某一成员国出版，或同时在某一成员国及其他非成员国首次出版，则应在一切成员国中享有下列哪一种待遇？（　　）

A. 最惠国待遇　　　　B. 优惠待遇

C. 差别待遇　　　　D. 国民待遇

答案：

一、1. A

二、（一）1. C　2. C　3. AC　4. C　5. B　6. BD

（二）1. ABC　2. B　3. BD　4. BCD

（三）1. C　2. BCD　3. B　4. （1）C　（2）D　（3）C　（4）ACD　5. ABC　6. BD　7. CD

（四）1. AB　2. BC

三、（一）1. B　2. A　3. C　4. AB　5. ABCD　6. B　7. B　8. （1）AB　（2）ABC　（3）A　（4）B　9. C　10. BD

（二）1. B　2. C　3. D　4. ACD　5. BC　6. ABD　7. ABC　8. BC　9. D　10. B　11. B　12. B　13. B　14. CD　15. AB　16. C　17. ABD　18. A　19. 错

四、（一）1. CD　2. ABC　3. C　4. ABCD

（二）1. BCD　2. A　3. BD　4. ABD　5. ACD　6. D　7. A　8. CD

（三）1. B　2. BD　3. B　4. BCD　5. ABD　6. ABD　7. D　8. ABD　9. B　10. D　11. B　12. BCD　13. AC　14. ABC　15. ABD　16. BD　17. BD

五、1. C　2. A　3. B　4. D